지은이 **김의원** 외 34인

창립 45주년 기념문집

국토교통인의 향기

아름다운 국토,
편리한 교통을
만든 사람들의 이야기

大韓建設振興會

창립 45주년 기념문집

국토교통인의 향기

Contents

PART 3 교통 93

PART 4 수자원 141

PART 5 삶의 단상(斷想) 197

PART 6 건진 문단(文壇) 239

PART 7 역사·문화 293

PART 10 저술활동 443

100세 건강 Tip

축 사

"국토의 품격을 높인 여러분의 열정에 감사드립니다"

「대한건설진흥회 45주년 기념문집」 발간을 진심으로 축하드립니다.

대한건설진흥회 45주년을 기념해 발간한 이번 문집은 국토개발과 교통·물류 인프라 분야의 발전과 성장에 이바지하며 각 분야 전문가로 활약해온 회원 여러분의 소중한 경험과 인생의 지혜를 담고 있습니다.

이 책에는 사회, 경제, 행정, 문화, 역사, 여행, 창작활동 등 인생 제2막의 새로운 삶을 개척해 나가는 여러분이 현장에서 겪었던 귀한 경험과 단상(斷想)이 담겨 있습니다. 그야말로 오랫동안 기억되고 보존되어야 할 국토교통 분야의 사료(史料)라 할 수 있습니다.

존경하는 국토교통 가족 여러분!

지난 5월 국토교통부 장관 첫 번째 일정으로 '대한건설진흥회 회원의 날' 체육대회에 참석한 기억이 떠오릅니다. 건설, 부동산, 교통 문제 해결을 위해 오랜 시간 노력해 온 선배님들의 건강한 모습과 변함없는 열정을 마주하며 앞으로도 늘 가까이에서 회원들의 단합에 힘을 보태겠다고 다짐했습니다.

대한건설진흥회는 1960년대부터 신도시, 고속도로, 고속철도, 공항 등 여러 기관에서 경제 발전을 이끌어온 국토교통부 공직자들을 하나로 이어주는 단단한 끈입니다. 건설부, 건설교통부, 국토해양부, 국토교통부로 부처명이 변화하면서도 공직자들을 한마음 한뜻으로 모으고 국토교통 행정과 기술 발전에 이바지할 수 있었던 것은 대한건설진흥회의 숨은 노력이 있었기에 가능했습니다.

현직에서도 대한건설진흥회 회원들이 쏟아낸 땀과 노력을 항상 기억할 것이며, 부동산과 교통 등 현안을 해결하기 위해 선배들이 남겨놓은 지혜와 경험을 계속해서 귀를 기울여 나갈 것입니다.

국토교통부는 선배님들의 고견을 바탕으로 '주거 안정'과 '미래 혁신'을 향해 전국의 국토·교통 현장에서 국민이 직접 행복을 체감할 수 있도록 최선을 다할 것입니다.

다시 한번 「대한건설진흥회 45주년 기념문집」 발간을 축하드리며, 소중한 기고를 남겨주신 모든 분께 감사드립니다.

2022. 10.

국토교통부 장관 **원 희 룡**

발간사

존경하는 대한건설진흥회 회원 여러분!

2022년은 우리 건설진흥회가 45주년이 되는 해입니다. 이에 지난 발자취를 되돌아보면서, 회원 여러분이 남겨주신 소중한 기고를 바탕으로 「국토교통인의 향기」를 발간하게 되었습니다.

건설진흥회 회원분들은 건설·교통산업 분야별로 최고의 위치에서 대한민국 경제발전에 이바지하고 훌륭한 업적을 남기는데 공헌한 분들입니다. 공직 근무 현장에서 또 인생의 2막에서 마주한 '인생의 그 순간' 이야기를 담담하게 풀어낸 이 한 권의 책은 주택문제의 본질에서부터 대한민국 임시정부, 한국경제를 견인한 중동건설, 수자원 개발의 애환, 경부고속도로 건설 뒷이야기, 자율주행 자동차도로 등 건설진흥회 회원의 삶의 향기와 품격이 고스란히 녹아있는 책입니다.

대한민국의 과거와 현재를 이어주는 소중한 자료로 2022년을 살아가는 모든 분들에게 작은 울림을 줄 것으로 기대됩니다.

건설진흥회는 회원의 날 행사, 국토순례 행사와 함께 원로회원님들을 모시는 행사를 진행하면서 정보교환과 만남·사교의 장을 이끌어 나가고 있습니다.

한때 다양한 행사에서 호탕하게 웃으시던 회원들의 모습이 아직도 눈에 선한데 이제는 주옥같은 글들을 「국토교통인의 향기」에서 유작으로 만나볼 수밖에 없다는 사실에 가슴 한 켠이 아파옵니다.

한 시대를 풍미하면서 느꼈던 그때 그 시절 추억과 경험과 비화(祕話)는 현재를 살아가는 세대들에게 다양한 지혜가 되고, 국토·교통 현장에서 기록한 반성과 자기성찰은 미래의 중심을 잡는 역사적 사료(史料)가 될 것이라 믿어 의심치 않습니다.

또한 인생의 2막에서 자기 자신을 되돌아 보고 가족과의 사랑을 다시 한번 상기하면서 사진작가, 색소폰연주, 건강전도사, 문학작가, 멘토링 등 다양한 분야에서 사회공헌을 하는 모습은, 산적한 현안을 해결하기 위해 오늘도 불철주야(不撤晝夜) 애쓰고 있는 모든 분들에게 진정한 인생의 가치란 무엇인지 다시 한번 생각할 수 있는 기회가 될 것입니다.

대한건설진흥회 창립 45주년 기념문집 「국토교통인의 향기」에 함께 해주신 모든 분들께 다시 한번 감사의 인사를 전하며 회원 여러분의 건강과 행복을 기원합니다. 감사합니다.

2022. 10.

대한건설진흥회 회장 **김 건 호**

PART 1

국토·건설

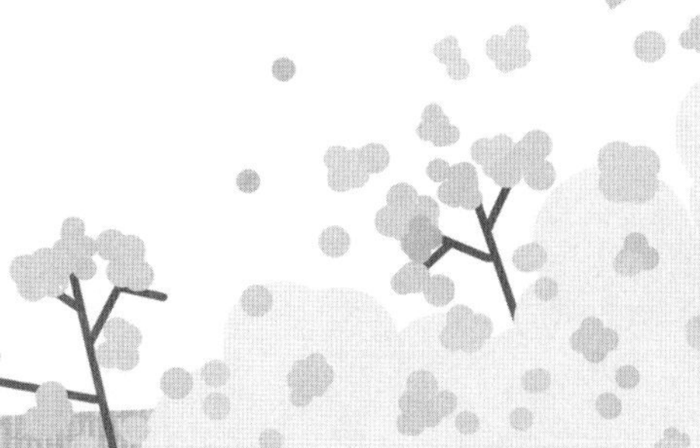

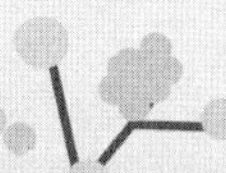

홍 순 길

건설부 해외국장
해외건설협회장
서울특별시 행정부시장

최 연 충

중앙토지수용위원회 상임위원
주 우루과이 대사
울산도시공사 사장

윤 주 수

건설교통부 수자원국장
고속철도건설공단 부이사장
한국시설안전기술공단 이사장
인천공항철도 사장

신 현 만

건설교통부 건축기획관
한국시설안전공단 부이사장
우경건설㈜ 회장

김 동 휘

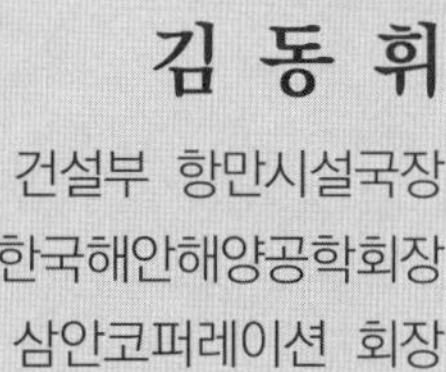

건설부 항만시설국장
한국해안해양공학회장
삼안코퍼레이션 회장

100세 건강 Tip

치매를 예방하는 20가지 행동

류영창

1. 고혈압과 당뇨병 등 생활습관병에 주의
2. 밤 11시 전에 취침
3. 하루 생활시간의 싸이클 유지
4. 매일의 스케줄에 따라 생활
5. 식사는 필요 칼로리의 80%만 섭취
6. 매일 체중계에 올라가 체크, 건강에 대한 의식 고양
7. 비타민C 와 E를 섭취
8. 술은 적당히 기분 좋은 정도만 마신다.
9. 꽁치, 정어리, 고등어 같은 등푸른생선 섭취
10. 지나친 다이어트는 영양 부족을 일으킬 수 있으니 주의
11. 양치질시 양쪽 손을 모두 사용
12. 배우자, 주변 사람의 교류 활성화
13. 다리, 허리, 손가락을 쓰는 집안 일
14. 하반신 근육을 유지하는 운동
15. 100세까지 산다는 것을 전제로 목표 수립
16. 업무이외, 스포츠, 취미활동을 즐긴다.
17. 실제 연령보다 20년쯤 젊다고 생각하고 생활
18. 자신에게 맞는 독자적 건강법 정립
19. 자신이 한 일을 정리하는 일기 쓰기
20. 아침 해를 바라보며 자연의 섭리 깨닫기

한국경제를 견인한 중동건설

홍 순 길

중동건설 참여 기회를 포착하다

1970년대 들어 수출 드라이브에서 자신을 얻은 박정희 대통령은 중동에서의 건설공사 참여 기회를 포착했다. 1975년 OPEC(석유수출국기구)이 1배럴당 2.8$하던 유가를 왕창 18$대로 전격 인상했으니 온 세상은 난리가 났다. 그 무렵 우리나라는 연간 60만 배럴의 원유를 중동으로부터 수입하고 있었는데 이렇게 갑작스러운 유가 인상은 바로 나라의 재정 파탄을 불러올 수밖에 없었다. 정부와 외환은행의 수표가 국제금융시장에서 부도처리 되는 일이 발생한 것이다. 정부의 재무관리들이 뉴욕 금융시장을 돌면서 100만$, 200만$씩을 긁어모으는 이른바 구제 금융을 교섭하는 일이 벌어진 것이다.

한편 사우디아라비아를 비롯한 중동국가들은 이렇게 벌어들인 돈(Black Gold)으로 제각기 국가기반시설 건설에 몰두하게 되는데 이것이 바로 중동건설 시장의 모습이었다. 이미 미국과 유럽 업체들은 벌써 진출하여 많은 공사를 수주하고 있었는데 공사 단가 면에서 놀라운 사실을 보고 우리 업체들은 놀랐던 것이다. 단적으로 말해서 건축면적 1평방미터에 미국 유럽업체들이 수주한 가격은 사우디리얄로 2600SR 정도였는데 우리 업체들은 2000SR 이하로도 충분히 수익이 보장된다는 판단이었다.

사우디 정부도 점차 한국 업체의 경쟁력 있는 가격제시를 환영하기에 이르렀고 많은 공사가 한국 업체에게 속속 낙찰되기 시작했다. 그렇지만 대형 공사 일색인 중동공사에 한국 업체가 참여하기에는 어려운 난관이 많았다. 공사 입찰에 필요한 입찰 보증과 이행을 보증하는 이행 보증이 어려운 것이었다. 그것은 바로 우리 업체들의 재정능력과 지불 보증수단의 결여 때문이었다. 이런 시장 환경을 놓고 박대통령은 중동건설 촉진을 위해 특단의 조치를 취하게 된다.

어느 날 박대통령은 이낙선 당시 건설부 장관에게 시장개척을 위해 사우디 대사관에 중량급 건설 공무원을 배치하라는 지시를 내린다. 그에 따라 월남 대사관에 있던 홍순길 이사관(필자)을 사우디 대사관으로 전보 발령하게 되었다. 그 무렵 한국 업체들은 월남과 동남아 지역에서 소위 미국식 공사 수행방식 즉 U.S. Standard에 익숙해 있는 처지였다.

건설공사의 U.S. Standard

건설공사의 U.S. Standard가 주축으로 이루어지는 중동공사가 우리 업체에게는 구미가 당기지만 대형공사를 수주하는데 필수인 재무구조의 빈곤으로 어려움을 겪을 수밖에 없었다. 급기야 정부는 「해외건설 촉진법」을 제정하고 업체의 재정능력을 보강해 주는 주거래 은행의 지불 보증을 의무화하게 만들었다. 그것은 곧 정부의 도급 허가를 받은 업체에게 주거래 은행은 이유없이 무조건 지불 보증을 해야 한다는 내용이었다. 어떻게 보면 실로 위험천만한 발상이라고 재정 금융당국은 결사반대다.

그러나 박대통령의 생각은 달랐다. 업체가 맡은 공사를 성실하게 제대로 마무리 하고 돈을 벌 수 있다면 그것으로 족하지 미리부터 겁먹고 지불 보증을 꺼리는 것이 잘못이란다. 몇 달을 두고 반대만 하던 금융기관은 결국 박대통령의 단호한 결단으로 촉진법이 빛을 보게 됐다. 그리고 또 대형공사 수주능력 제고를 위해 해외건설 주식회사(K.O.C.C)를 설립하도록 하고 업체들의 해외 능력을 이 회사가 보강 대체하는 컨소시엄(Consortium)을 설립해서 커다란 성과를 보게 했다.

이와 같은 모든 촉진조치는 박정희 대통령의 건설부 연초 초도 순시과정에서 획기적으로 이루어졌다. 이렇듯 국내외적으로 해외 건설이 각광을 받게 된 이면에는 많은 요인이 있었겠지만, 특히 우리 근로자들이 주·야를 가리지 않고 열심히 일해준 덕택에 우리 업체들이 발주자가 요구하는 시설물을 흠 없이 제때에 준공 인도 했던 것이 큰 자랑이요, 우리의 명성이었다고 생각한다. 그때 중동에서 건설 수익금으로 벌어들이는 외화는 바로 외환 인플레이션을 걱정하게 할 정도로 발전했기에 「외환예치제」를 신설하는 일까지 있었다.

주베일(Jubail) 해상 항만공사

중동에서 한국 건설업체의 명성이 높아지고 인기가 고조되기 시작할 무렵, 사우디 정부는 아랍만(Arabian Gulf) 주베일 어촌에 초대형 항만공사, 즉 해안선에서 2~3㎞ 떨어진 해상에 철제부두를 건설한다면서 30만 톤급 유조선 2척이 동시 접안 할 수 있는 초대형 해상부두를 건설할 것이라는 계획을 발표하고, 이 공사를 위해 전 세계에서 해양 토목 전문 건설사 10개사에 참여 초청할 계획을 발표한다.

일찍이 이 공사에 꿈을 둔 정주영 현대건설 회장이 사우디를 방문한다. 사우디 정부에게 입찰 참여 의사를 밝혔지만 사우디 위원회는 현대의 실적 부족을 이유로 참여 불가를 통보했다. 그러던 어느 날 필자의 집에서 유양수 대사와 함께 점심을 하게 된 정주영 회장이 다음과 같은 이야기를 털어놓았다. 이번 주베일 항만공사는 현대건설이 수주하기에 아주 잘 걸맞은 공사란다.

현대 정주영 회장의 꿈

현대 조선소도 있고 항만건설의 경험과 실적이 풍부한데 사우디 정부가 현대가 작은 회사라는 이유로 참가를 허가하지 않으니 되든

안 되든 입찰자격 신청이 거부되는 이유가 납득이 안 간다면서 다음과 같이 털어 놓는다. 정주영 회장은 "지금 우리나라는 유가 인상으로 인한 재정 형편이 어려워서 경제 부총리와 재무 장관이 미국 금융 시장에서 구제 금융을 교섭하고 있는데 무엇 때문에 그런 식의 구걸 행각을 하는지" 라고 주장하면서, "만약 이번 주베일 항만공사에서 현대가 참여해서 공사를 수주하게 되면 10억$ 공사금의 25%에 해당하는 선수금이 나오는데 그중 10%에 해당하는 1억$은 외환 은행에 예치하고, 1억 5천만$로 공사준비에 쓰겠다."는 이야기다.

필자의 집에서 물에다 밥을 말아서 오이지를 곁들이면서 정주영 회장은 이야기를 이어갔다. "나는 오늘의 현대를 이끌면서 무수한 시련과 난관을 극복했는데 그 어려운 고비 때마다 아버지의 꿈을 꾼다."는 것이었다. 그런데 이번에 사우디로 오는 비행기에서 아버지의 꿈을 꾸었다면서 "만약 우리 정부가 외교 교섭을 통하여 현대에게 입찰 참여 기회를 얻어 준다면 입찰해서 공사 따내는 것은 자신 있다."는 이야기다.

그런 일이 있은 지 얼마 후 사우디 정부는 주베일 해상 항만공사 입찰을 세계 유수한 매체를 통하여 공고하게 된다. 공고가 난 후 어느 날 사우디 한국 대사관은 비상이 걸렸다. 일찍이 해외 공관에서 보기 드문 대통령의 훈령이 하달된 것이다.

정부의 훈령

KOTRA의 Telex를 통해서 유양수 대사에게 내려진 훈령은 무서울 정도였다(당시 대사관에는 Telex가 없었음). "현대건설이 사우디 아라비아에서 10억$짜리 대형 항만공사를 입찰하려는데 전 경제 각료와 사우디 대사는 현대가 입찰에 참가할 수 있도록 사우디 정부와 외교 교섭을 다 하라"는 내용이었다. 그 당시 대사관이 있는 홍해 연안 젯다(Jeddah)에서 수도인 리야드(Riyadh)까지는 1200㎞, 비행기로 한 시간 거리지만 왕복은 꼭 하루가 걸리며 비행기 편도 자주 없었다.

사우디 건설교통부

그날부터 유양수 대사를 모시고 필자는 리야드를 수도 없이 왕래했고 발주처인 건설교통부를 불이 나게 들락거렸지만 결과는 실망스럽기만 했다. 현대건설의 자격 미달이 이유였다. 사우디 건설교통부 장관이 한국을 방문하고 한국 건설부 장관이 사우디를 교환 방문하면서 교섭은 끈질기게 계속되었지만 결과는 역시 현대건설의 자격미달이 이유였다. 많은 설득과 교섭이 진행되었지만 사우디 정부의 입찰 심사위원회를 설득하기에는 현대건설 능력이 미흡했던 것이다.

이런 일도 있었다. 하루는 건설교통부의 쌀룸(Saloum) 차관이 위원회의 회의록 한 장을 보여준다. 거기에는 미국의 브라운 루트(Brown Root)사가 한국에서 부산항 확장 공사를 했는데 현대란 회사가 트럭 2대로 공사용 흙을 실어 날랐다는 아주 좋지 않은 내용이었다. 미국 버클리대학(U.C Berkely)에서 토목공학을 전공한 쌀룸 차관

(박사)은 매우 안타깝다면서, “Mr. Hong, 이제는 우리 장관을 더 이상 그만 괴롭히라”는 이야기다.

그러나 대통령의 결의는 확고했고 이를 받드는 유양수 대사의 의지 또한 분명했다. 장관실에 가서 들어 누우란다. 타휙(Tawfig) 장관이 필자를 동생처럼 여긴다는 사실을 유양수 대사는 잘 알고 있었다. 대사관의 입찰자격 획득 교섭은 매일같이 일일보고 형식으로 정부에 보고되었다. 그때마다 정부의 지시(대통령 직접지시)는 한결같이 기필코 성취시키라는 것이었다.

돌발 사태도 있었다. 어느 날 타휙 장관을 만나러 청사 입구에 들어서니 수위가 가로막으며 못들어간다는 이야기다. 이유인즉 쌀룸 차관이 필자의 출입을 금지하라는 지시란다. 세상에 남의 나라 외교관을 이렇게 실력으로 제지하는 나라가 어디 있는가? 옥신각신하고 있는데 자동차 한 대에서 장관이 내린다. 이 광경을 본 타휙 장관이 “웬일이냐?” 란다. 설명을 들은 장관이 아무 말 안하고 필자 팔을 잡고 장관실로 들어갔던 일도 있었다.

지금 생각해도 불가능을 가능케 한 박대통령의 집념과 리더십은 정말 훌륭했다고 본다. 매일 같이 장관실을 드나드는데 하루는 이런 일을 목격했다. 필자가 있는 자리에서 장관이 차관을 불러들이더니 정색을 하면서 사우디말로 무엇인가를 지시하는 것 같았다. 장관실을 나서는 쌀룸 차관의 눈초리가 무서웠다. 그런 일이 있기 며칠 전

장관은 혼자 말처럼 카리드 국왕에게 특별구신을 해야겠다고 중얼거리는 것이었다. 타휘 장관과 카리드 국왕은 메디나(Medina) 중학교의 동창생이었다.

그런 일이 있은 지 며칠 후 쌀룸 차관이 필자를 리야드로 오라는 긴급 전화가 걸려왔다. 차관실에 들어서니 한 장의 입찰 초청장을 건네준다. 받고보니 맨 밑줄에 'HYUNDAI KOREA'가 들어있었다.

"만세!"

이 입찰 초청장은 현대건설 사우디 지사장 오진영 과장(후에 부사장으로 승진)에게 전달되었고 서울과 사우디에서는 모두 만세를 불렀다.

지금도 그때의 일은 생생하게 기억이 난다. 박정희 대통령과 유양수 대사 그리고 사우디 정부의 타휘 건설교통부 장관, 쌀룸 차관, 여기에다 꼭 한 사람 추가한다면 사우디 주재 미국 대사 마틴(Martin)씨다. 부인이 피부암을 앓고 있어 걱정이 많은데도 그는 항상 명랑했다.

홍해 바다에 요트를 띄워놓고 우리 내외를 초청하여 최희준의 하숙생을 즐겨 부르기도 했다. 7월 4일 미국독립기념일 리셉션 후 타휘 장관에게 그토록 알뜰하게 필자를 소개해 주던 마틴 대사를 잊을 수 없다. 마틴 대사는 그 후에도 우리를 많이 지원해 주었다.

현대의 최저가 투찰

현대건설은 그 후 정주영 회장 진두지휘 하에 울산과 사우디에서 6개월간의 심혈을 기울인 투찰에서 9억 3600만$로 최저가 입찰자가 된다. 그러나 최종 낙찰까지는 산 넘어 산이었다. 참가 업체들의 반발과 집요한 방해에다가 사우디 왕실을 둘러싼 후견인들끼리의 갈등 등 여러 차례 꼬이기도 했지만 결국 현대건설이 최종 낙찰자가 된 것이다. 현대건설이 입찰 후 이 공사를 따 내기까지는 많은 일화가 있다. 무엇보다도 박대통령이 나라 위해 결단을 내린 조치를 유양수 대사와 필자는 충실히 이행했다고 자부한다.

주베일(Jubail) 항만공사 계약이 체결 되는 날 유양수 대사와 필자는 눈물을 펑펑 쏟으면서 대통령께 다음과 같은 전문을 KOTRA Telex을 통하여 구술 보고했다. "대통령 각하, 현대건설은 오늘 사우디 정부 발주 주베일 항만공사를 9억 3600만$로 계약을 체결했습니다." 보고를 끝내고 젯다(Jeddah)의 대사관으로 돌아오니 벌써 대통령께서 보낸 축하 전문과 격려문이 도착해 있었다. 이 공사로 인해 현대건설은 세계 속의 현대로 우뚝 솟았고 한국의 건설 이미지는 세계 시장에서 크게 각광 받게 된다. 주베일 항만공사의 성공적 수주 이후 현대는 재계 랭킹 2위에서 1위에 올라서게 되었다.

외환예치제도

이 외에도 박대통령의 해외건설 촉진 조치는 많이 있다. 해외공사로 벌어들이는 외환 규모가 너무 커서 외화 처리문제가 골칫

거리가 된 일도 있어 「외환예치제」를 신설하여 외환 인플레이션을 막게 했다는 이야기는 유명하다. 말하자면 해외에서 벌어들이는 외화가 국내에서 외화 인플레이션을 유발할 수 있으니 이것을 막기 위해 해외에서 벌어들이는 외화는 해외공사 수행을 위해서만 인출이 가능하도록 하고 다른 목적을 위해서 원화로의 환전을 금지시키는 조치이다.

해외공사의 중단 시비

외화 인플레이션이 걱정되는 나머지 국내 일부에서는 외국의 과자류를 수입했던 일도 있었다. 해외공사에서 벌어들이는 외화가 넘쳐흘러서 해외공사 중단을 주장한 일부 재무경제 관리들의 주장을 박대통령은 정면 질책하기도 했다. “해외공사가 있을 때 공사를 딸 수 있지 않으냐? 공사가 없는데 우리가 공사를 달라고 한들 없는 공사를 누가 주느냐? 우리는 이럴 때 많은 공사를 따내고 거기서 벌어들이는 외화 입금은 재정금융 담당자들이 관리를 잘해서 처리할 문제가 아니냐?” - 지극히 당연한 이론이고 결정이다.

해외공사의 계속 추진 여부를 놓고 정부 부처간의 논란이 심했으나 박대통령의 결단으로 해외공사는 계속하게 된다. 주베일 항만공사의 성공적 수주 이후 해외건설 초창기의 대통령 의지가 있었기에 오늘날 해외건설은 세계시장에서 크게 두각을 나타내고 있지 않은가.

국제 입찰에서 단건 공사 100억$짜리가 수없이 한국 업체에 낙찰되었고 담수화 공장, 많은 정유시설, 심지어는 원자력 발전소까지 최첨단 기술 집약 공사가 한국 기술로 이루어지고 있지 않은가. 실로 박정희 대통령의 혜안과 결단 조치는 우리 건설사에 크게 기록되어야 한다.

100세 건강 Tip

뇌의 젊음을 유지하는 8가지 습관

류영창

● **행동비결 4가지**

1. 매일 공부하고 요리한다.
 - 스스로 생각하고, 요리해보는 것은 뇌에 큰 자극
2. 자신의 체험을 편지나 원고로 기록한다.
 - 매일 기록하면 기억력이 단련된다.
3. 연구회에 참가한다.
 - 각자가 흥미를 가진 테마를 조사하고, 다른 사람의 의견을 듣는 것은 잘 쓰지않는 뇌 번지(番地)를 사용하게 만든다.
4. 자기 집 정원에서 식물을 재배한다.
 - 꽃과 식물을 가꾸면 4계절의 변화를 느낄 수 있고, 오감이 자극된다.

● **마음가짐 비결 4가지**

1. 항상 "왜?" 라는 의문을 갖는다.
 - 새로운 지식을 얻는 즐거움 만끽
2. 솔직한 태도로 보고 듣는다.
 - 선입견을 줄이면, 뇌가 항상 자극을 받는다.
3. 감사하는 마음을 잊지 않는다.
 - 화나는 일이 생기면, 반대로 감사할 일을 찾아 화를 진정시킴
4. 선입관 없이 사람을 대한다.
 - "나는 이런 입장이니까" 라고 스스로 굴레를 씌워 버리면 뇌는 성장을 멈춘다.

행복 케이블카, 환경 케이블카

최 연 충

'흰 산' 알프스 몽블랑의 명물

유럽의 지붕이라 일컫는 알프스, 그 주봉(主峰)인 몽블랑은 '흰 산'이라는 이름 그대로 만년설을 품은 채 전 세계 관광객을 끌어모으고 있다. 몽블랑 관광의 출발점인 샤모니는 1924년 제1회 동계올림픽이 열렸던 곳이며 알피니즘(alpinism)의 발상지이기도 하다. 이 아담한 도시는 자연을 사랑하는 이들의 휴식처로서 누구에게나 두루 만족을 안겨준다.

어린아이들도 몸이 불편한 장애인도 꼬부랑 할머니 할아버지도 해발 3,842m에 위치한 전망대까지 쉽게 올라가 알프스의 장관(壯觀)을 즐길 수 있다. 바로 산악관광의 명물인 톱니바퀴 열차와 케이블카가 있기 때문이다. 트레킹을 하는 사람들도 힘들면 중간중간 열차와 케이블카를 갈아타면서 여유와 낭만을 만끽할 수 있다.

알프스 관광이라면 스위스 또한 빼놓을 수 없다. 스위스 최대의 관광휴양지인 루쩨른은 그림같은 호수와 더불어 '악마의 산'이라는 별칭을 가진 필라투스산을 끼고 있다. 관광객들은 루쩨른 시내에서 필라투스산 정상부의 전망대까지 곧장 케이블카로 올라가 알프스의 영봉들을 조망할 수 있다. 앙증맞은 빨간 케이블카는 그 자체로 눈을 즐겁게 해 주는 볼거리다. 케이블카가 없다면 수많은 사람들이 한나절 만에 몽블랑이나 필라투스 정상 턱밑까지 올라가 알프스의 절경을 감상한다는 것은 꿈도 꿀 수 없는 일이다. 빠듯한 일정에 쫓기는 투어 관광객은 더 말할 것도 없다.

남산 케이블카와 해상 케이블카

우리 사정은 어떤가. 1962년 국내 최초로 선을 보였던 남산 케이블카는 당시 서울의 명물이었다. 세월이 많이 흘렀지만 지금도 여전히 이곳을 찾는 시민들의 발길은 끊이지 않는다. 근래에는 바다를 조망하는 케이블카가 인기를 끌고 있다. 통영 한려수도 케이블카나 여수 해상 케이블카는 연간 이용객이 100만 명을 넘어설 정도로 사랑받고 있으며, 최근 개통된 목포 해상 케이블카는 탑승하기 위해 수 십 분씩 기다릴 정도로 인기가 높다. 도시 브랜드 가치를 높이는 데도 톡톡히 한몫하고 있다.

반면에 산악 케이블카는 새로 설치하기가 매우 어렵다. 환경 훼손을 야기한다는 우려가 크기 때문이다. 울산 지역에서도 오래전부터 영남알프스 행복 케이블카 사업을 추진하고 있지만, 진전이 매우 더디고 여전히 어려움에 봉착해 있다. 그동안 수없이 많은 토의와 의견 수렴을 거쳐 계획을 다듬은 끝에 어렵사리 중앙투자

심사를 통과하고 환경영향평가 초안 협의도 마무리 지었다. 사업의 타당성을 객관적으로 인정받고 필요한 행정적인 절차를 마친 셈이다. 하지만 막바지에 이르러 다시 환경단체의 반대에 부딪쳐 애를 먹고 있다.

여기서 한번 냉정하게 살펴보자. 환경을 보전하고 건강한 생태계를 유지하는 것은 우리 모두가 지향해야 할 가치이고 목표이다. 미래 세대에 대한 의무이기도 하다. 누가 이를 마다하겠는가. 그렇지만 어디든 개발의 손길이 닿기만 하면 곧 환경 파괴를 야기할 것이라는 인식은 지나치다. 자연을 거스르지 않으면서도 이를 잘 다듬고 가꾸어 얼마든지 우리 삶을 윤택하게 할 수 있다. 케이블카 설치만 하더라도, 환경을 해칠 우려가 있다면 서로 머리를 맞대고 숙의하여 이성적인 해결 방안을 찾는 것이 순리다.

샤모니나 루쩨른의 케이블카는 자연환경과 멋지게 조화를 이루면서 오늘도 분주히 알프스 산록을 오르내리고 있다. 누구도 이에 거부감을 갖거나 비난하지 않는다. 오리지널 알프스도 그러할진대, 영남알프스가 그렇게 하지 못할 까닭이 없다.

하나만 덧붙이자. 영남알프스는 남녀노소 모두 즐기고 누려야 할 자산(資產)이다. 노약자나 몸이 불편한 사람도 방법만 있다면 함께 정상에 올라 수려한 풍광을 감상하고 힐링(healing)할 권리가 있다. 그런 이웃을 배려하는 마음 또한 자연을 아끼는 정성 못지않게 소중하다. 역지사지(易地思之), 상대의 입장을 헤아리는 열린 마음으로 상생(相生)의 길을 찾자.

100세 건강 Tip

목·성대(聲帶)의 노화 현상과 대처법

류영창

● **노화현상**

- 목소리가 쉬고, 탁해지고,
  음성은 갈수록 모노 톤(mono tone)화
- 윤활액이 줄어, 가래(노란색의 끈적끈적한) 늘고
  진해지며, 목은 건조
- 삼킴(연하) 기능 약해져, 국물 먹을 때 사레 들리기 시작
- 사레 들리는 횟수가 증가하면서, 음식물이 폐로 들어가
  폐렴 발생 우려

● **대처법**

- "아" "에" "이" "오" "우" 소리를 최대한 크게 하고, 침 삼키기
- 유산소운동으로 폐활량 확보하는 것이 건강한 목소리 유지에 도움
- 혀를 접었다 펴고, 위로 올렸다가 아래로 내리고,
  양 옆으로 빼는 혀 운동
- 식사 전에 심호흡을 하고, 뺨을 부풀리고 빨아들이는 연습으로
  연하 기능 향상
- 고음, 저음 섞어가며 노래 부르기
- 실내 습도 60% 정도를 유지
- 물을 조금씩 자주 마시는 것이 좋음
- 레몬 물 만들어 구강 스프레이로 뿌려줘

미소가 떠오르는 회상

윤 주 수

일본 OECF 차관으로 추진된 북평항 건설

김동휘 대선배의 북평항 위치선정경위를 읽고서 필자도 북평항 건설 업무를 담당하면서 겪었던 일이 떠올라 소개한다(1970년대 중반 산업입지국 공업항과에서 토목사무관으로 근무시).

북평항 건설 사업은 일본 OECF(해외 경제 협력기금) 차관 사업으로 추진되었다. 사업내용은 크게 ①방파제 건설 ②부두건설 ③준설 사업으로 구성되었으며 차관사업이기 때문에 국제 입찰방식을 택하도록 규정되어 있다.

당시 상황으로 볼 때 방파제 건설과 부두건설은 국내건설업체가 낙찰 받을 수 있었으나 준설사업은 국내업체의 보유 준설선이 영세한 반면 일본 업체들은 대형 준설선을 다수 보유하고 있어 일본 업체의 낙찰가능성이 매우 높았다. 문제는 일본 업체와 계약하는 경우 미화($) 또는 엔화(¥)로 계약해야 하기 때문에 환율이 오르면 지급해야 하는 원화(₩)도 자동 증가할 수밖에 없었다.

※ 당시 조달청과 건설부에서 차관사업으로 추진하는 도로사업의 국제 입찰 계약조건을 조사하여 본 바 모두 $ 또는 계약업체 국가 화폐로 계약토록 돼 있으며, 또한 일본 ¥화 대 한국 ₩화의 환율변동 추이를 조사해 본 바 지속적으로 급격히 상승하고 있었음.

"계약은 한국 원(₩)화로 한다"

준설 사업을 일본 업체와 계약하더라도 한국 ₩화로 계약토록 하여 환율변동에 따른 사업비 증가를 막아보고 싶은 애국적인 욕심(?)이 생겼다.

방파제 건설 사업을 먼저 국제입찰에 부치면서 추후 발주될 준설사업을 염두에 두고 "계약은 한국 ₩화로 한다."라는 계약조항을 넣었으며, 입찰결과 국내업체에게 낙찰되게 되었다. 차관규정에 따라 계약체결 전에 일본 OECF에 계약승인신청을 보냈던 바, 계약당사자가 한국 업체이기 때문인지 모르지만 "계약은 한국 ₩화로 한다."는 내용을 간과하고 승인통지를 보내왔다.

다음으로 준설사업도 방파제 사업과 동일하게 "계약은 한국 ₩화로 한다."는 조항을 넣어 국제입찰에 부치고 일본 업체가 낙찰자로 선정되어 OECF에 계약승인 신청을 한 바, OECF는 승인을 거부하고 일본 ¥화로 계약해야 한다고 주장하여 왔다.

동일한 북평항 건설 사업을 동일하게 국제입찰을 하면서 전차의 방파제 사업과 계약내용을 동일하게 해야 한다는 우리 측 명분에 결국 두 달여 만에 승인을 할 수밖에 없었다.

당시 준설사업 계약금액은 40억 원 정도(기억이 분명치 않음)이어서 2013년 현재로 환산하면 약 500억 원 정도가 되리라 추산된다. 약 5년간의 공사기간 동안 일본 ¥와 한국 ₩의 환율이 거의 2배로 상승하여 결과적으로 일본 업체는 당초 자기들이 예상했던 ¥의 2/3 정도만 가져가게 되고 거꾸로 우리정부는 약 150억 원 정도의 추가 지급을 예방할 수 있게 되었다.

※ 그 후 한국 주재 일본대사관에서도 일본 업체의 환율변동에 따른 손실을 구제해 주기 위해 건설부를 방문하여 소위 선처를 부탁해 왔지만 만약 한국 업체가 준설사업을 시행했다면 이런 문제가 없었을 것이라는 설명으로 정중히 거절한 바 있음.

인천공항철도사업과 감액계약변경

내친김에 다음에는 미국의 벡텔사와 겪었던 또 다른 유쾌한 사례를 소개하고자 한다. 2001년 필자는 인천공항철도㈜ 사장으로 취임하게 되었다. 인천공항철도사업은 현대건설㈜이 간사회사인 민자사업으로써 사업초기 단계였다.

현대건설 사장 최초 면담시 부탁을 하나 받게 되었는데 그 내용은 인천공항철도사업의 사업관리용역(Project Management)을 벡텔사가 맡고 있는데, 계약금액이 턱없이 높은 1억 6500만$(당시 환율로 환산하면 약 2000억 원 정도)이니 감액계약변경을 진행해 달라는 것이었다.

내용을 파악해 본 바, 현대건설은 1997년부터 인천공항철도 사업을 민자 사업으로 추진해 왔는데 1998년 IMF가 발생하여 사업 추진에 필요한 외부자금 차입이 불가능한 사태에 직면하게 되었다 한다. 이런 상황을 알게 된 벡텔사에서 현대건설 측에 제안하기를 벡텔이 사업관리용역을 맡게 되면 국제금융시장에서 신뢰를 얻게 되고 자기들이 지원하면 외부자금 차입이 이루어질 수 있다고 하여 1억 6500만$라는 거대한 금액으로 계약을 하였다는 것이다.

필자가 사장으로 취임하게 된 2001년에는 국내 자금사정도 호전되어 산업은행으로부터 자금조달을 추진하게 되었으며 따라서 자금조달면에서 벡텔의 역할도 필요 없게 되었다.

필자 사장 취임 전에 벡텔측에 감액계약 변경 협의를 요청하였으나 벡텔측은 자기들의 귀책사유가 아니라는 이유로 협의를 완강하게 거부하고 있는 상황이었다.

필자는 다음에 소개하는 몇 단계의 단계적 전략을 구사하여 계약금액을 당초 1억 6500만$에서 약 1/4수준인 3980만$로 감액계약 변경 할 수 있었다. ※ 감액금액 : 1억2500만$(원화 약 1500억 상당)

1) 최악의 경우 중도계약파기도 염두에 두고, 국제상사중재원의 중도계약파기 판례를 조사하여 원용 가능한 2개의 사례를 찾아내고 우리 측의 판례수집행위와 계약파기까지도 검토 중이라는 정보를 벡텔측에 흘렸음

2) 국내건설전문지에 협조를 요청, 신문 1면을 완전히 할애하여 다음과 같은 논조로 계약이 매우 잘못되었음을 지적하고 만약 이를 시정하지 않으면 관계자들은 매국노로 지탄받아야 된다고 소위 언론플레이를 하였음

첫째 : 벡텔지원하의 외부자금차입이 필요 없게 되었고,

둘째 : 한국은 이미 고속철도를 운영 중이고, 수많은 지하철 건설 경험이 축적되있는데 높은 단가의 외국기술자들을 대거 투입할 필요가 전혀 없고,

셋째 : 당시 서울시는 지하철 건설을 거의 완료하여, 과거 지하철 건설에 종사하였던 200여명의 전문기술자들이 다른 업무에 종사하고 있는데 이를 활용하지 않고 외국기술진들을 데려다 쓴다는 것은 있을 수 없는 일이라고 규탄

3) 상기 신문 1면을 벡텔 본사에 전달, 한국 내에서의 분위기가 얼마나 험악한지 알리고 따라서 양측이 원만히 타협하지 못하면 중도계약파기도 고려할 수밖에 없다고 압박을 가하였음

4) 위에서 지적한 문제점들을 감안한 수정계약변경(안)을 제출토록 하였던 바 그간의 단계적 전략이 효과가 있었는지 원래 계약금액의 약 1/2 수준인 8000만$로 감액계약 변경안을 제출해 왔음

5) 필자의 마음 속 목표액은 4000만$이어서 이를 달성하기 위해서는 협상전문가가 필요하나 인천공항철도㈜ 인적 구성상 그런

협상능력이 없었기 때문에 외부 전문가의 지원을 받아야겠다고 판단했음

6) 당시 건설산업연구원에서 근무하고 있는 이복남 실장은 과거 경부고속철도건설사업에서 벡텔사와, 인천공항건설사업에서 파슨스사와 같이 일한 경험이 있어 외국 용역사들의 실태를 누구보다 잘 알고 있으며 외국 용역사에 지급하는 용역비가 과다함을 비분강개하여 논문을 쓴 적이 있고 필자도 이를 읽어 봤기 때문에 그를 협상적임자로 판단하고 협조를 요청하였으며, 당사자도 국익을 위하여 협상책임자를 맡아주었음

7) 필자는 협상책임자에게 협상한도금액을 4000만$ 이하로 지시하였고 벡텔본사로부터 내한한 7~8명의 협상전문가들과 협상한 결과 3980만$로 협상을 이끌어 낼 수 있었음

이상에서 소개한 사례는 국가운영이라는 큰 틀에서 보기에는 사소한 것으로 생각할 수도 있으나, 최근 나이든 세대들을 부정하는 듯한 세태를 보면서, 나이든 세대들이 각기 맡은 분야에서 이룬 작은 성과들이 쌓여서 오늘날의 우리나라가 있을 수 있었다는 점을 알리고 싶었다. 또한 지금 생각해 봐도 미소가 떠오르는 즐거운 회상이어서 개인적인 경험을 소개한다.

정동(貞洞) 28번지와 국립건설연구소

신 현 만

국립건설연구소는 1948년 정부수립과 함께 내무부 토목국 토목시험소로 발족하여 1956년 국립토목시험소로 승격되었다가 1962년 8월 18일 정부 조직개편에 따라 건설부가 신설되면서 국립건설연구소(國立建設硏究所: National Construction research institute)로 개편되었다. 여기서는 건설자재의 재료시험을 하여 표준화하고 건설공사 설계기준과 시공기준을 만들고 국토측량과 지도를 제작하였으며, 외국의 선진기술을 도입하여 우리나라 실정에 맞게 개발, 전국의 대학, 행정기관, 도서관 등에 보급하는 등 우리나라 건설기술발전을 위한 중추적인 역할을 하고 있었다.

이 시기에 제3공화국(1963-1971) 정부에서는 제1차 경제개발 5개년계획이 추진되고 구미전자공업단지와 포항종합제철, 여수·울산 중화학공업단지 등이 건설됨에 따라 건설부는 물류이동수단으로 경부고속도로 건설 등 국가도로망을 확충하는데 전념하고 있었다.

그 당시 필자는 국립건설연구소 지하 시험실에서 전국의 모래·자갈의 품질시험을 하고 시멘트와 비벼 콘크리트 배합비(配合比)를 정하고 아스팔트 배합비를 정해서 전국의 각종 건설공사 현장에 제공하여 도로구조물의 품질과 안전을 확보하는데 일익을 담당하고 있었다.

하루 종일 시험업무를 수행하다가 섭씨 100~200℃ 시험기구 앞 열기를 피해서 때때로 정동 28번지 연구소 돌담길을 걸으면서 더위를 식히기도 하였다. 연구소 정문을 나서 오른쪽으로 가면 유서 깊은 정동제일교회가 나오고 그 맞은편에는 연인들의 거리 덕수궁 돌담길이 나온다. 정담(情談)을 나누며 오고가는 사람들, 필자도 장가를 가서 가족이 있으면 좋겠다는 생각, 서울에도 집이 있어야 하겠다는 생각에 생각을 더 하면서 혼자 걸었다.

집을 살 돈이 없었다. 그러나 나의 신념(信念)이 '무(無)에서 유(有)를 추구'하기에 아버지에게 집을 사달라고 할 수가 없었다. 하룻밤에 집을 짓고 허물기를 수십 채, 어느 날 서울특별시에서 서대문구 남가좌동 구획정리지구에 택지(宅地)를 선착순으로 분양한다는 광고가 신문에 났다.

'하늘도 무심하지는 않구나.' 하는 생각을 하면서 신청일에 통행금지가 해제되는 새벽 4시에 집을 나와 마포종점에서 출발하는 청량리행 전차를 타고 광화문 서울시청으로 달려가 보니 필자보다 더 절박한 사람이 있었는지 네댓 명이 먼저 와 있었다. 순서에 따라 도로변 70평(232㎡) 한 필지를 계약하고 잔금을 지불한 후 서대문구청에 착공계를 제출하고 건축공사는 직영으로 계획을 세워 건축주(필자)가 토요일·일요일에 건축자재를 공급하면 평일에는 도목수(都木手)가 인부를 조달하여 공사를 하고 하루의 일과가 끝나면 점검을 한 후 인부들과 막걸리 한잔을 하면서 집을 지었다. 착공 4개월이 지나고 1967년 8월에 아담한 한옥이 완성되고 '이제 서울에 내 집이 생겼다.'는 기쁨도 잠시, 건축자재 외상값을 갚아야 하는데 돈이 없었다. 방법은 은행 대출을 받아야 하는데 그 당시 은행 문턱은 한없이 높아, 높은 이자(30%?)를 지불하고도 뒷돈이 없으면 융자를 받을 수가 없었다.

생각 끝에 용기를 내어 후암동 소재 국방부 재정국장을 찾아가서 "장군님. 제가 장가를 가려고 외상으로 집을 지었는데 돈이 없습니다. 새집을 담보로 은행 융자를 내주시면 감사하겠습니다."라고 했더니 비서관(중령)을 시켜 용산 삼각지 로터리에 있는 상업은행 삼각지지점에서 융자를 내주어 빚을 갚을 수 있었다.

이제 은행융자를 갚아야 하는데 공무원 월급으로는 앞으로 몇 년 아니 몇 십년이 될지도 모르는데 어떻게 하면 좋을까 고민하다가 외종형이 운영하는 병원을 생각하게 되었다. 필자가 처음 상경하여 마포경찰서 옆 산부인과 병원에서 숙식을 하면서 낮에는 출근을 하고 밤에는 임산부의 출산(出産)을 도왔다. 월급날이 되면 8~9000원이 들어있는 누런 월급봉투를 형수님께 "밥값입니다." 하고 내어

놓는데 어느 날 형님께서 “너는 대학 나와서 월급이 겨우 그것이냐? 나는 오늘 하루 수입이 2만원이다.” 하시면서 “매월 5일 수입금을 줄 테니 나와 함께 병원일 하자. 네가 간호사보다 더 잘하더라.”라고 제의를 하였다. 그때 필자가 “대학에서 4년 동안 배운 것이 아까워 그렇게 할 수가 없습니다.” 하고 거절할 생각을 하였지만, 한편으로는, ‘병원 일을 하고 월 5~10만 원을 받으면 융자금을 더 빨리 갚을 수 있는데 그렇게 해볼까’ 생각도 해 보았다. 그러나 도저히 그럴 수가 없었다. 의과대학이나 간호대학을 졸업하지도 않은 필자가 어떻게 하루같이 산부인과에서 여자들 출산만 쳐다보고 있는단 말인가. 어차피 무에서 유를 창조해야 하는 인생이니 몇 년이고 조금씩 융자를 갚아나가기로 하고 그 집에서 결혼을 하고 아이를 낳고 광화문·청량리역을 지나 동대문구 휘경동 국립건설연구소 새 청사로 출퇴근을 했다.

휘경동 새 청사 국립건설연구소는 넓은 대지에 ㄷ字형 새 건물 3개동이었다. 1급 소장 아래 세 명의 2급 토목부장, 건축부장, 교육훈련부장을 두고 전국의 기술직 건설공무원에 대한 연수교육을 실시했다. 청사 뒤편 넓은 부지에는 한강수리모형시험동(棟), 항만방파제수리모형시험동(棟)을 짓고 연구시설을 설치하여 외국의 석학(碩學)들을 초빙하여 건설신공법을 개발했다. 미국 미네소타대학 공학박사 故 최종완(崔鍾浣) 소장은 새로운 시험기계를 도입하여 새로운 연구계획을 세우는 등 국립건설연구소의 위상을 높여가고 있었다.

최종완 소장은 건설부 예산만으로는 부족하다고 생각하고 청와대로, 문교부로 필자를 데리고 다니면서 계획에도 없는 예산을 막무가내로 확보하였는데 관련 기관 관계인과의 대화가 청산유수(青山流水)와도 같았다. 원래 건설부 사람들은 대체적으로 말을 잘한다. 말뿐만 아니라 술 잘 먹고 노래 잘하고 색소폰도 잘 불고 어쩌다 술집에 가면 전속 악단의 기타(Guitar)나 드럼(Drum)도 빼앗아 치며 신명나게 장단을 맞춰주는 한량(閑良)들이다.

그 중에서도 최종완 소장의 말솜씨는 압권(壓卷)이었는데 어느 날 문교부 육영수(영부인 이름과 같음) 장학관을 만나기 위하여 문교부를 찾았다. 필자가 "소장님. 우리와는 상관이 없는 곳인데요." 했더니 "가보면 알아." 하시더니 육영수 장학관을 만나 연구소에 시험기계를 구입해주면 우리가 교육을 시켜주겠다는 내용인데 어찌나 조리(條理) 정연하게 말을 잘하는지 장학관은 "어." "그렇지." "어. 그려." 하는 말만 되풀이 하고 거절을 하지 못하였다. 필자는 '필요한 사업비는 이렇게도 확보를 하는구나. 이럴 때는 이렇게 말을 하는구나.' 하는 것을 배우고 '잘 모셔야 되겠다.'고 생각을 했는데 1970년 1월 필자가 부산의 영남국토건설국으로 발령이 났다. 다음날 아침 소장실에 들렀더니 "자네 운동했구나." 하시어 "저도 몰랐습니다." 하고 "더 잘 모시려고 했는데 죄송합니다."는 말씀을 드리고 연구소를 떠났다.

필자가 연구소를 떠나고 4년이 지난 1974년 10월 측지부(측량과, 지도과)의 업무가 독립하여 국립지리원으로 들어가고 1983년에는 제5공화국(1981-1987) 정부에 의해서 연구기관이 아닌 국립건설시험소로 개편되어, 전국적으로 SOC건설공사가 증가함에 따라 한때는 대구·부산·광주에 지역 분소를 두는 등 그 기능이 확대되는 듯도 하였다.

그러다가 국민의 정부(1998-2002)가 들어서면서 그 많은 예산을 투입하여 만들어 놓은 한강수리모형동과 항만방파제수리모형동 등 연구시설을 폐기하고 국립시험소를 일산으로 옮기더니 1999년 1월 15일 김대중 대통령 재임시 한국건설기술연구원에 이양되고 말았다.

이러한 현상을 보는 외국의 눈은 의아함으로 가득했는데, 일본 건설성 사람들은 "한국은 이상한 나라다. 일본은 연구기관을 확대하고 활성화 하는데 한국은 하나밖에 없는 국립건설연구소를 없애 버리느냐?" 고 했다.

이제라도 정부는 건설전문기술자를 양성하고 신기술개발 등 건설기술발전을 위해서 일산의 한국건설기술연구원을 '국립건설기술연구원'으로 개명하고 중앙정부조직으로 그 위상을 높여야 한다.

다시 앞으로 가서

1970년 1월 국립건설연구소를 떠나 시행청인 부산의 영남국토건설국으로 발령을 받고 부임하자마자 부여된 업무는 경북 감포항에 수중(水中)측량을 하고 작은 배가 정박하는 물양장(物揚場) 설계를 하는 일이었다. 초임자에게 너무한다는 생각을 하면서 측량기를 챙겨 감포로 갔다. 다행히 대학과 김해육군공병학교에서 측량조교를 했던 경험이 있어 무사히 성공적으로 측량 작업을 수행할 수 있었다.

설계를 끝내고 거제도 구조라항에 이어 제주도 화순항 방파제 공사 감독관으로 업무를 수행하고 있는데 느닷없이 '국가기간고속도로 기획조사사무소'로 발령이 났다. 발령지는 건설부에 첫 발령을 받았던 정동 28번지 중부국 5층이었고 IBRD 세계은행 용역단에서 설계가 끝나면 호남~남해 고속도로 현장 감독으로 나가기 위해서 필수요원 5~60여 명이 발령을 받았다고 한다. 건설부 이래 최대 인사이동이라 많은 사람들이 착공을 기다리다가 1971년 12월 7일 일시에 발령을 받고 대전~광주간 호남고속도로, 광주~부산간 남해고속도로 현장으로 뿔뿔이 헤어졌다.

필자는 부산 구포I/C ~ 창원I/C 구간을 맡은 남해고속도로 김해공사사무소로 발령을 받고 임지로 갔으나 그렇게 기다리던 IBRD 용역단의 항공사진 측량성과가 실제 지형에 맞지 않아 우리 감독들이 다시 측량을 하고 설계를 해서 겨우 공사가 시작되고 돌관 작업으로 2년 만에 준공이 되었다. 하지만 쭉 뻗은 고속도로 아스팔트 새 길을 시원하게 달려보지도 못하고 아쉬움을 뒤로 한 채 흙먼지 자욱한 점촌~영덕간 국도확장포장공사 현장으로 가야했다.

이렇게 항만과 고속도로, 댐과 광역상수도 공사현장으로, 지방청과 건설부 본부를 오고 가다가 천신만고(千辛萬苦) 끝에 부이사관으로 승진하여 꿈에도 그리던 정동 28번지 서울지방국토관리청 도로시설국장으로 발령을 받았다. 60여 개소의 국도확장 포장공사의 품질과 안전을 확보하여 좋은 도로를 건설하는 임무가 주어졌다.

그러나 건설공사 관리·감독이라는 것이 지역주민의 도로 노선 변경 요구, 진입도로 신설, 더 많은 용지 보상 요구 등 민원이 산더미 같이 쌓이고, 현장 답사를 나가면 주민들이 포위하듯 둘러서서 발을 옮기지도 못하게 하고 민원에 대한 즉답을 요구한다. 심지어 뜻을 이루지 못한 주민들은 꽃상여 메고 서울청사 마당을 점령하고 굴건제복(屈巾祭服)에 꽹과리 치며 "청장 나오라"고 곡(哭)소리 내며 울부짖고 민원 담당 도로국장은 이들의 밥이었다.

민주화 이후 방종으로 치닫는 민주주의가 국력 신장에 걸림돌이 되고 공권력은 무력화되어 공직자는 지역주민의 시녀(侍女)가 되어 국가와 민족을 위한 소임(所任)을 다하지 못하는 처지에 와 있었다.

제도의 허술함도 마찬가지다. 지역주민이 보상협의에 불응하고 공사를 방해하다가 1, 2년 후 중앙토지수용위원회에서 재감정하여 상승한 지가로 보상을 해주니 누가 보상협의에 바로 응하겠는가. 필자는 이 모순을 지적하고 토지수용제도개선을 요구하였으나 이루어지지 않았다.

서울청에서 근무하는 동안 민원은 괴로웠지만 정동 28번지 1127평 대지 위에 지하 2층, 지상 5층, 연건평 1725평의 서울청사 신축공사가 착공되고 지하 10~20여 미터에 철근콘크리트 말뚝을 박고 시멘트풀을 주입하는 등 기초지반공사를 감독하면서 우리 청사를 튼튼하게 지어 새 청사에서 근무를 한다는 희망에 차 있을 때였다.

어느 날 건설부 차관으로부터 "내일 아침 8시까지 과천청사로 나오라."는 한 통의 전화를 접했다. 죄를 지은 일도 없는데 웬일인가 했는데 내용은 "건설부 산하 한국시설안전공단에 부이사장 자리가 비는데 1급 자리다. 알다시피 건설부는 안전 불모지(不毛地)다. 갈만한 사람은 초대 안전과장을 지낸 申국장 밖에 없다."고 하면서 "우리 건설부에서 안가면 감사원에서 가게 된다."고 해 필자가 "지방청장이라도 해보고 나가야 하지 않겠는가. 생각해 보겠다." 고 했는데 며칠 후 지방청장이 아닌 본부 건축기획관으로 발령이 났다.

기획관으로 오래 근무는 하지 못했지만 이 자리는 잠시 쉬어가는 자리일 뿐이고 서대문구 정동 28번지에서 건설부 첫 발령을 받고 여기서 영원한 짝을 만나 사랑을 하고 그러면서 34년의 긴 세월 희로애락을 같이했던 건설부(특히, 내가 사랑했던 정동 28번지)를 떠나야 했다.

서울 서대문구 정동 28번지는 훗날 서울 중구 정동길 28-5 번지로 변경되고 서울지방국토관리청 자리에는 2016년에 발족한 국토교통부 산하 '국토발전전시관'이 있다. 1층에서 5층까지 사무실과 우리가 건설했던 도시, 주택, 건축, 수자원, 도로, 철도, 간선교통, 항만, 항공, 미래의 국토, 해외협력과 건설 등 건설에 관한 모든 것이 역사가 되어 입체로 된 모형들이 생동감을 더한다.

그리고 지하 1층 도서실에는 필자를 비롯하여 많은 건설부와 건설교통부 선후배들이 기증한 1만 여권의 책과 설계보고서, 옛 건설부 로고가 들어있는 증서와 기념품들이 전시되어 옛 추억을 새롭게 한다. 전시된 분야별 건설모형은 우리 건설부 건설인들의 자랑이며 자부심이다. 손자·손녀 손잡고 가서 우리 할아버지가 어떻게 국토를 가꾸었는지 보여주고 국토보존에 대한 미래의 꿈을 심어주는 것도 좋을 것 같다.

수자원국의 동료 이상태씨 같은 분은 200여 권의 책과 입체 미닫이 책 진열대까지 기증하였다. 2022년 가을에 추가 기증을 받을 예정이라 하니 소장하고 있는 귀한 자료들을 기증하여 많은 사람이 볼 수 있게 하면 좋겠다. 끝으로 정동 28번지 부지와 건물을 보존해주신 국토교통부 관계자 여러분께 감사드린다.

건설 르네상스의 뒷이야기

김 동 휘

김의원 전 경원대 총장이 2012년 건설진흥회에 기고한 글을 읽고 경부고속도로 건설의 강행군, 모래 밭에 건설한 미포조선소, 아무도 생각지 못했던 구미공업단지축조 등 그 당시 대통령, 장관 그리고 건설부 말단 직원에 이르기까지 얼마나 고생을 많이 했는가에 대해 고개가 숙여진다.

그때 필자는 5년간 월남 대사관에 파견되어 국내 건설과는 상관없이 월남에 진출한 5개 우리 진출업체의 보호와 전재복구를 위한 한미간 협조 업무를 수행하고 있었다. 그 중 현대건설은 메콩강의 준설공사를 미군과의 계약하에 준설선으로 준설을 하였으나, 메콩강 유속이 빨라 준설 즉시 매몰됐다. 이에 기성이 인정되지 않아 기성금 지불이 거부되어 정주영 회장을 비롯한 현대건설측과 대사관에서 나서서 준설작업일지를 근거로 주최측을 납득시킨 결과 준공처리 된 바 있다.

필자는 사이공(Saigon) 주재 5년째 되던 해에 병을 얻어 고생하던 중 그 소식이 본국에 전달되었던지 토목부장으로 승진 귀국하여 국립건설연구소에서 근무하였다. 1972년 여름 정주영 회장은 건설 중에 있는 미포조선소 전면 Dock 방파제의 설계자문을 위해 건설연구소로 필자를 찾아왔다. 그 원안은 급한 나머지 사석방파제로 되어 있어 그것을 항만규격에 맞게 대안을 제시한 바 있다. 그 후 1973년 2월 필자는 건설부 항만국장으로 전입되었다. 당시 우리 정부는 동해안에 5만톤급 선박을 대상으로 묵호항을 대일차관으로 개발한다는 협력을 체결하고 있었다. 그러나 묵호항은 기술적으로 항만확장이 적당하지 못하여 항만국 기술자들은 다른 항만적지를 모색하고 있었다. 그것이 바로 북평항(지금의 동해항) 굴입식 항만 계획이었다.

그 계획안을 필자는 1973년 9월 4일 박정희 대통령께 청와대 집무실에서 보고 드렸다. 그 자리에는 대통령, 부총리, 장예준 장관, 오원철 비서관 및 정주영 회장이 동석하였다. 브리핑을 다 듣고 나서 대통령께서 "저기 저 자리에 홍씨 종친 산소가 있는데 괜찮은가?" 라고 물었다. 필자는 "우리 계획과 그 자리와는 거리가 멀리 있습니다. 다만 묵호항을 확장할 것으로 일본정부와는 협약을 체결했는데 이것을 변경하는 것과 앞으로의 예산이 문제입니다."라고 말씀드렸다. 이에 대통령은 "일본정부와의 문제는 국장이 직접 동경에 가서 해결하고 예산은 부총리께서 뒷받침 하시오."라고 하였다. 이 계획의 구현을 위해 혼신의 노력을 하신 故 장예준 장관의 명복을 빈다.

PART 2

주택·도시

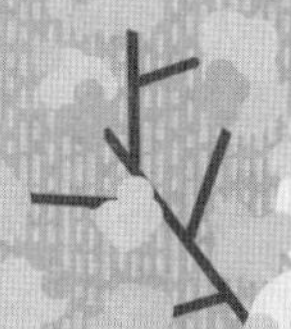

김 의 원

국립지리원장
국토개발연구원장
경원대 총장 / 대한건설진흥회장

이 주 철

경부고속도로건설공사사무소
건설부 도시계획과 / 대림산업(주)
AL-Najim Saudi International Co. Director

100세 건강 Tip

귀의 노화 현상과 대처법

류영창

● 노화현상

- 고음(高音) 영역부터 청력(聽力) 감소
- 청력이 떨어지면 외부 자극이 줄어, 뇌 기능 저하와 치매발생 위험 증가
- 모음(母音)보다 자음(子音) 못 알아들어
- 귀 안 보호막 약해져 외이도(外耳道)염 발생
- 전정 기능 감소로 어지럼증 증가하여 구역질이 나고 식욕 저하 발생

● 대처법

- 보청기를 안경처럼 적극적으로 활용
- 눈을 감고 주변의 다양한 크고 작은 소리를 주의 깊게 듣는 연습 권장
- 어르신에게 말할 때에는 큰 소리보다는 자음을 또박또박 발음해야
- 귀 후비지 말아야
- 귀지가 축적되어 소리가 작게 들리면, 이비인후과에 가서 청소
- 장시간 큰 소음에 노출되는 것을 피하고, 조용한 곳에서 말을 나누는 것이 좋다.
- 벽에 손을 댄 채 눈 감고 걷는 훈련을 하여 전정기관 재활 시도
- 활동량이 줄면 더 어지럽기 때문에 적절히 신체를 움직여야

그린벨트란 것 있지!

김 의 원

수도권 그린벨트계획을 작성하다

1971년 9월 어느 날 경제수석이 도로국장과 빨리 입궐(入闕)하라는 연락을 받고 김용석(金容奭)국장과 경제수석실로 갔더니 “여기가 아닙니다.” 하면서 본관으로 가자고 했다. 각하(閣下)집무실에 당도하니 이미 서울시장과 경기도지사가 와 있었다.

“이봐 도로국장, 망우리(忘憂里)공동묘지 앞의 국도(國道) 오르막 근처에 빨간 기와집 한 채 있지?” “네, 있습니다. 각하!” “거기가 바로 서울시와 경기도의 경계란 말이야. 그런데 서울시쪽은 노폭(路幅)이 30m이고 경기도쪽은 7m란 말이야.” 하면서 도면에 서울에서 뻗어나가는 11개의 방사선도로(放射線道路)를 그리고 하루 빨리 시정(是正)하라는 지시를 한 다음, 필자를 보고 “그린벨트란 것 있지!” 하면서 “전국 대도시 주변에 그린벨트를 치고 수도권(서울) 그린벨트계획을 작성해 오라.”고 하였다.

그날로 종합청사 지하에 비밀작업실을 설치하고 서울시에서 2명의 직원을 차출 받아 작업을 시작했다. 이 작업에서 서울북쪽의 군부대는 전부 그린벨트에 포함시켰다. 그러면서 불광동(佛光洞) 북쪽의 기자촌(記者村)은 당시 건설 중이었기 때문에 그린벨트에서 제외했다. 박대통령의 그린벨트에 포함시키라는 지시를 어기고 1주일 후 다시 가지고 갔더니 "왜 포함 안 시켰느냐!" 하면서 그 이유를 설명하는 것이었다.

"만약에 남북이 다시 전쟁을 해서 불행히도 우리가 밀렸다 할 때 기자촌 바로 북쪽에 있는 곡릉천계곡에 인민군 1개 사단쯤 집결시켜놓고 우리는 북한산쪽에서 집중포격을 해야 할 곳인데 집을 짓게 할 수 있느냐?"는 것이었다. 과연 전략가다운 발상에 놀라면서 한편으로는 필자 자신의 무식을 이때만큼 뼈저리게 느낀 적은 없었다.

"안 돼! 건설부를 거쳐"

초기 그린벨트는 법적근거 없이 시작했다. 6개월 후에 도시계획법을 개정하여 「개발제한구역(開發制限區域)」이라 이름을 지었다.

그린벨트 경계는 측량하여 표석(標石)을 설치했는데 몇 개 지역에서 밤에 표석을 이동시키는 일이 있어 경계선을 순시하는 순찰대를 조직하기도 했다. 당시 대통령이 일반 행정 업무를 직접 결재하는 것은 그린벨트뿐이었다.

국방장관은 군부대의 초소위치까지 통제를 받는 것이 싫어서 "각하! 군부대의 그린벨트 문제는 저에게 맡겨 주십시오." 하고 필자가 보는 앞에서 두 번이나 건의했으나 그때마다 "안 돼! 건설부를 거쳐." 라고 했다. 그래서 그런 것은 아니지만 녹지관리과의 윤준섭계장 앞에는 항상 군의 고급장교(중령·대령)들이 그칠 날이 없었다. 때로는 장군들까지 오는 수가 많았다. 그린벨트를 처음 시작할 무렵 신문·방송에서 연일 그린벨트 운운하니까 출입기자들과 국회의원들까지 "그게 뭐냐"고 궁금해 하기에 필자는 이들에게 여러 번 설명을 하기도 했다. 당시 대구에 있는 2군사령부의 어떤 장군은 잘 모르고 부친의 산소를 그린벨트 안에 썼다가 예편당하기도 했다.

그린벨트를 시작한 초기 2년간 그린벨트를 담당한 공무원 중 1천여 명이 징계를 당하였다는 사실만으로도 얼마나 엄격한 것이었느냐 하는 것을 짐작할 수가 있다. 이때부터 지방 공무원들은 그린벨트 담당업무의 보직을 기피하는 사태가 심화됐다.

1975년 여름 박대통령은 전국 그린벨트 관리 상태를 총 점검하라는 지시를 내렸다. 필자는 대구와 부산지역을 둘러보았는데 대구에 가니까 소가 송아지를 낳는데 마구간이 좁아서 마구간 옆에 비닐로 송아지 막사를 지었는데 이것을 적발했다기에 과잉단속이라고 나무란 적이 있다.

부산지방의 양산(梁山)군청에 들렀더니 군수 책상위에 달랑 그린벨트 관리규정만 있고 군수는 농구화를 신고 집무하고 있기에 "왜

PART 2 주택 도시

이러느냐?" 고 물었더니 양산군은 80%가 그린벨트이기 때문에 그린벨트 관리가 업무의 전부라고 이야기했다.

이런 일도 있었다. 어느 날 수녀(修女) 5명이 국장실에 왔다. 사연인즉 우리는 해수욕장에 갈 수도 없는 처지라 경기도 모처(某處) 외진 곳에 풀장을 하나 만들었단다. 일반인이 볼 수 없게 주변에 나무를 심기까지 했는데 군청에서 나와 메꾸어버렸다는 것이다. 그것도 두 번이나. 하도 사정이 딱해서 박대통령에게 결재를 요청했더니 "이봐! 천주교 수녀들이 이런 일이 있으면 개신교에도 불교에도 있을 수 있는 일이 아니냐? 사정은 딱하지만 이것들을 다 해주어야 되는가?" 했다.

1973년 일본에서 下河邊淳(시모고베 아쓰시) 일본국토청 국토정책국장(田中角榮名儀의 日本列島改造論의 실질적인 筆者)과 국회수상실(國會首相室)에서 田中首相을 만난 일이 있다. 이 자리에서 수상이 국장을 보고 동경(東京)에 빨리 그린벨트를 치라는 지시를 하기에 그린벨트 얘기를 누구한테서 들었느냐 했더니 박대통령한테서 들었다는 것이었다.

1970년대 초 박대통령은 "새로운 시가지나 도시건설이 필요할 때 그린벨트 밖에 하라."는 말하자면 도시개발정책을 지시했는데 요즘의 한국은 그린벨트를 해제한 자리에 아파트나 짓고 있다.

그런데 지금도 필자는 박대통령이 그린벨트 얘기를 누구한테서 들었는지 알 수가 없다.

박대통령과 안산 신도시

김 의 원

해방 이후 최초의 신도시건설

1976년 7월 21일 수도권 인구 분산 문제를 보고하는 과정에서 박정희(朴正熙) 대통령은 “일방적으로 나가라고만 하지 말고 나갈 곳을 만들어 줘야 하는 것 아니냐!” 다시 말하면 신도시를 건설하라는 것이었다.

이 지시가 떨어지자 건설부는 김재규(金載圭) 건설부장관과 구자춘(具滋春) 서울특별시장을 비롯한 건설부와 서울시 실무자들로 구성된 낚시복차림의 현지답사반을 봉고차를 빌려 서울의 동남쪽 즉 경기도 광주와 용인, 이천 및 여주 지역을 둘러보았다.

결과적으로는 이 지역이 한강유역이기 때문에 새로운 도시의 폐수가 팔당수원을 오염시키기 때문에 불가하다는 결론을 얻었다. 며칠 후 조사반은 경부고속도로 서남쪽인 안중(安仲), 조암(朝岩), 발안(發安) 및 반월(半月)(안산)을 답사하고 그 결과를 대통령에게 보고했다.

이 자리에서 대통령은 "신도시건설은 첫째로 성공해야 한다. 성공하기 위해서는 서울에서 가까운 곳 즉 반월(半月)(안산)부터 시작하는 것이 옳다"고 말했다.

이로서 1796(정조20)년 정조의 화성(수원) 신읍치(新邑治) 이후 181년만에 해방 후 최초의 신도시건설이 시작되었다. 최초의 신도시이니 만치 모든 것이 시범적이어야 했다.

도시기능으로서는 첫째 서울의 소산공장을 수용하는 것이고, 둘째로는 독립된 자족도시일 것과 셋째로 신도시건설의 선도적 역할을 할 수 있게 한 것이다.

계획인구를 30만으로 하고, 계획구역 1750만평에, 공업용지 267만평에는 1000개의 공장을 유치키로 했다. 개발방법은 종래의 토지구획정리방법을 지양하고 전면매수키로 했다. 투자규모는 4505억을 계상(計上)했고 건설기간은 1977~1981년까지의 5년으로 했다. 도시는 주거표시제도(住居標示制度)를 실시했고 도로는 사교차(四交叉)가 아닌 삼교차(三交叉)로 했다. 안산 시가지에는 육각형로타리가 세군데있다. 이것은 박대통령께서 "호주의 신도시를 보니 육각형로타리가 많던데 우리도 한번 해보지" 하는 바람에 세군데 건설했다.

또한 간선도로에는 공동구(共同溝)를 설치했다. 전기, 가스, 수도, 전화선의 지상설치를 금하고 지하화했다. 또한 하수도는 우수와 오수를 분리하는 하수구를 설치했다. 이런 시설들은 모두 우리나라에서 최초로 실시한 것인데 지금 그 유지관리가 제대로 되고 있는지 대단히 걱정스럽다. 시가지 중앙을 관통하는 도로는 노폭을 50m로 했다. 노폭 25m이상의 도로는 전부 녹지화했다. 상수도와 공업용수는 팔당에서 36㎞를 끌어 1일 15만톤을 공급키로 했다.

어느 날 이택돈(李宅敦) 의원이 대림산업의 이회장을 모시고 필자를 찾아왔다. 사연인즉 "우리 고향이 안산인테 우리 선영(先塋)이 어떻게 됐는지 모르겠다."며 지도를 펼쳐보였다. 보니 시가지 최중심부의 구릉지대(丘陵地帶)였는데 공원으로 지정돼 있었다. "공원이면 선영(先塋)을 옮겨야 되느냐?"고 한걱정을 하기에 "옮길 필요 없다. 공원이니까 아무도 범하지 못하니 보전이 잘될 거다." 했더니 이의원이 점심을 산 적이 있다.

경제기획원 모사무관(某事務官)은 안산에 신도시를 건설한다기에 자기고향인지라 땅을 좀 샀는데 전면매수하는 바람에 아무 재미도 못 보았다는 말을 털어놓기도 했다.

경제부처와 기술부처

안산신도시 공업용지의 바닷가에 표고 20m 정도의 구릉지가 낙타 등처럼 2군데가 있었다. 필자는 그것을 그대로 존치해두고 그사이에 공장을 건설하는 것으로 구상하고 있었는데 어느 날 현장에 가보니 그 구릉지가 없어졌다.

현장소장에게 따졌더니 "안○○ 사장이 이 구릉지의 흙으로 해면을 매립하라."해서 "100만평 해면매립(海面埋立)하는데 썼다."기에 필자는 산업기지개발공사 사장 앞으로 "두 달 내에 원상복구하라."는 공문을 띄웠다.

안사장은 1개월 만에 원상복구를 했다. 사실이지 안사장과 필자는 좋은 사이가 아니었다. 안사장이 건설부차관 때 필자는 기획관리실 기획계장(사무관)이었다. 그런데 건설부 창립 이후 1967년까지 필자는 역대 장·차관의 연설문을 다 썼다. 매년 2월 초순에 있는 대통령 순시 때 건설부 업무현황도 필자가 작성했다. 심지어 매주있는 국장회의 때 장관지시사항도 필자가 작성했다.

그런데 이런 일련의 작업과정에서 건설부를 '경제부처로서…' 하면서 안차관은 '기술부처로서…'라고 수정한다.

하루는 "경제부처란 것과 기술부처란 것의 어느 것이 더 품격이 있어 보이느냐? 경제장관회의가 따로 있을 정도인데 기술장관회의란 것이 있느냐? 그 꼴난 일본 德島高工 토목과 가지고 잘난척 하시네." 하고 언쟁을 한 적도 있다. 안차관은 자기 말을 잘 안 듣는 필자를 언제나 고집 센 사람으로 낙인을 찍고 있었다.

각설하고 1977년 어느 날 그린벨트(GreenBelt) 서류결재를 받으러 청와대에 갔더니 "이봐, 김국장. 안산신도시에 대학용지있지?" 하신다.

"네. 두 군데 있습니다. 전문대학용지와 4년제대학용지가 있습니다." 했더니 "그거 한양대학 줘. 문교부차관을 자네방으로 보낼게." 하신다. 그래서 필자가 "각하, 대단히 외람된 말씀입니다만 한양대학에 줘야 할 특별한 이유가 있습니까?" 하고 물었다.

그랬더니 "이사람아, 지금 우리 경제 뭘로 유지하는 줄 알어? 해외건설업자들이 벌어 오는 것으로 지탱하고 있어. 그래서 내가 조사해 보았더니 해외건설에 나가있는 중견기술자의 86%가 한양공대 출신이더라. 서울공대는 국내에서 빈들거리고……. 이만하면 한양대학이 애국한 것 아니냐?" 하신다.

사무실에 돌아오자마자 문교부차관이 왔다. 각하께서 "건설부 도시국장을 만나보라"고 해서 왔다면서 "무슨 일이냐"고 묻기에 사실을 얘기했더니 "고맙다."고 돈수백배(頓首百拜)를 하다시피 하고 돌아갔다.

그때 한양대학에는 25만평의 토지를 매수원가(평당 3,000원?)로 주었다. 이때 학교 앞까지 도로포장이 된 상태였다.

이 일이 있은 후 한양대의 설립자인 김연준(金連俊)씨는 필자를 두 번이나 식사에 초청했지만 거절했더니 세 번째는 동경에 있는 국제한국연구원장인 최서면(崔書勉)박사를 통해 왔기에 응했더니 "공무원 그만두면 한양대에 와서 후진(後進)들을 좀 가르쳐줬으면 좋겠다."는 말을 했으나 필자는 거절했다.

1978년 어느 날 대통령을 모시고 안산현장에 갔더니 경기도 경찰국장이 찾아와서 "각하, 바로 이곳이 서해안으로 침투하는 간첩루트인데 이제 못 오게 생겼습니다."라면서 좋아라 하니 "김국장께 고맙다"하라 했다.

안산에는 외딴 주점이 하나 있었는데 각하와 막걸리를 먹고 있는데 주모(酒母)가 각하를 알아보고 "우리 사위가 김○○장군인데" 하니 "아, 김장군이 사위되느냐"고 되묻기도 했다.

이밖에 안산으로의 진입도로인 수원~인천간 도로와 반월~안양간 도로를 고속화도로로 확장했더니 동아일보가 "삼성 소유인 안양 골프장에 특혜(特惠)를 줬다"는 보도를 했다.

이렇게 건설된 안산(반월)시는 35년이 지난 지금 60만의 대도시가 되었을 뿐만 아니라 외국인 근로자가 제일 많은 우리나라 유일의 다문화 도시가 되었다.

나 수도를 옮겨야겠어!

김 의 원

'NC'라 적힌 두툼한 책자

1976년 8월 18일 파랗게 질린 여비서가 전화통을 가리키면서 엄지손가락을 천정으로 추켜올리고 있었다. 받으니 각하였다. "장관하고 빨리 들어와." 하곤 끊었다. 장관실로 가면서 걱정을 했다. '뭐라고 말하지?' 라고.

"각하께서 빨리 들어오랍니다!" 했더니 아니나 다를까 "어디로 연락이 왔어?" 하는 것이었다. "장관실이 통화중이라 제 방으로 연락이 왔습니다." 그랬더니 화장실로 가서 이를 닦고 면도를 하고 머릿기름까지 바른다. 군인출신들의 상관에 대한 예절은 일반문관(一般文官)과는 천양지차가 있다. 청와대에 도착했더니 김정렴(金正濂) 비서실장과 임방현(林芳鉉)대변인이 배석했다.

대통령께서 말문을 열었다.

"나 수도를 옮겨야겠어."

이때 김재규(金載圭)장관은 깜짝 놀라면서 "각하, 정말입니까?" 라고 했다. 그랬더니 "국장은 태연한데 장관이 왜이래 놀래?" 하시면서 "나 오래전부터 연구했어!" "각하, 김국장 선산입니다." "나 알아." 하시면서 서재로 따라오라기에 갔더니 두툼한 앨범 한 권을 주셨다.

표지에는 "NC"라고만 적혀 있었다. 신수도(NEW CAPITAL)의 약자였다. 내용을 보니 6월 2일에 모인(某人)에게 연구할 것을 지시하여 20일 후인 22일에 보고를 받았다고 기록되어 있었다. 그 모인이 누군가 하면 이때 막 총리를 그만둔 JP라고 짐작되었다.

각하는 "NC"를 주면서 또 한 장의 메모지를 주셨다. "임시행정수도 입지선정기준"이라 적혀있었다. 그 내용은 다음과 같다.

1. 휴전선에서 평양과 같은 거리이거나 약간 먼 곳
2. 서울에서 자동차 또는 전철로 2시간 이내의 거리에 있는 지역
3. 현재 경부선축에 가급적 근접한 지역으로서 기존 도로망이 잘 발달되어있는 지역
4. 인근에 좋은 수원을 확보할 수 있는 지역
5. 자동차로 30분 내지 1시간 이내에 도달할 수 있는 기존 중심도시가 한 두 개 있는 지역
6. 가급적 우량농지가 포함되지 않는 지역
7. 배수가 좋고 가급적 낮은 구릉(丘陵)과 야산(野山)이 많은 지역
8. 대기순환이 좋고 지진기록(地震記錄)이 없는 지역

9. 20~30분 거리 내에 좋은 비행장 건설이 가능한 지역
10. 50만 명 정도의 인구를 수용할 수 있는 지역
11. 문화재 등 기존 특수시설의 철거대상물이 없는 지역 등이었다.

어느 전문가가 작성한들 여기서 단 한자를 빼고 넣고 할 수 있겠는가. 필자는 비밀작업반을 구성해서 종합청사 지하실에서 작업을 시작했다. 이리하여 9월 21일에는 대통령께 중간보고를 했는데 이때는 정감록(鄭鑑錄)까지 풀이했다.

1976년 말까지 세 번에 걸친 중간보고를 마친 필자는 각하께 건의하기를 도시국(都市局)으로서는 더 이상 이 일을 할 수가 없다. 왜냐하면 도시국 자체의 업무가 마비될 지경이니 새로운 기구를 만드는 것이 순리란 점과, 각하께서 기자회견을 통해서 임시행정수도(臨時行政首都)를 건설하겠다고만 말씀해도 서울로의 집중은 다소 주춤해 질 것이라 했다.

그랬더니 각하께서는 이듬해 2월 10일 서울시 연두순시(年頭巡視)에서 이 구상을 밝혔다.

당시 건설부가 임시행정수도의 후보지로 건의한 곳은 지금의 세종시 인근이다. 세 번에 걸친 보고과정에서 필자가 느낀 것은 각하는 대전 인근의 대덕연구단지(大德研究團地)를 마음먹고 계시다는 것을 느낄 수 있었다.

문제는 대덕이 좋은데 과학기술처가 연구단지를 버려놓았다는 식의 말씀을 하신 적이 있다.

인류역사상(人類歷史上) 천도는 수없이 있었다. 그러나 그 대부분의 이유는 국가의식과 민족의식을 수도이전에 연관시키기도 했지만 국방상의 문제가 주된 이유였다.

이 업무는 청와대의 중화학공업추진위원회(重化學工業推進委員會)에 이관된 후 1977년 3월 16일에는 임시행정수도 건설을 위한 〈백지계획〉 수립을 지시했고, 3월 26일에는 중화학공업추진위원회내에 〈실무기획단〉을 구성했는데 건설부에서는 유원규과장, 김건호계장을 파견했다. 같은 해 7월 23일에는 건설부가 주관하여 〈임시행정수도 건설을 위한 특별조치법〉을 제정했다.

1977년 9월에는 6도 12시 51군 6000표준지에 대한 지가조사를 실시했고 같은 해 10월에는 〈행정수도건설에 관한 국제 세미나〉를 개최했다. 1979년 12월 30일에는 〈백지계획〉의 보고서가 작성되었다.

20세기에도 수많은 나라에서 천도가 있었고 현재도 진행되고 있다. 많은 국가에서 천도의 이유를 대도시 문제해결이나 낙후지역(落后地域) 개발을 내세우고 있지만 그 배후에는 언제나 국가의 안전보장문제가 깔려있다는 사실은 부인할 수가 없다.

박대통령이 수도이전문제를 지시할 때도 "휴전선에서 평양이 몇 ㎞나?" 하셨다. "잘 모릅니다." 했더니 "160㎞야." 하셨다. 그때 이미 각하는 상당히 연구를 하고 있었다는 증거이다.

또한 그 당시 "지금 서울인구가 720만을 넘었는데 만약 북한과 다시 전쟁이 난다면 내가 육군참모총장(陸軍參謀總長)이라도 작전계획을 세울 수가 없어." 하셨다. 너 나 할 것 없이 남부여대(男負女戴)하고 길거리로 나올 테니까 말이다.

결실을 맺어가는 행정수도 이전

이때 작성된 〈임시행정수도 건설일정〉에 따르면 1977~1980 준비단계, 1980~1981 계획단계, 1982~1986 건설단계, 1987~1991 이전단계로 잡았다.

일반적으로 수도이전은 저성장기에 계획하여 이전의 효과를 고도성장기에 합치하도록 하는 것이 상례(常例)이나 우리는 역순으로 그 시기를 잡았다. 1976년의 우리경제는 1973년에 있은 1차 유류파동을 극복하고 고도성장의 절정기에 있었다.

이 계획을 추진하면서 건설부는 몇 가지 방침을 견지했다. 첫째, 임시행정수도는 통일될 때까지의 잠정조치이지 항구적인 천도가 아니란 것. 둘째, 수도이전 후의 서울의 변동에 대한 대비책 강구. 셋째로 행정수도건설비는 정부재정으로 충당하고 신도시건설비는 은행융자로 한다는 원칙이었다.

건설부가 손을 뗀 후 삼군본부가 대전으로 이전했고 2012년말까지는 국무총리실을 비롯한 많은 행정기관들이 이전함으로써 1976년의 박대통령 구상이 결실을 맺어가는 과정에 있다.

우리가 앞을 내다보는 예지가 있었더라면 '88올림픽 개최지를 서울로 한정하지 말고 서울과 대전으로 양분해서 시설했더라면 하는 아쉬움이 없지 않다. 그렇게 했더라면 국토의 과밀(過密)과 과소(過疏)현상을 해소할 수 있었을 것이다.

각하! 경남도청 문제로 골치아프시지요

김 의 원

계획인구 30만명, 창원 시가지 개발

1973년 2월부터 본격화한 중화학공업의 일환으로 창원은 '기계공업기지(機械工業基地)'로 지정되었다. 1974년에는 '산업기지개발구역(産業基地開發區域)'으로 지정됨으로써 104개 대형공장이 입주하게 되었는데 1977년 4월 현재 54개 공장이 입주했다.

공업단지 건설이 진행되자 공장 종업원을 비롯한 인구증가가 급속화 됨에 따라 공업단지의 배후에 신도시 건설을 구상하게 되었다. 물론 박대통령의 지시이다. 이때 4개의 신도시를 건설했는데 안산과 과천은 정부직할사업으로 하고, 창원과 여천(麗川)은 도지사(道知事) 관할사업으로 하였다.

창원은 계획인구 30만명으로 하고 마산과 인접한 이 지역은 경상남도 창원출장소 관할구역 전역과 김해군(金海郡) 진영읍(進永邑), 진례면(進禮面)과 장유면(長有面) 각 일부를 포함한 5190만평을 계획구역으로 하고, 이 가운데 12.0%에 해당하는 635만평이 실질적인 시가지 개발면적이었다. 시가지 개발은 2단계로 나누어 제1단계에는 1977~1979년까지 128만평을 개발하고, 제2단계에는 1980~1986년까지 7년간에 507만평을 개발토록 했다.

이 당시 계획인구를 30만으로 하면서 필자는 마산~진해~진영~창원을 광역도시권(廣域都市圈)으로 보고 1980년대에는 100만 도시권을 상정(想定)하기도 했다.

"아! 좋은 아이디어구만! 됐어! 됐어!"

원래 경상남도 도청은 진주에 있었다. 그것이 일제중기(日帝中期)에 부산으로 이전했다. 해방 후 부산이 광역시가 되자 경남도청은 어디론가 이전해야 하는데 마산과 진주간에 갈등이 일어났다. 진주는 원래 진주에 있었으니까 진주로 도로와야 한다는 것이고, 마산은 경남의 중심지라고 주장했다. 두 도시의 지역갈등이 어느 정도였느냐 하면 마산시민들은 진주에서 생산되는 럭키치약을 쓰지 않았고, 진주시민들은 마산의 몽고간장을 먹지 않았다. 이러할 때 필자는 대통령에게 창원개발에 관한 중간보고때 이렇게 말했다.

"각하! 경남도청 문제로 골치아프시지요?"

"그런데, 좋은 방법이 있어?"

"네, 각하. 도면(圖面)을 봐주십시오. 여기가 남해고속도로입니다.

여기서 창원기계공업단지 쪽으로 약 10㎞ 구간을 100m 도로를 닦았습니다. 여기 공업본부(工團本部) 삼거리에서 한은(韓銀)로타리를 거쳐 지금 해병여단(海兵旅團)이 주둔하고 있는 곳까지 1.5㎞에 장차(將次) 70m 도로를 낼 겁니다. 그러면 지금 해병여단 자리에 경남도청을 놓으면 됩니다. 단, 창원시를 독립(獨立)시켜야 됩니다. 각하!"

"아! 좋은 아이디어구만! 됐어! 됐어!"

이어 필자는 "각하, 소청(小請)이 하나있습니다." 했다. "뭔데." 하시기에 "경남도청이 들어가야 할 그곳에 있는 해병대가 보상비(補償費)를 많이 달라해서 골치 아픕니다." 했더니 "알았어. 걱정하지 말어." 하셨는데 그로부터 3일후 해병대측에서 건설부 제시금액으로 이전하겠다고 통보해왔다.

필자가 알기에 창원기계공업단지는 미국대통령 카터 방한(訪韓)때의 쇼크로 비롯된 것이라 해도 과언(過言)이 아니다. 기계공업이라고 하지만 내용은 군이 사용할 무기생산(武器生産)이 주축을 이루고 있을 뿐 아니라 두산중공업을 비롯해 세계적인 공장이 수없이 있다.

한번은 대통령을 모시고 창원을 갔는데 한은(韓銀)앞 로터리에서 "이봐, 70m도로가 어디야." 하고 물으시기에 "아직 미완성(未完成)입니다." 하고 대답했다. 지금 창원의 한은로터리에서 경남도청에 이르는 70m도로 주변은 세계적인 명(名)거리가 되고 있다.

100세 건강 Tip

눈의 노화 현상 및 대처법

류영창

- **노화현상**
  - 40대 중반부터 노안(老眼) 시작
  - 수정체 혼탁해져 섬세한 색깔 구분 힘들어져
  - 망막신경세포 감소로 거리 감각 줄어
  - 눈부심에 민감
  - 동공이 빛의 변화에 느리게 반응
  - 파란색 바탕에 검은 글자 잘 못 봐
  - 눈물의 기름 성분이 줄어, 안구 건조증 증가

- **대처법**
  - 정기적 안과(眼科) 검진, 인공눈물 활용
  - 따뜻한 수건으로 눈물샘 마사지
  - 안방, 거실, 부엌 등 실내조명을 균일하게 밝게 한다 (20대때의 3배)
  - 영화관처럼 어두운 곳에 들어갔을 때, 암적(暗寂)이 오래 가니 주의해야
  - 스마트폰, TV 등 모든 것을 환한 곳에서 봐야
  - 가까운 곳과 먼 곳을 번갈아 집중해서 보는 연습
  - 루테인, 아스타크산틴 성분의 영양제 보충

한강 르네상스, 크게 기대한다

이 주 철

「한강 르네상스」 관련 보도를 접하고 산과 물, 시가지가 잘 어우러진 도시가 어느 곳인가를 살펴보았다. 우선 떠오르는 곳은 유럽의 문화도시 런던, 파리, 베를린, 모스크바인데 모두 평야지대에 위치하고 있고, 동유럽의 옛 도시는 대부분 구릉지대에 있다. 마드리드와 동양의 역사도시 베이징은 강물이 없고 도쿄는 산이 멀다.

시드니는 평지 내륙으로 꼬불꼬불 30㎞ 정도, 불규칙하게 이어져 깊숙이 들어온 협만과 주위 구릉지대로 이루어진 항구인데 아름다운 해안선과 조화롭게 지은 하버 브리지와 오페라하우스가 빛나는 도시이다. 서울과 가장 비슷하게, 높고 낮은 산과 물이 함께 어우러져 있는 곳은 브라질의 대도시 리우데자네이루이다.

서울 북쪽에 백색 화강암을 멋지게 드러내고 있는 836m의 북한산, 740m 도봉산, 수락산이 있는 것처럼 Rio에는 시가지 남쪽을 서에서 동쪽으로 달리는 높이 700~1000m의 연속된 산봉우리가 있다.

이 산줄기 동쪽 끝 710m 코르코바두 언덕에 세운 높이 38m의 예수상이 바다를 내려다보며 양팔을 벌리고 있다. 서울에 342m 북악과 338m 돌산, 인왕산이 시가지를 감싸고 있어, 경복궁과 광화문광장을 세계적 명당자리로 마련하였다. Rio에도 바다로 통하는 길목 어귀에 길쭉한 팽이를 약간 기울여 엎어놓은 모양의 높이 396m의 돌덩어리, 팡지아수카르산(Sugar loaf) 모습이 매우 독특하고 유명하다. 리우데자네이루의 다른 점은 강물이 아닌 남북 거리 20㎞, 동서 30㎞ 정도 되는 불규칙형의 구아나바라만에 전체 시가지가 접해있는 것이 다르다. 섬이 있고 입구가 길고 좁아 호수처럼 보이는 바다는 한강보다 훨씬 넓은 시원스런 경관을 보여주는 차이가 있다. 서울은 아름다운 산과 한강, 역사적 유산까지 갖추고 있어 나폴리, 시드니, Rio와도 비견할 수 있는데 경관적 측면에서의 부족함이 있다.

한강의 특성

너무 큰 유량변동과 극심한 수위변화가 한강의 특징이다. 한강은 갈수기(渴水期)에 소하천처럼 조용히 흐르다가 홍수 시에는 한강 둔치의 모든 것을 집어삼키고 제방이 넘칠 듯 엄청난 물이 흐른다. 최대유량을 최소유량으로 나눈 하상계수(河狀係數)가 크기 때문이다. 한강의 하상계수는 390이라고 하는데 산에 나무가 없었던 시절, 화천댐, 소양강, 충주 등 댐이 없었을 때는 하상계수가 훨씬 더 컸을 것이다. 미시시피 119, 나일 30, 양쯔 22, 콩고강이 4이고 서울 한강과 비교하고 싶은 센강의 하상계수는 34, 템즈강은 8이다. 서울같이 큰 대도시, 세계 어느 곳을 살펴보아도 한강처럼 특별하게 큰 하상계수를 가진 하천은 찾기 어려웠다. 서울의 아름다운 경관 창조를 위해서는 한강의 역할이 절대적 요소인데, 어찌할 수 없이 큰 수위변화와 더없이 낮은 평상 수위가 너무나 아쉬운 대목이다.

한강 개발

한강은 유사(有史) 이래 수많은 물난리를 겪었다. 한성 백제도성이 홍수에 휩쓸려 나간 것은 예상을 훨씬 뛰어넘는 대홍수 때문이었다. 100여 년 전 큰 장마를 겪은 후부터 근대적 대형 제방을 축조하기 시작하여 서울은 제방도시가 되었다.

제방의 나라 네덜란드는 바닷물을 막는 단순초대형 제방을 쌓아 도시에서는 잘 보이지 않지만 서울은 탄천, 중랑천, 홍제천, 안양천 등 물길이 있는 곳은 어김없이 좌우양편으로 제방을 쌓아야만 하였다. 성수동 지역을 뚝섬이라 부르는 것은 제방으로 둘러싸인 모양이 마치 섬처럼 보였기 때문이다. 제방축조 이전 한강변에는 섬과 모래톱, 강물이 굽이쳐 흐르는 산모퉁이와 절벽 등 명승지가 많았다 한다. 그러나 우선 홍수로부터 삶의 터전을 지키는 것이 급선무이므로 제방축조는 불가피하여 한강변 명승은 모두 사라지고 직선과 원곡선으로 조합된 거대한 제방이 주된 경관이 된 것이다.

86 아시안게임, 88 올림픽을 대비하기 위하여 1980년대에 실시한 한강개발 사업 시에는 수리모형시험을 실시하여 하천구역을 최소화하고 제내지(堤內地) 땅을 집약적으로 사용코자 하였다. 광대한 잠실도는 북쪽을 굴착하여 한강 본류로 만들고 남쪽 지류는 석촌호수

부근만 남겨놓고 전부 매립하였다. 잠실 종합운동장, Lotte Complex 등을 제외하고는 획일적인 아파트단지를 만들었다. 또 하나의 큰 섬 난지도는 쓰레기장이 되어버렸다. 그때 조금 더 깊게 생각하여 양화대교 옆의 선유도 같이 한강 본류에 다양한 형태의 섬을 만들어 놓았다면 훨씬 더 좋은 모습을 보여주었을 것이다. 면적과 인구수와 교통체계로 보아 서울의 중심축은 한강이다. 당초 계획 때 한강을 기준으로 좌안, 우안을 번갈아가며 업무지구를 확보하지 않은 것은 서울의 미래비전을 내다보지 못한 근시안적 계획이었다.

한강 르네상스 계획

2006년 7월 제33대 서울시장으로 취임한 오세훈 시장의 정책은 "디자인 서울"이었다. 2006년 9월 한강 르네상스 기본방침을 수립한 후 2007년 1월 한강사업본부를 설치하였다. 1년간 전문가와 시민의 의견을 수렴한 후 2007년 말 확정한 것이 元 한강 르네상스 계획이었다. 취임 초부터 한강 마스터플랜의 필요성을 인식한 것은 비록 중단상태에 있지만 놀라운 것이었고 시의적절한 빛나는 결정이었다. 2011년 8월 오세훈 시장 퇴진 후, 후임시장은 보행로 건설에 역점을 두었고, 한강 르네상스사업은 기약도 없고 거들떠보는 이도 없는 장기 휴면에 들어갔다.

예상되는 과제

1) 서울은 만원이므로 신규 택지공급은 불가능에 가깝다. 따라서 재개발에 주력할 수밖에 없는데 재개발사업은 어려움과 불확실성이 너무 커 안정된 주택공급을 장담할 수 없다. 주택부족은

현실이고 르네상스는 미래다. 주택은 민생에 직결되는 것이기 때문에 서울시는 재개발, 재건축의 늪에서 헤어나기 어려울 것이 우려되며, 한강 르네상스사업은 뒷전으로 밀리게 될 가능성이 큰 것이 문제이다.

2) 한강변의 공공성 회복 : 한강 주변의 도시개발 시작은 주택지 위주의 계획이었고 아파트 선호 바람을 타고 아파트 밀집지역으로 개발되어 현재의 상업업무시설은 대부분 노선상업지역 형태로 형성되어있다. 서울시는 아파트만 줄지어 늘어선 한강변 스카이라인(Skyline) 관리와 공간제어의 필요성을 인식하고 2009년 1월 여의도, 이촌, 압구정, 성수, 합정에 집단업무지역을 조성코자 하는 한강 공공성 회복을 시도하였으나 시장의 퇴진으로 중단되고 말았다. 그 후 10여년 사이 한강변의 토지는 크고 작은 것 할 것 없이 앞다투어 개발되어 한강변 아파트 밀도가 크게 높아져 공공성 회복을 위한 한강르네상스 사업은 더욱 어렵게 된 것이 현실이다.

3) 용산정비창, 당인리 화력발전소 부지 : 10여 년 전에 국제업무단지로 하여 세계적 랜드마크(Land Mark)를 조성하려던 용산정비창부지와 또 다른 한강변 토지 당인리 화력발전소 부지는 부분적으로 아파트 건축 등으로 면적이 줄어들었다. 당초의 토지도 부족한 것인데 아파트 대란을 잠재울 목적으로 귀중한 용도로 쓰일 토지까지 무차별 동원되어 르네상스계획에 차질을 가져온다면 안타까운 일이다.

사업 중단과 고층화가 걱정되는 한강 르네상스

한강르네상스사업은 30년이 소요되는 장기계획이다. 이미 장기간 사업 중단이 있었고 사업을 완성하기까지는 시장 임기를 4년으로 계산해도 8번 시장이 바뀐다. 시장들은 전임 시장의 계획을 온전히 이어받아 계속 사업을 중단 없이 진행시켜야 하는 것인데, 어떤 시장은 전임시장을 폄훼하고 실적 지우기에 바빴다.

언제부터인지 개인적으로 초고층빌딩이나 교량을 포함한 장대 수평구조물 건축에 주력하는 버릇이 생겼다. 역사유적과 아름다운 산과 한강을 품고 있는 서울 경관이 망가지지 않을까 하는 걱정 때문인 것 같다. 또 한 가지 버릇은 기회 있을 때마다 균형과 조화를 강조하는 노파심이다. 균형과 조화는 아름다움의 기본 요소이고, 불균형은 자연스러움의 파괴이기 때문이다. 세계 최고빌딩 두바이의 부르즈 할리파도 머지않아 최고의 자리를 내어주게 될 것이다. 기록은 깨지게 마련이고 영원한 1등은 없다. 도쿄타워가 에펠탑보다 조금 더 높다 하여 더 알아주지도 않는다. 창조를 위한 참작은 예술이 되지만 섣부른 모방과 열등감에서 비롯된 무절제한 대형화는 도시의 품격을 천박하게 만들고 국민 자존심에 먹칠을 한다. 빈약한 실물에 어울리지 않게 과분하고 과장된 이름을 부여하는 것 역시 불균형, 시민은 피곤하고 도시는 천박해진다.

맺음말

한강르네상스 계획이 수립된 지 14년이 경과하여, 그 사이 자연적, 인위적 환경변화가 있었고 경제, 사회, 문화, 기술적 여건이 달라졌으므로 당초 사업계획의 수정·보완은 불가피할 것으로 생각된다. 한강의 문제는 11~13m의 수위변화와 낮은 평수위를 어떤 방법으로 극복하여 잘 활용하느냐가 핵심이다. 수위차 극복은 접근성 향상, 경관제고, 주운 등 거의 모든 문제를 일거에 해결할 수 있는 최선의 방법이지만 이는 지극히 어려운 난제 중의 난제이다.

한강르네상스는 30년이 소요되는 장기 사업이므로 중단 없이 이루어져야 한다. 그러므로 한강르네상스와 관련된 모든 설계는 후임 시장들이 폐기처분하지 않고, 시민들이 공감하여 적극 지지할 만큼 완벽한 작품이어야 한다. 세계 최고 수준의 예술성과 품격을 갖추고 있으면서, 중복되는 물난리를 극복하고 유지관리도 쉽게 해야 하는 큰 과제를 안고 있다. 한강르네상스사업에 한강변 스카이라인 계획도 포함시켜 엄격히 관리해야 한다.

접근성 향상은 한강이용계획의 가장 중요한 기본적 과제이므로 혁명적인 개선과 확충이 요구된다. 드넓은 둔치는 또 다른 한강의 특징이지만 수면까지의 접근시간이 길어지므로 둔치까지의 접근, 수변시설 접근 2가지 경우로 생각할 필요가 있다. 도보, 자전거, 자동차, 셔틀버스 외에 수륙양용버스, 셔틀트레인까지 모든 혁신적 창의력이 총동원되어야 할 것이다.

86 아시안게임 이전의 서울 교통축은 종로와 을지로였는데, 서울올림픽 후 동서교통축은 강변북로와 올림픽대로로 바뀌었다. 한강

양편의 엄청난 교통은 한강의 자연성을 크게 훼손하고 시민이 부여받은 귀중한 자연가치를 반감시키고 있다. 소음, 매연 등의 공해뿐 아니라 시가지와 녹지를 완전 분리 차단하여 한강으로의 접근을 방해하고 거부한다.

몇 년 전 강변도로를 복층화하겠다는 신문보도가 있었는데 이는 한강르네상스에 대한 정면 도전이고 한강 접근을 더욱 어렵게 만드는 한심한 발상이다. 한강르네상스사업의 일환으로 2010년경 한강에 띄운 세빛섬은 단순한 물줄기와 황량한 둔치뿐이었던 한강의 경관제고에 매우 긍정적이었는데, 이해할 수 없는 이유로 사업자가 파산하였다. 사업자 파산은 서울시의 신뢰성 의심을 불러와 사업가는 투자를 기피하여 르네상스사업에 타격을 가할 수도 있다.

한강르네상스사업은 서울 중심을 관통하는 서울 시민의 최대 휴식 공간을 창조하는 매우 가치 있는 장기 사업으로 여러 시장의 합동 작품이어야 성공한다. Updating과 혁신만이 허용되는 불가역적(不可逆的)인 최고의 설계를 현실화하기 위한 결연한 의지로 용도지역, 지구지정, 도시계획시설 결정 등 필요한 조치를 취해야 하고, 사업의 안정적 수행을 담보하기 위해 국책사업으로 승격시키는 방안 등 가능한 법적 제도적 장치까지 마련되어야 할 것이다. 망국적 인기영합은 단호히 배척하고, 자라나는 미래 세대를 위해, 품격 있고 아름다운 서울을 위해 국민들은 깨어있어야 한다.

한양도성의 도시계획적 가치

이 주 철

지도에서 보았던 도시 성곽

일제강점기 때의 세계 지도를 보면, 파리의 성곽은 약간 찌그러진 원형(圓形)에 가까운 모양이었고, 베이징은 정방형의 내성(內城)과 그 남쪽에 잇대어 가로가 긴 직사각형의 외성이 접하여 있는 형태였다. 서울의 성곽은 선형이 꼬불꼬불하면서 서쪽과 동쪽의 많은 부분이 끊어져 있고, 성벽의 길이도 절반 정도였으므로 좀 초라하게 보였다. 1980년대 이후 파리를 여러 번 다녀왔고, 2000년대에 베이징을 방문하였는데, 시내에서 성곽이 보이지 않았고, 여행 안내서에도 '파리성곽 답사'나 '베이징 도성 관광' 같은 것은 없었다.

서울 성곽 가치의 재발견

서울 시청에 "한양도성 도감"이라는 좀 독특한 이름을 가진 부서가 있어 파리와 베이징 성곽의 귀추(歸趨)가 궁금하여 문의한 바, 파리 성곽은 1880년대 철거되었고, 베이징은 문화혁명 때에 철거되었다는 놀라운 답변을 들었다.

도시권 인구 2000만 명 정도의 수도 중에서 성곽을 가진 도시가 어느 곳인가에 관심이 가게 되었다. 우선 고대로부터 살펴보니, 4대 고대도시 중 카이로, 아테네, 로마는 수도이나 성곽이 없고, 시안(西安, 옛날 이름은 長安)은 3000년 전부터 주나라, 한, 위, 수, 당나라 등 당대 최대의 나라를 포함하여 총 13개 왕조의 수도였으며, 1421년 명나라때 축조된 성곽 13.7㎞, 높이 12m의 위압적인 성벽이 있지만 현재는 수도가 아니다. AD 330년부터 콘스탄티노플이라는 이름으로 동로마(비잔틴)제국 1123년간의 수도였고, 이어서 이스탄불로 470년간의 오스만제국을 합하여 약 1600년간 지중해 일대와 동유럽, 중동의 넓은 땅을 지배하였던 두 거대제국의 수도였던 이스탄불은 견고한 성벽을 가지고 있으나, 아쉽게도 지금의 터키 수도는 앙카라이다. 따라서 많은 인구에 성곽을 가지고 있으면서 수도인 도시는 서울뿐인 것이라는 것을 깨닫게 되었다.

현재 수도이면서 성곽도시인 파리, 베이징, 도쿄의 어제와 오늘

파 리

파리는 고대 로마시대 센강의 하중도(河中島) 시테섬으로부터 시작되었다. 주위가 강물이므로 섬은 자연적 요새지였다. 1843년 15개 외부방어시설을 포함하여 높이 6m, 둘레 39㎞에 이르는 새로운 성벽을 건설했다. 그러나 파리 성곽은 도시팽창에 따른 개발압력과 1880년대 도시 개조사업으로 완전 철거되고 말았다.

베이징

수도로서의 역사는 1153년 金나라때 중도(中都)라 하였고 元나라때 대도(大都), 1421년 明나라 성조 이후 북경(北京)이라는 명칭으로 하여 현재까지 이어지고 있다. 성벽은 문화혁명 때부터 1990년대까지 모두 철거되어 외성의 영정문, 내성의 조양문과 그 부근 성벽 1.26㎞만 남아있을 뿐이다.

도쿄

1603년 도쿄 에도에 막부(幕府)를 개창한 도쿠가와 이에야스는 1636년 에도성을 완성하였다. 1657년 화재, 1923년 관동대지진을 거쳐 1945년 미군의 대공습으로 건물은 모두 없어졌고 몇 개의 건물이 있는 지금의 모습은 1947년에 복구된 것이다. 1636년 집권자 쇼군(將軍)이 기거했던 천수각(天守閣)터의 本丸지역은 현재 히가시교엔(東御苑)이라는 이름으로 도쿄의 중심공원으로 사용되고 있다. 이곳의 주인은 막부의 실권자 쇼군이었다. 일본왕은 500㎞ 떨어진 교토에 있었고 이곳에 살기 시작한 것은 1869년부터이니, 380여 년 도쿄 역사에서 230년 동안은 왕이 없었던 수도였다.

한양도성

1) 서울 성곽의 명칭을 왜 "한양도성"으로 변경하였나?

1963년 1월 21일 처음 국가문화재로 지정할 때 조선왕조 건국시 축성된 한양성곽을 "사적 제10호 서울성곽" 이라고 한 후, 50여 년간

"서울성곽" 이라고 부르게 되었다. 그 후, 유네스코 세계 유산 등재를 추진하면서 서울성곽의 축성목적을 정확히 표현하기 위해 "서울 한양도성"으로 변경하게 된 것이다. 한양도성은 전란 대비를 위해 쌓은 성곽이 아니라, 수도 한양의 권위와 품위를 위해 두른 울타리이다.

2) 한양도성 축성

1394년 8월 13일 한양을 조선왕조의 신도읍지로 정한 후, 북악산, 인왕산, 남산, 낙산을 잇는 총 길이 18.6㎞인데 평지는 토성, 산지는 석성(石城)으로 계획되었다. 1398년 가장 규모가 큰 숭례문과 누각 등도 순차적으로 완성되었다. 1422년(세종 4년) 전면적인 성곽 보수 공사를 실시하였고, 토성은 없애고 성곽 전체를 석성으로 수축하였다. 1704년(숙종 30년)부터 6년 동안 대대적으로 한양도성을 정비한 후 서울의 외성 북한산성을 완공하였다.

3) 도성의 훼철(毁撤)

1899년 서대문 밖에서 청량리까지 전차(電車)궤도를 부설하였는데, 처음에는 돈의문과 흥인문의 홍예를 통해 전차가 운행되다가 이후 돈의문이 헐렸다. 1907년 광화문 용산 간 전차 부설을 위하여 숭례문 북측 성벽이 철거되었다. 1914년 소의문을 철거하였고, 1926년 경성운동장 건립, 1928년 조선신궁 건설과 같은 대규모 사업이 진행되면서 성벽의 훼철은 확대되었다. 그 결과, 한양도성은 총 길이 18.627㎞ 중 10.5㎞만 남게 되었다.

4) 성벽보수와 복원

5.16 후, 1961년 창의문 지역을 시작으로 인왕산 구간 보수, 광희문 숙정문 복원 등 복원사업도 활기를 띠었다. 1975년 삼청지구 성벽 정비를 시작으로 대규모 성벽 정비가 시작되어 성북지구, 광희지구, 청운지구, 삼선지구 등 성벽의 대부분이 1980년대까지 정비되었다. 그리하여, 총 길이의 70%인 13.1㎞가 옛 모습을 되찾았다.

5) 세계문화유산 등재 신청

과거에 자진 철회했었지만, 재신청이 필요하다. 세계 유산 등재에 오르려면, 유네스코가 내세운 특정한 기준 10가지 중 하나 이상을 만족시켜야 한다. 한양도성은 10가지 기준 중 4가지 항목에 부합하나, 중요한 것은 "탁월한 보편적 가치"를 인정받는 것이 관건이다. 한양도성의 특징은

- 첫째, 평지와 산성의 구조를 결합한 독창적인 한국적 성곽이고 그 안에 궁궐, 종묘, 사직, 관청, 시장, 주거지를 포함하고 있는 대규모 도성 유산이다.
- 둘째, 전체 길이 18.627㎞로 현존하는 세계 수도의 성곽유산 중 규모가 가장 크며, 현재 13.1㎞ 구간이 원형 또는 복원된 상태이고, 각 시기별 축조형태와 수리(修理)기술의 증거가 기록과 실물유적으로 남아있다.
- 셋째, 자연지형을 잘 활용하여 석재로 축조된 성곽은 내4산(內四山)의 굴곡과 도성의 안팎이 함께 조망되는 뛰어난 역사도시 경관을 보여준다.

- 넷째, 전국 각 지역 백성들의 공역(公域)으로 축조해 구간마다 담당 장인이 실명으로 새겨져 있다.

"탁월한 보편적 가치"를 최종 결정하는 곳은 협약에 가입한 국가들로 이루어진 "세계유산위원회"이다. 정해진 틀이 있는 것이 아니고 검토 방식은 계속 변화하며 끊임없이 진화되고 있다. 검토에서의 시간적 범위는 태곳적부터 현재까지이고 미래의 보전능력까지 포함한다. 공간적으로는 건축물과 같은 점적(点的)인 유산이 있는가 하면 실크로드(silk road)처럼 중국에서 유럽에 이르는 광대한 선형의 유산도 있다. 문화유산과 자연유산의 조화로움과 인간생활과의 관계성을 중요시하므로, 아무도 찾아오지 않는 유산은 기능과 역할이 없는 유산으로 취급된다.

6) 유네스코 등재를 위한 재검토

과거의 경험을 잊으면 발전이 없다. 한양도성은 서울시민의 삶과 유리되어 있다는 점이 문제라는 귀중한 교훈을 얻었다. 자기 나라 사람들이 제대로 향유하지 않고, 잘 알지도 못하고 귀하게 생각하지 않으면 세계 유산에 등재되지 않는다는 것이다.

> * 현장의 특수성 : 조선시대에 북악, 인왕산에 호랑이가 출몰했었다는 말을 들었다. 북한산 자락에 있는 이곳은 후미진 곳으로 인적이 거의 없었던 곳이다. 해방 이후 남북대치로 수십 년간 금단(禁斷)의 땅이었고 원경 사진 촬영 마저도 금지되었던 곳이다.

현재 성곽을 두르고 있는 북악산, 인왕산, 남산은 도시계획상 도시자연공원이고, 낙산지역은 근린공원으로 지정되어 있다. 북한산성의 대부분은 북한산 국립공원에 속해있다. 한양도성은 한강과 더불어 광대한 면적을 점유(占有)하고 있는 서울의 대표적 공간자산이다. 규모가 큰 만큼 그에 상응하는 관심과 노력과 투자를 필요로 했다.

개방된 지 10년 되었지만, 유네스코 등재를 위해서는 보다 많은 시민들의 성곽활용과 애착심(愛着心)을 제고하여야 한다. 즉, 접근성 향상은 창의문길, 삼청동길, 북악산길, 인왕산길 등 가급적 기존 도로를 사용하고, 부득이할 경우 도로확장 신설도 고려해야 한다. 적정 규모의 주차장 설치는 필수적인데, 근거리이면서 사적 보호에 지장이 없고 자연 훼손을 최소화할 수 있는 곳에 설치해야 될 것이다. 삼청터널 부근 등 산 밑에 지하주차장 설치를 추천할 만하고, 엘리베이터 등의 시설도 필요하다. 셔틀버스, 소형버스 노선개설은 성곽답사, 관람에 큰 도움이 될 것이다. 수시로 문화재청과 긴밀한 협조가 있어야 할 것이다.

맺음말

견실한 준비를 하여 국민들에게 역사적, 민족적 자긍심을 심어줄 수 있고, 궁궐도시 서울의 품격을 한층 더 높일 수 있도록, 세계문화유산등재에 온 힘을 다해야 할 것이다. 파리와 베이징의 성곽이 도시 팽창과 개발 압력에 굴복하여 철거되고 말았으나, 산의 능선을 따라 축조된 한양 성곽은 600여 년의 온갖 풍상을 견디고 끈질기게 살아남았다.

한양도성보다 238년 늦게 완성된 도쿄궁성은 한양도성 안처럼 5대 궁궐도 없다. 해자와 수로가 많고 건물은 황거와 궁내청 등 부속 건물뿐이다. 그럼에도 도쿄의 도시계획은 변함없이 궁성과 궁성 가까이 있는 마루노우치 일대를 유일무이한 도심으로 삼고 있다. 일본인들은 역사성과 상징성이 브랜드(Brand) 가치를 좌우한다는 것을 일찍부터 터득하고 있었던 것이다.

서울은 뉴욕, 런던, 파리, 도쿄, 베이징 등 거물도시들도 갖지 못한 한양도성을 아끼고 가까이 하여 더 아름답고 한국적 품격을 지닌 도시를 만들어, 전 세계에 빛나는 서울이 되기를 희망할 뿐이다.

서울 한강의 경관적 활용

이 주 철

PART 2 주택 도시

한강의 지위 및 특성

대다수의 세계 주요도시는 강, 호수 또는 바다를 끼고 있다. 그러나 베이징, 테헤란, 멕시코시티처럼 그렇지 못한 도시도 많다. 중동의 건조지역과 중남미 고원지대에 위치한 여러 도시들은 강, 물이 없다.

한강의 길이는 490㎞, 유역 면적은 2만 6000㎢이다. 이집트 카이로, 중국의 상하이는 6000㎞가 넘는 엄청나게 큰 나일강과 양쯔강에 접해있다. 한강의 길이는 런던의 템즈강보다는 길고, 파리의 센강보다는 짧으나, 연류량(年流量)으로 보면 이들보다 훨씬 많다. 독일 번영의 상징 라인강은 1300㎞, 쓸쓸한 전설의 로렐라이 언덕을 바라보며 유유히 흘러 북해로 들어간다.

서울은 한강이 있기에 백제 하남 위례성을 합쳐 1100년 동안 우리나라 수도의 역할을 해왔다. 세금으로 징수한 세곡(稅穀)을 서울로 운반하는데 한강을 이용할 수 있었던 것이 중요한 조건이었다.

세계 여러 도시 중 도시 중앙의 수변(水邊) 공간을 잘 이용하여 세계 명물로 만든 대표적인 예로 파리의 센강, 런던의 템즈강, 뉴욕의 허드슨강 등을 꼽고 싶다. 필자는 도심과 먼 발치에 떨어져 있는 한강에 대해 항상 아쉬워했고 위에 열거한 도시들을 부러워해왔다.

2년 전 서울시에서 서울역-노량진 사이의 철길을 모두 지하화하여 보행로를 만들겠다고 할 때 그런 돈이 있으면 차라리 청계천에 물을 끌어올려 물이 찰랑대는 청계강을 만들지하고 한탄한 적이 있다. 수천 톤 무게의 기관차가 매일 수백 회 다니고 있고, 선로 용량이 부족한 엄중(嚴重)한 이곳의 철도 지하화는 거의 불가능한 상태이고, 청계강 공사는 지하화 공사의 10분의 1 정도면 가능할 것이기 때문이다.

서울 한강의 특성은 현격하게 다른 계절별 강수량(降水量)에 기인(起因)된 것이 첫째이고 다음이 여름과 겨울의 심한 기온 차이라고 말할 수 있다. 유수량(流水量)으로 볼 때 건기에는 소하천이고, 우기에는 길이 4000㎞가 넘는 아무르강 또는 메콩강에 비교될 수 있을 만큼의 엄청난 물이 흐른다. 한강 홍수의 80~90%는 8~9월에 발생하고 평균적 수위 변화의 폭은 11~13m로서 세계적 수준이다. 비슷한 규모의 템즈강과 센강의 폭이 200~300m에 불과하고 3~4m의 수위차를 오르내리는 것과 비교하면 한강이 어떤 강인지 쉽게 이해될 것이다.

지난날의 한강

1950년 6.25 발발 이전까지도 마포 선착장에는 많은 돛단배가 정박하여 짐을 풀고 짐을 싣곤 하는 등 화물운반에 수상(水上)교통이 큰 몫을 하였다. 19세기 말 경복궁 재건용 금강송(金剛松)을 정선 아리랑의 발원지 아우라지로부터 한양(漢陽)까지 뗏목으로 운반했던 사실로 보아 한강의 수상교통 범위는 강원도 정선에까지 이르렀다. 또한 서해안 바닷가에서 생산된 소금과 어물, 젓갈류와 김포 등 평야지대에서 생산된 곡식은 한강물을 거슬러 내륙 동쪽으로 이동되었다. 그러나 이 같은 한강의 수상교통은 6.25 전쟁과 휴전선에 의한 남북 대치로 김포, 장단 사이가 막혀 더 이상의 통행은 불가능해져 한강의 돛단배는 자취를 감출 수밖에 없었다.

예전 한강에는 잠실도, 여의도, 난지도, 선유도, 노들섬, 밤섬 외에 저자도, 뚝섬, 서래섬 등 많은 섬이 있었다. 한강사업 실시 전까지 한강에는 물길보다 2배가 넓은 백사장이 펼쳐져 있어 밤섬의 모래는 마포의 율도명사(栗島明沙)로 불리워졌고, 노들섬의 해 지는 모습은 사촌모경(沙村暮景)이라 할 만큼 아름다웠다. 한강변의 동호, 노량진, 용산강, 마포, 양화진 일대가 각광받는 명승지였고, 특히 옥수, 금호동 사이에 있었던 저자도가 가장 돋보였던 한강의 절경으로 꼽혔다고 한다.

국가사업에 의한 한강의 변화

1) 홍수대책

1912년, 1920년, 1925년 세 차례의 대홍수가 있었는데, 특히 1925년 乙丑년 대홍수 때에는 이촌, 뚝섬, 잠실, 풍납동의 마을 모두가 물에 잠겨 사라지고 한강물의 물길까지 바뀌었다 한다. 대홍수 후 여러 차례 제방 높이 13m가 넘는 대형 제방을 몇 년에 걸쳐 쌓았다. 어떤 곳은 다음 홍수에 쓸려 내려가 재시공하기도 하고, 제방뚝을 높이거나 보강한 곳도 있었다. 전답이 침수 또는 매몰되고, 마을까지 쓸려나가는 상황이었으니, 제방 축조는 필수적인 것이었다.

2) 한강종합개발

한강의 획기적 변화를 가져온 것은 한강개발사업이었다. 한강개발은 2단계로 나누어 시행되었는데 1차 사업기간은 1968~1974, 2차는 1982~1986이었다. 1차 기간에 실시된 사업은 한강변에 제방을 쌓는 것이고 그 제방을 이용하여 4차선 자동차 전용도로를 건설하는 것이었다. 도로 폭은 20m였고, 강의 남쪽, 북쪽을 합하여 전체 길이는 74㎞에 이른다. 또 동부이촌동, 압구정동 공유수면 매립공사가 실시되었고, 여의도에 윤중제를 축조하여 287만㎡의 인공섬을 만들었다. 잠실도의 남쪽 한강을 차단, 248만㎡를 매립하여 현재 Lotte Complex가 들어서 있는 잠실 부도심은 그때 조성된 것이다.

2차 사업기간에는 천호대교에서 김포대교까지 36㎞ 구간, 강폭 650~900m의 하도(河道)를 수심 2.5m로 정비하고 수중보를 설치하였다. 물이 흐르는 강물 양쪽 둔치에 체육공원 300만㎡, 잔디밭 394만㎡를 조성하였다. 또 탄천, 중랑, 안양, 난지 4개소에 하수처리장을 건설하였고, 274㎞의 분류하수관을 설치하여 한강 수질개선에도 힘을 기울였다. 암사동~성산대교 간 26㎞의 강변남로를 4차선에서 8차선 확장해 올림픽대로를 만들었고, 성산대교~행주대교 사이 10㎞ 구간에 6차선 도로를 신설하여 훗날 자유로와 연결되도록 하였다.

2차 한강개발사업은 88올림픽 준비에 역점을 둔 사업이었다. 서울의 도시기반시설 확충에 큰 역할을 하였고, 수도권의 동서 교통축을 종로, 을지로 축으로부터 한강으로 이동시킨 것도 2차 사업의 결과이다.

한강의 자연성 훼손

1920년대의 대홍수를 겪은 후 대대적인 제방 축조로 한강변의 명승지는 잘려나갔고, 낮은 곳은 제방 속으로 영구히 묻혀버렸다. 이것은 갈수기, 홍수기간의 극심한 수위차(水位差)를 지니고 테어난 한강의 숙명 때문이기도 하다.

여의도 윤중제 토사는 밤섬에서 가져왔고, 동부이촌동 매립에는 한강대교 주변의 모래를 사용하였기 때문에 걸어서 갈 수 있었던 노들섬은 걸어갈 수 없는 진짜 섬이 되었다. 압구정동 매립공사에는 저자도의 남은 토사를 굴착하여 사용함으로 인하여, 저자도는 흔적도 없이 사라져 지도상에서도 없어져 버렸다.

1982년부터 실시된 5년간의 제2차 한강종합개발의 주된 장소는 종합운동장이 위치한 잠실이었다. 잠실도는 동서로 길고 꽤 큰 섬이었는데 한강물이 남북 두 갈래로 나뉘어 흐르던 곳이었다. 홍수시의 수량은 북쪽 지류가 많았으나 평시에는 남쪽 강이 더 깊고 수량이 많았다. 강 전체의 흐름으로 볼 때 북쪽이 길이가 짧고 직선에 가까우므로 북쪽을 선택하여 주류(主流)로 삼고, 남쪽 강은 전부 매립하여 그 흔적으로 석촌호수 만을 남겨놓은 것이다.

한강 르네상스 2007

한강변의 제방 도로건설, 택지 조성은 폭발적인 도시 성장에 따른 불가피한 대응책이었으나, 친환경적인 미래를 디자인할 수 있는 큰 그림이 없었다. 서울시는 한강의 잠재력을 끌어내어 혁신적인 서울을 만들고자, 한강의 자연성과 역사성을 회복하고 새로운 창조와 계획으로 한강 이용성을 증대시킬 목적으로 전임 시장 때인 2007년 12월 한강 르네상스 마스터플랜을 확정하였다. 이 계획의 실현과제 중에 주목할 만한 것은 한강변 경관개선, 한강으로의 접근성 개선, 테마가 있는 한강공원 조성이었다.

마스터플랜의 실천 전략으로 강서, 중심, 강동 대권역으로 설정하고, 각 권역별로 수변개발, 공원 및 공공시설과의 연계를 구체화하고자 했다. 이미 설치된 양화, 마포, 여의도, 뚝섬, 잠실 등 11개의 선착장을 이용하고, 사업은 공공의 지원 아래 민자유치사업으로 추진키로 한 것이다. 여의도와 잠실 2곳을 기점으로 한 크루즈가 운행되고 있고, 모터보트, 수상스키, 웨이크보드, 땅콩보트, 바나나보트, 플라이피쉬 등 레저사업이 운영되고 있다. 한강 둔치의 이벤트나 행사 관련활동과 수영장, 체육시설 이용을 포함하여 2015년의 11개 한강공원 총 이용자 수는 6800만 명에 달했다.

도시경관 제고를 위한 한강 개발 제언

프랑스 파리에 관광객이 몰리는 이유는 여러 가지가 있겠으나 시가지 중심을 동남에서 서북쪽으로 흐르는 센강과 그 주변의 볼거리가 많은 것도 큰 이유가 될 것이다.

1) 환경 보호를 고려하는 개발

조선시대의 서울 인구는 20만 명 정도, 그 시대의 생활용수는 주로 지하수였다. 지금의 수도권 인구는 그때의 130배가 되었고 1인당 물 소비량도 늘었다. 팔당에서 매일 취수하는 450만 톤의 물은 지하에 매설된 수 천㎞의 광역·간선 수도관을 통해 수도권 전역으로 원활하게 공급되고 있다. 시민은 개발만을 주장하고 환경 단체는 막무가내 반대만 해서는 한 발짝도 전진하지 못한다. 소통과 설득, 이해로 해결점을 찾는 것이 중요하다. 꼭 필요한 사업이 사소한 논쟁에 휘말려 좌절되어서는 안 된다.

2) 기반시설 지원

한강개발사업은 서울시의 지원 아래 민자 유치 사업으로 할 수 밖에 없다. 민자 사업으로 사업을 성공시키기 위하여 서울시에서 준비해야 할 일이 너무도 많다.

한강은 앞서 말한 바와 같이 세계에서 그 유례를 찾을 수 없을 정도로 큰 유량 차이 때문에 엄청난 유량 변화, 유속 변화, 수위 변화의 특성을 지니고 있다. 그러므로 다른 도시들과 같은 조건으로 민자 사업을 추진해서는 외면당할 수밖에 없다.

가장 중요한 것은 외국의 도시들은 도로변에 바로 강이 있다는 것을 기억해야 하는 것이다. 서울 한강에 아무리 빠른 접근로가 있어도, 바로 옆에 있는 강물을 따라갈 수가 없다. 한강의 경우 8~10차선의 고속도로를 벗어나거나, 넘어서 200~300m의 Ramp를 내려와 둔치를 지난 후에야 비로소 물가에 이르는 것이다.

둘째는 충분한 수심 확보인데 특히 홍수기를 지난 후에 수심 점검·준설 작업이 차질 없이 이루어져야 한다.

셋째는 홍수기·갈수기 수위 차 11~13m에 대응하여 이용객이 편안한 느낌을 갖고 유람선을 이용할 수 있는 진화된 선착장과 각종 시설이다.

나머지 꼭 필요한 사항은 홍수시의 빠른 유속에도 충분히 견딜 수 있는 계류(繫留)시설 설치와 충돌방지를 위한 부표 설치 등이 이루어져야 한다. 이들은 기반시설에 해당되는 것으로서, 서울시에서 솔선수범해야 할 것인데 사업자에게 넘기거나 소극적일 경우 사업에 뛰어들 사람은 없을 것이다.

3) 신뢰성 확보

그 간 서울시에서는 신곡·잠실 수중보 철거 약속, 양화대교 교각 사이 항로 폭 확장공사 지연, 세빛섬 개장 지연 등 사업자들에게 믿음을 주지 못하고 불확실성을 증대시켜 왔다. 만약 수중보를 철거하면 한강 바닥이 드러날 정도로 수심이 얕아져 한강사업은 엉망이 될 것이다.

홍수시에는 평시 수압의 5배가 넘는 수압과 빨라진 유속 때문에 강바닥이 패이고, 다른 쪽은 모래가 쌓여 항로의 수심 유지는 포기해야 한다. 하천은 수심 변화가 심하여 대부분의 선박이 하천 운항을 꺼리는 것인데, 승객을 가득 채운 유람선 좌초사고의 위험을 무릅쓰면서까지 사업을 강행하지는 않을 것이다.

4) 한강 둔치의 가치

1970년의 서울 인구는 550만, 정부는 계획 인구를 630만으로 고정시키고 앞으로는 서울로의 인구 유입을 억제하고자 하였다. 그러나 이를 비웃듯이 20년 뒤인 1990년에 1000만 명을 돌파하여 거대도시가 되었다. 현재 서울 행정구역 내의 인구는 930만~950만을 오르내리고 있는데, 교통계획이나 한강계획에서 서울시만의 인구수는 거의 무의미하다. 인천과 경기도를 포함한 2600만을 대상으로 하여야 한다.

외국에서 볼 수 없는 둔치는 전에는 천대받고 버려진 땅이었기에 늦게까지 살아남아 지금은 수도권의 중요하고 요긴한 공간이 되었다.

한강 둔치는 운동장, 공연장, 휴식공원 등으로 사용되고 있고, 남쪽으로는 8~10차선의 올림픽대로, 북쪽은 강변북로와 자유로가 달리고 있어 수도권의 교통 중심축이 되었다.

한강의 둔치는 매우 귀중한 것이다. 그렇다면 한강에 대한 나머지 불만족은 무엇인가? 예를 들어 집 앞에 넓고 잔잔한 호수가 있다면 축복받을 일이다. 그러나 유리알 같은 호수 위에 요트가 떠있다면 더욱 아름다울 것이다. 그 요트에 해당하는 부분이 바로 "한강수면 활용"이다.

5) 장애요소 잠수교

잠수교는 교량형태가 곧 교량이름인 것만큼이나 좀 특이한 교량이다. 평시에는 교량의 역할을 잘 하다가 비가 많이 오면 슬며시 물속으로 숨어버린다. 반포대교의 교각 아래 춤에 상판을 묶어서 만든 또 하나의 교량이므로 반포대교의 아래층 교량이기도 하다. 1976년도에 완공된 이 교량은 길이가 800m, 폭 18m인데 2차선 도로가 중앙에 있고 양측은 보행로와 자전거도로로 사용되고 있다. 거의 반세기의 긴 세월만큼이나 많은 시민의 기억 속에 남아있을 것이다.

그러나 한강개발사업의 입장에서 보면 잠수교는 넘어갈 수 없는 휴전선(?)이다. 유람선 운행도 동·서로 나누어 운행되고 있고 모든 레저시설도 마찬가지이다. 이는 사업비 증대와 요금상승의 요인이 된다. 유지관리, 긴급구조, 구난에도 지장이 있는데 잠수교 수위 변화에 따라 결정적 순간에 긴급 구조선 통행이 불가한 때도 발생한다. 1980년대 이후 한강에 많은 교량이 더 건설되었고, 잠수교의 자동차 통행능력이 2차선에 불과한 것을 감안하여, 한강 전체 유람이 가능하도록 잠수교 철거를 심도 있게 검토할 필요가 있다고 생각한다.

6) 세빛섬, 수륙양용버스, 아라뱃길

2007년 12월에 수립된 "한강 르네상스 계획"은 한강 역사상 최초의 것이었고, 한강 수면(水面)활용을 구체화한 것으로, 한강개발 사업의 지침서가 될 만하다. 한강을 생각하면 시원스럽긴 한데 황량하고 삭막하다는 생각이 떠오른다. 이런 관점에서 필자는 유람선은 KTX 못지않게 더 날렵하게 발전시켜야 한다는 생각이다. 세빛섬은 잠수교 남쪽 하류에 부유체(浮游体) 상에 지은 시설로서 외관상 인공섬처럼 보인다. 섬은 가빛섬(5,500㎡), 채빛섬(3,400㎡), 솔빛섬(1,100㎡) 3개로 전체 면적 10,000㎡ 정도이다. 2008년에 시작하여 공사에 3년 정도 소요되었다. 세빛섬은 축소된 파리의 하중도(河中島), 시테섬처럼 생각된다. 시테섬은 노트르담 성당이 자리잡고 있는 섬인데, 세빛섬 아이디어를 확대시키면 한강의 시테섬도 만들 수 있는 것 아닌가?

수륙양용버스는 홍콩의 페리(Ferry)처럼 출퇴근용 대중교통에 운용될 수 있지 않을까 하는 기대감 때문이다. 런던 도심에서도 출근시간에 지하철 에스컬레이터를 뛰어 올라가는 직장인이 많이 목격되는 것을 보면 출근시간의 1분은 매우 중요한 시간이다. 한강의 경우 둔치를 내려와 선착장에서 기다린 후 페리 보트(Ferry boat)를 타고 강물을 건너 다시 시내버스나 전철을 타야 되는 교통 시스템이라면 실패할 것이다. 그러므로 수륙양용버스 운행이 매우 효과적일 것으로 생각된다. 수륙양용버스의 성공여부는 출퇴근 승객 수용여부에 달려있다.

아라뱃길 사업은 서해 바다에서 한강 여의도까지 6500톤급 선박이 드나들 수 있게 하는 공사로서, 2009년 착공한 경인 아라뱃길은 2012년에 공사를 거의 마친 상태이다. 이 사업의 핵심구간인 경인 아라뱃길은 완공되었으나 후속되는 사업 중단으로 이미 투자한 막대한 자금마저 매몰(埋沒), 사장(死藏)되고 있다.

주공정(主工程)인 운하 개착(開鑿)공사가 완료되었으므로 배가 통행토록 하는 나머지 공사도 큰 부담도 없을 것인 바, 서울에서 요트를 타고 인천으로 나가는 멋진 미래를 상상해 본다.

PART 3

교통

최 광 규

원주지방국토관리청 도로시설국장
경원엔지니어링 부회장
장맥엔지니어링 고문

박 태 권

88고속도로(대구-광주)건설사무소장
원주지방국토관리청장
한국건설기술연구원 부원장
평화엔지니어링㈜ 고문

정 상 호

도시건축심의관
항공안전본부장
교통안전공단 이사장
한국교통대학교 교수

전 만 경

원주지방국토관리청장
국토정보정책관
국가철도공단 부이사장
공간정보산업진흥원장

이 상 용

건설부 기재과
운송농원㈜ 대표이사

100세 건강 Tip

고지혈증약의 문제점

류영창

- **콜레스테롤의 역할**
  - 뇌의 성분 / 세포막의 원료 / 호르몬 생성
  - 인체의 중요 물질이므로, 채소만 먹어도 간(肝)에서 콜레스테롤이 만들어 짐

- **콜레스테롤을 높이는 중요한 요인**
  - 스트레스 / 과도한 동물성 지방 섭취 등

- **치료제의 문제**

"리피토르"는 전세계에서 가장 많이 팔린 약인데, 다른 브랜드명의 콜레스테롤 약도 모두 스타틴 계열의 약물이며 유사한 부작용을 가짐

- **선진국의 경향**

콜레스테롤약이 "뇌졸중이나 심장마비를 감소시킨다는 유의미한 임상 결과가 없다."고 발표되었음에도 많은 의사들은 고지혈증약을 기계적으로 처방

- **약의 부작용**

천천히 진행되기 때문에, 단기간의 복용은 큰 문제가 나타나지 않지만, 장기간 복용하면 부작용 발현

1) 원인모를 통증　　2) 간기능 약화
3) 무기력증·우울증　4) 성(性)능력 약화 5) 부정맥
등이 발생되므로, 자연 요법으로 대처하는 것이 좋다.

젊음의 땀과 눈물 '경부고속도로'

최 광 규

공사 중 77명 순직

경부고속도로는 1968~1970년 건설한 우리나라 토목사상 최대 규모였으며, 우리나라 고속도로의 신기원이다. 연장 428㎞의 대역사를 우리는 단지 2년 반 만에 준공했다. 요즈음의 현대적인 공법으로 경부고속도로를 다시 건설하려면 그 시간 안에 준공한다는 것은 꿈도 꾸지 못할 일이었다.

77명의 희생자가 증명하듯 경부고속도로 건설은 단순한 토목공사가 아니라 일종의 전쟁이었다. '보다 빠르게', '보다 값싸게', '보다 튼튼하게!' 이것이 경부고속도로 건설의 3대 구호였다. 그러나 이 세 가지 구호는 서로 모순되는 말이었다. 빠르기 위해서는 값이 비싸야 하고, 튼튼하게 지으려면 천천히, 더 비싸게 돈을 들여야 했다. 그런데도 불구하고 이 3대 구호를 달성하기 위해 우리는 오직 인간의 의지에 기대를 걸었다.

시간도 없고, 돈도 없는데 우리가 할 수 있는 것은 사명감을 갖고 희생하는 수밖에 다른 도리가 없었다. 경부고속도로 건설에 참여했던 공사감독관, 시공회사 등 모든 관계자들은 마치 군인들이 전쟁에서 전투를 하는 것처럼 비장한 각오로 공사를 추진했다. 당시 총감독이나 다름없던 박정희 대통령은 현역 군인과 건설부 공무원을 선발하여 합동으로 감독하도록 지시했는데, 그러다 보니 공사 추진 방식도 군대식을 따르게 되었다. 또한 그러한 마음자세와 사명감으로 근무하지 않으면 안 되는 분위기였다. 우리는 군인이 아니면서도 거의 군인 정신에 가까운 긴장감을 가져야만 했다.

필자는 1968년 12월 1일부터 1970년 7월 7일 고속도로 준공 때까지 감독으로 일했다. 1968년 2월초 당시 고속도로 건설을 주관하던 건설부는 경부고속도로 공사사무소를 설치하고, 경부고속도로 전체구간 중 양재-수원 간을 먼저 착수했다. 많은 감독 인력이 필요하기 때문에 정부는 1968년 10월경 토목기술직 4급(현재의 7급 상당)을 340여 명이나 대거 채용한다고 공고했다. 필자는 당시 서울시 성북구청에 근무 중이었고, 합격한 지 두 달 만인 1968년 12월 1일자로 본부사무소로 발령을 받았다. 그 후 신규 임용자들은 휘경동에 있던 건설공무원교육원에서 고속도로에 관한 기술 사항과 공사 감독 요령 등에 관하여 14일 동안 교육을 받았다. 같은 건물 내에 있던 건설시험소에서 도로공사에 필요한 현장 시험 방법과 실습도 병행해서 어느 정도는 기술을 축적하게 되었다. 필자는 천안 사무소(소장:주낙영 중령)로 발령을 받았는데, 여기서 다시 입장에 현장

사무실이 있던 오산-천안간 공구에 최종 배치되었다. 이제부터는 현장에서 직접 부딪힐 차례였다.

필자가 감독을 맡은 오산-천안간 공구는 총연장이 39㎞였다. 이 구간 시공을 맡은 현대건설㈜에서는 공구를 모두 6~7㎞씩 6개의 분공구로 나누었다. 따라서 감독 체제도 시공사에 맞추어 분공구별로 나누어 감독했다. 사무소장이 현역 공병 중령 주낙영인 만큼 전 구간 총감독은 임재규 소령이 맡았고, 분공구별로 2개씩 묶어 현역군인 대위급이나 건설부 소속 기사급이 맡았다. 필자는 제5, 6분공구로 발령받았는데, 그 현장은 입장천에서 천안IC까지였다. 감독은 건설부에서 파견 나온 오경섭 기사가 맡고, 필자는 동료직원 이동원과 5분공구의 보조 감독을 하게 되었다. 우리들은 현장으로 떠나면서 간단한 세면도구 등만 챙겨서 갔다. 그때의 기분은 마치 훈련소를 나온 훈련병이 예하부대로 배속되어 가는 기분이었다.

필자는 입장에 있는 현장사무실로 찾아가서 현장숙소에 임시로 여장을 풀었다. 현장사무실과 숙소는 합판으로 지은 가설사무실이었는데, 겨울철이라서 몹시 추웠다. 숙소에는 그 당시 보편화되어 있던 연탄(19공탄) 난로를 피웠는데, 사무실은 모래판 위에 설치한 석유난로를 써서 그나마 관리가 나은 편이었다. 사무실 집기는 철제 책상 몇 개와 합판으로 만든 설계도면 걸이가 전부였다. 전화기 역시 군대 분위기가 물씬 나는 것이었다. 손잡이를 돌려서 신호를 보내는 군용(軍用) 전화기였는데 직렬로 연결하여 사용했다. 천안공구사무소에서 긴급히 통보할 사항이 있으면 손잡이를 마구 돌리게 되는데 1공구부터 6공구까지 일제히 신호가 간다. 그러면 공구마다 모두 수화기를 들어보고는 자기네 분공구 전화통보 사항이 아니면 알아서 끊어야 했다. 그렇게 해서 남는 사람과 통화를 하는 방식이었다. 근무복장은 감독관 모두 똑같은 작업복에 신발은 대부분 군화(軍靴)를 신었고, 건설마크를 단 작업모를 썼으며, 왼팔에는 '감독'이라고 새긴 완장을 찼다. 영락없는 군인 모습 그대로였다. 필자가 현장에 배치되어 근무할 당시에는 현장 작업 내용이 주로 토공 및 구조물 작업이었다. 그런데 성토한 노면에 눈이 내리면 그 눈이 다 녹을 때까지 작업을 못하게 되었다. 공정이 급한 상황에서 눈이 녹을 때까지 기다릴 수가 없었다. 그래서 눈이 내리는 날이면 공사감독부터 시작하여 시공회사 직원들까지 총동원되어 빗자루를 들고 눈을 쓸어야 했다.

현장 온 지 한 달 만에 결혼하다

경부고속도로 현장 근무를 시작한 지 약 한 달쯤 지난 1969년 1월 15일, 필자는 결혼을 하게 되었다. 당시 처갓집이 마침 분공구 현장사무소가 있는 인근 동네인 성환이었다. 사람들은 당연히 "너는 현장에 온 지 한 달도 안 되어 벌써 아가씨를 꼬셨느냐?"며 필자의 연애 실력에 혀를 내둘렀다. 그러나 사실은 서울시 성북구청에 근무할 때 대학교 동창 이은수 친구의 중매로 알게 되어 이미 약혼까지 하고 결혼식만 남겨둔 상태였었다. 며칠간 휴가를 얻어서 결혼식을 치르고, 아내는 서울 서대문구 영천동에 어머님과 함께 남겨두고 혼자 현장으로 다시 내려와야만 했다.

1969년 2월초, 필자는 입장에서 삼환기업이 시공하고 있던 천안-목천간 공구로 다시 배치되었다. 이곳은 육사 21기 출신 이성규 대위가 주감독으로 이미 근무를 하고 있었고, 먼저 배치를 받은 박준규 기사보가 토공과 구조물의 보조감독으로 이미 근무하고 있었다. 그래서 공사 공정면에서도 토공이 상당히 추진된 상태였다. 필자가 이 곳으로 배치되자 주감독인 이성규 대위는 필자를 구조물담당 보조감독으로 일하도록 조정해 주었다. 이 곳에서 필자는 현장 내용을 파악하면서 삼환기업의 작업 팀들이 3개소의 소교량과 암거 등을 시공하는 것을 감독했다. 그때는 동절기였으므로 콘크리트를 타설한 후 연탄불을 피워 보온(保溫)하면서 시공을 했다. 그런데 어떤 때에는 연탄불이 너무 세서 콘크리트가 급결(急結)하기도 했고 어떤 때에는 연탄불이 꺼져서 콘크리트 표면이 동상을 입기도 했다. 그리고 구조물을 빨리 준공하기 위해서는 건설행정 절차인 설계 변경이 필요했다. 설계 변경이라는 개념을 잘 몰랐던 필자는 우선 회사 직원들의 도움을 받아가면서 소교량(小橋梁)과 암거(暗渠), 배수관(排水管) 등 변경된 수량과 내역을 파악한 다음, 변경 사항을 반영한 설계도서 및 내역서를 작성하여 천안공구사무소에 제출했다. 그때는 설계 변경을 하려면 우선 현장에서 정확히 산출하여 작성한 설계내역서와 수량 및 단가산출서 등을 공구사무소에 제출하면 공무담당과 공사과장의 책임 하에 일정기준에 따라 다시 정밀심사를 받았다. 그런 다음 이것을 서울 을지로 3가에 있던 경부고속도로 본부사무소의 설계과에 제출한 뒤 최종 승인이 나야만 설계 변경이 완전히 끝나게 되었다.

절차에 따라 우선 천안공구사무소에서 근무하던 김성남 과장(가수 김완선의 아버지)의 심사를 받게 되었다. 김 과장은 당시 유행하던 수동식 타이거(Tiger) 계산기를 돌려가면서 밤늦게까지 수량산출서와 구조계산서 및 단가산출서 등을 열심히 체크했고, 틀린 것은 족집게처럼 찾아냈다. 그리고 복잡한 내역서를 주판으로 덧셈과 뺄셈을 하는데 손가락 하나로 어찌나 빠르게 계산을 잘 하는지 혀를 찰 정도였다. 그러면서 "요즈음 대학 나온 놈들은 아는 것이 하나도 없다" 고 꾸중을 하면서 신출내기들을 혼내던 기억이 새롭다. 거의 한 달 이상의 시간을 소요하여 구조물공사의 설계 변경을 모두 끝냈고, 토공 등 하부공사 작업도 거의 마무리가 되었다.

그 당시 필자는 목천면 신계리의 현장사무소 근처에 셋방을 얻어 서울에 혼자 남아 있던 아내를 데리고 와 신혼살림을 시작했다. 신혼살림이라야 반상기 한 벌, 솥단지 하나, 세숫대야 하나, 이불 한 채가 전부였다. 그래서 지프 한 대면 충분히 이사를 할 수가 있어서 그 점은 매우 편리했다. 같이 근무하던 박준규 기사보는 그 당시 약혼 중이었고, 우리 옆집에서 자취방을 하나 얻어 혼자 살고 있었다. 그런데 그는 필자와 아내가 마주 앉아 아침식사를 하고 있노라면 출근하다 낮게 쌓은 담장 너머로 쳐다보고는 매우 부러워하는 눈치로 "최 기사, 뭐해? 빨리 나와!" 하고는 소리쳤다.

지금도 필자를 만나면 "성환댁 잘 있느냐?" 고 묻곤 하는데, 그것은 우리 처갓집이 성환이기 때문이었다.

토공 작업이 끝나고 본격적으로 포장 작업을 시작하는 5월초, 본부사무소에서 토공을 담당하던 감독들은 포장감독으로 다시 배치되었다. 그리고 일부 감독들은 다른 공구로 지원을 보냈다. 그때 필자는 평택(원곡)에 현장사무실이 있던 오산-천안간의 기층(쇄석혼합 골재기층) 담당 보조감독으로 배치되었다. 이곳에서 우리는 오산에서 천안IC까지 39㎞의 연장을 4개월 동안에 포장을 모두 완료해야 한다는 것을 알고는 각오를 새롭게 해야 했다. 그때 경부고속도로의 포장 두께는 지금의 포장단면 기준에 비하면 형편없이 얇았다. 요즈음의 선택층(選擇層:동상방지층) 30~40㎝, 보조기층 30㎝, 아스팔트 기층 20㎝, 표층 5㎝ 등 총 85~95㎝보다는 소요 공기가 약간 적게 소요된다. 그렇다 치더라도 그 당시의 장비나 기술력 등을 볼 때 매우 벅찬 공사량이 아닐 수 없었다. 따라서 준공 목표를 달성하기 위해서 우리는 야간작업을 할 수밖에 없었다.

우리 포장감독들이 매일 실시해야 할 업무내용은 지금까지 시공된 토공을 마무리 작업한 뒤, 보조기층재(補助基層材)를 반입하여 최종 다짐 후 두께가 20㎝가 되도록 그레이더(grader)로 포설(鋪設)한 후 물을 주면서 다짐을 완료하는 것이었다. 그런 뒤 들밀도 시험을 실시하여 합격 여부를 최종 판단했다. 그 후 그 위에 15㎝ 두께가 되도록 다시 혼합골재를 반입하여 포설한 뒤 살수를 하면서 다짐

밀도가 표준다짐의 95%가 되도록 다졌다. 그런 다음 최종(final) 검측 시 3m 직정기(直定器)로 제어 차이가 0.5㎝ 이하가 되도록 평탄하게 한 다음, 프라임코팅을 실시했다. 그 뒤 48시간 양생을 한 후에야 아스팔트중간층 5㎝를 다시 깔도록 했다. 그러니까 이 모든 과정을 빠짐없이 관리하면서 공기는 공기대로 맞추라고 독려해야 했으니 사실상 두 가지 목표를 다 달성한다는 게 여간 어려운 일이 아니었다.

'보다 빠르게, 보다 값싸게, 보다 튼튼하게' 3마리 토끼를 쫓다

표제와 같은 경부고속도로의 건설 목표는 '공정관리, 원가관리, 품질관리' 중 한 쪽만을 강조하다 보면 한쪽은 잘 관리가 안 되는 것이 사실이다. 그런데 우리는 이 3마리 토끼를 다 쫓아야 했다. 시공회사의 소장들이나 기사들도 공정 문제로 자주 싸웠는데 시공회사도 아닌 감독관들끼리 공정 부진 문제로 서로들 멱살잡이를 했다는 게 지금 생각해보면 참으로 가슴 저리는 기억이 아닐 수 없다.

필자는 현장에서 멀지 않은 원곡 시내에 아내랑 방을 하나 새로 얻어 아내를 이사시켰다. 그러나 수시로 야간작업을 하기 때문에 아내 혼자서 잠을 잘 때가 많았다. 그래도 결혼한 지 얼마 안 되는 아내는 현장 식당의 음식이 좋지 않다고 투덜대던 감독 여섯 명의 식사를 입맛에 맞도록 매일같이 밥을 해주어 칭찬을 받았다. 그래서 감독들은 미안하다고 하면서 식대를 조금씩(월 5,000원씩) 걷어서

주곤 했다. 지금도 그 시절 감독들을 만나면 아내가 해주던 음식이 맛있었다는 이야기를 하곤 한다. 그해 5월 오산IC부터 포장을 시작한 우리는 한 여름인 7월말 경에는 안성IC까지 포장을 완료했다. 무더위에 지친 우리들은 현장 바로 옆에 있는 원두막에서 참외를 깎아먹으면서 피로를 달래기도 했다.

현장소장은 열심히 하려 했지만, 공정이 바빠지면서 부실공사도 많아졌다. 당시에는 레미콘이 아직 없을 때라서 콘크리트 작업을 하려면 수동식 믹서(mixer)에 자갈, 모래, 시멘트를 섞은 후 물을 넣어 비벼야 했다. 그런데 작업 팀들은 공기에 쫓기다 보니 규정대로 비벼 내지를 않고 물을 많이 넣어 일을 쉽게 하려고 했다. 감독들은 보다 못해 믹서의 키를 뽑아가지고 작업을 못하게 하는 경우가 많았다. 그러면 작업반장이랑 일꾼들은 자신들의 하루 일당이 날아간다고 화를 내면서 콘크리트를 비비던 삽을 들고 감독을 죽이겠다고 달려들었다. 그러면 사무실에 있던 우리 젊은 감독들이 쫓아가서 막아주곤 하는 일이 종종 생겼다. 우스운 얘기지만 공정 추진을 위한 감독관 회의 때 "권총을 차고 감독해야 한다."는 얘기까지도 나오게 되었다. 그만큼 현장 분위기는 전투적이었던 것이다.

또 이런 사고도 있었다. 비상활주로 구간에 대한 포장공사를 할 때다. 넓고 넓은 비상활주로는(고속도로가 22.5㎝인데 비해 비상활주로 구간 포장 두께는 42.5㎝이다) 작업 진도가 나가지 않아서 정말 지겨운 구간이었다. 당시의 견인식 진동 롤러는 진동을 끄고 다시 켜는 것을 꼭 트랙터에서 내려야만 가능했다. 자정 무렵 잠이 오는 상태에서 기사가 진동 롤러를 켜려고 내려왔다가 다시 트랙터로 올라가던 중 졸음에 취해 있던 운전기사는 그만 발을 헛디뎌서 깔려 죽었다는 것이다. 그만큼 무리한 공기(工期)에 쫓겨 야간작업을 많이 하다 보니 생긴 사고였다.

필자는 원곡에서 다시 현장이 가까운 입장으로 이사했다. 아내는 그때 첫 애를 막 임신하여 입덧이 심했다. 그렇지만 아내를 데리고 다니면서 먹고 싶다는 것을 사 줄 형편도 못되었다. 현장 생활을 잘 알고 있던 아내에게 그저 "미안하다"는 말 밖에는 해 줄 수가 없었다. 그때는 밤에 늦지 않게 퇴근이나 하면 더 좋은 선물이 없었을 것이다. 이런 고충을 아는 아내는 새벽에 출근할 때 아스팔트 묻은 군화를 닦아주면서 "오늘은 언제쯤 들어오느냐?" 고 묻는 것이 고작 투정 어린 인사말이었다. 그렇게도 힘들었던 많은 공사량이지만 그해 9월 20일 드디어 오산에서 천안IC까지 39㎞를 예정대로 완공했다. 입장 비상활주로에서 박정희 대통령 내외분이 지켜보는 가운데 F-86 시험 비행까지 무사히 마쳤다. 그런 뒤에는 대통령의 시주식(始走式)도 모두 끝났다.

3일간의 출산휴가,
그 이후 50일간의 피나는 주야간(晝夜間) 작업

천안공구의 포장공사가 완공되자 10월 초 경부고속도로 본부 사무소에서는 대기 중이던 감독들을 공정이 뒤져 있는 일부 공사

사무소로 지원 배치했다. 그래서 필자는 멀리 언양사무소로 내려가게 되었다. 당시 아내는 만삭이었는데 일 때문에 어쩔 수 없이 서울로 올려 보내고 동료 몇몇과 밤늦게 기차를 타고 대구를 거쳐 경주까지 내려갔다. 그곳에서 동료들의 이야기를 들어 보니 그해 12월말까지 포장공사를 완료해야 한다는 것이었다. 그러자면 공정이 무척 바쁜 편이었다. 하루가 지난 후 필자는 언양 공구사무소로부터 화일산업에서 시공하고 있던 양산-부산(동래)간 소공구로 배치를 받았고, 현장사무소가 있는 양산까지 다시 버스를 타고 갔다. 현장에 도착해 보니 포장공사 감독을 경험한 사람들은 우리들밖에 없었다. 우리는 완공 일정에 맞추어 매일같이 일일공정표를 짜 가면서 시공 회사의 야간작업을 독려했다. 그러던 중 서울에서 아내가 출산하려 한다는 연락을 받고 겨우 3일의 휴가를 받아서 집에 갔다. 그러나 공기가 워낙 급해 아내가 무사히 출산하는 것만 보고는 사흘 만에 공사 현장으로 도로 내려왔다. 그로부터 12월말까지 거의 50일간 피 말리는 주야간 작업이 쉬지 않고 이어졌다.

부분 준공 목표일인 12월 30일, 박정희 대통령이 시주식을 하는 날이었다. 양산-부산구간 중 가장 큰 난공사 구간으로 꼽히던 바위 절취 구간을 오전 10시쯤에야 마지막으로 포장했다. 대통령이 내려오시기로 된 시각은 11시 30분, 우리는 포장작업이 막 끝나자마자 바로 시공회사 직원들을 총동원하고 동네 아주머니들 30여명을 불러 막 포장한 도로에 일렬로 세웠다. 그러고는 모두 마른걸레를 들고 포장면의 물을 닦았다. 이어서 축축한 노면에 그대로 레인마킹

(lane marking)을 시켰고, 레인마킹이 채 굳기도 전인 오전 11시 30분쯤 박정희 대통령 일행이 나타났다. 우리는 걸레를 잡은 손을 뒤로 하고 나머지 손으로 대통령에게 거수경례를 했다. 사정을 모르는 대통령은 우리들에게 손을 흔들어 답례를 했다. 대통령이 우리 공사 구간을 지나가자 눈에서는 그동안 힘들게 감독을 한 것에 대한 회한의 눈물이 저절로 흘렀다.

1970년 3월초 해빙(解氷)과 더불어 우리가 애를 태우면서 그렇게 다짐을 하고 관리하여 준공했던 천안공구에서 포장면에 적잖은 균열이 발생했다. 대기 중이던 우리들은 새로 발족한 한국도로공사 직원들과 합동으로 시공회사가 하자 보수하는 현장을 감독하게 되었다. 하자는 주로 혼합골재 기층에서 많이 발생했다. 그러므로 이 혼합골재 기층 부분을 완전히 드러내고 아스콘으로 치환하면서 오버레이(over lay)를 다시 했다.

"부실 공사, 누더기 보수" 등 창피한 기사가 신문 등 매스컴에 보도되었다. 고속도로를 어떻게 하면 값싸게 할까 하고 연구하다가 당시는 기술적으로 잘 몰라 포장두께를 너무 얇게 설계했고, 또한 다짐이 잘 되도록 쇄석골재 생산 시에 흙 성분을 많이 섞은 게 그 원인이라고 말들은 했지만 우리 신출내기 감독들은 그런 하자원인의 사실을 잘 알지 못했다. 모든 게 우리나라 최초로 있던 일이다 보니 생긴 하자일 뿐이었다. 규정에 있는 대로 다짐을 철저히 시켰는데도 하자가 발생한 사실이 믿어지지 않을 뿐이었다.

약 한 달간의 하자보수가 끝나고 4월 초 필자는 마지막으로 대전 공구 중에서 대전-영동간의 끝마무리 포장감독으로 다시 배치되었다. 대전공구도 1970년 7월 7일 준공을 목표로 전 공정에서 거의 매일 야간작업을 해야 했다. 아침 새벽부터 열심히 근무하고 있는데 하루는 당시 대전공구 소장이던 조재삼 소령이 「감독들에게 드리는 글」이라며 타자로 친 메모지를 돌렸다. "여러분들은 장관님의 말씀을 잘 듣고 열심히 감독하여 준공에 차질이 없도록 하라."는 내용에 대해서, 나중에 듣고 보니, 현장을 순시 중이던 장관이 보조기층에서 골라낸 큰 돌 몇 개가 중앙분리대 속에 들어간 것을 가지고 품질관리를 잘못한다고 소장을 무척 야단쳤다는 것이다. 그래서 소장인 조재삼 소령은 도의적으로 사표를 냈다는 것이었다.

우리들은 매일같이 야간작업을 하면서도 오직 사명감 하나로 열심히 고생하고 있는데 품질관리하고는 상관이 없는 사항까지 문제를 삼으며 고생하는 우리들을 몰아치는 장관이 무척 원망스러웠다. 다행히 며칠 후 조재삼 소령이 현장에서 다시 근무하는 것을 보고는 우리들도 다시 힘을 내어 일을 했다. 그리고 당시 현장에서 거의 주재하다시피 한 서울 본부사무소의 지영만 부소장은 포장의 공정 추진이 잘 안 되면 기층다짐을 감독하고 있는 우리들에게 "즉각 프라임 코팅 작업을 밀어붙이라." 고 독촉했다.

한 공사구간에서 11명의 희생자를 내면서 가장 난공사였던 옥천터널(당시의 당재터널)이 1970년 6월 개통되고, 금강휴게소 근처에

고속도로 공사 중 순직한 77명의 희생자를 모시기 위한 위령탑도 준공했다. 그리고 본선과 갓길의 포장을 완전히 끝내면서 전 노면이 차츰 정리되어 갔다. 차선 도색도 끝냈으며 가드레일과 가드케이블, 도로표지도 완공이 되었다.

드디어, 1970년 7월 7일 대구에서 성대한 준공식이 있었고, 우리 감독관들은 대통령의 하사금을 주감독은 10만원씩, 보조감독은 5만원씩을 지급 받았다. 그리고 훈장, 표창장 등 공로상들도 받았다. 그 뒤 고속도로가 개통된 후 우리들은 뿔뿔이 헤어져 근무하게 되었다. 어떤 사람들은 새로 생긴 한국도로공사로, 어떤 사람들은 건설부 본부나 각 지방국토건설국(지금의 지방국토관리청) 또는 서울시청 등으로 갔다. 나머지는 본부사무소에 대기하면서 준공지(竣工誌)를 만들거나 하자보수 감독을 하다가 나중에 기간국도건설사무소로 배치되어 근무하게 되었다. 필자는 그때 중부국토건설국(지금의 서울지방국토관리청)으로 발령을 받아 근무를 하게 되었다.

경부고속도로의 건설에 대하여 그 당시에는 잘 모르고 반대했던 많은 야당 국회의원들도 있었지만 사실 우리나라의 국력이나 재정 형편으로 보아 무모하게 추진한 사업이었는지도 모른다. 그러나 박정희 대통령의 확고한 의지에 따라 경부고속도로는 세계에서 가장 값싸고 가장 빠른 기간 내에 완공을 하게 되었다. 30년이 지난 지금 어느 누가 감히 경부고속도로의 건설에 대해 비경제적이었느니 하고 말할 수 있을 것인가?

1970년 7월 7일, 경부고속도로 개통

당시 우리들은 군대를 막 제대한 20대부터 30대, 40대의 젊은 나이였기에 전투를 방불케 하는 공사를 묵묵히 실천할 수 있었다고 본다. 앞에서 필자는 여러 번 고속도로 건설을 마치 전투하는 것과 같다고 표현했는데 지금 생각해 봐도 맞는 말이라고 생각한다. 총을 들지 않았고 상대가 적군이 아니었다는 것뿐이지 귀중한 인명을 77명이나 희생당하면서 이루어 낸 전과(戰果)였다고 생각하면 그 표현이 사실이 아니겠는가? 그 당시 주축으로 일을 하던 선배들은 황무지나 다름없던 우리나라의 고속도로 건설 기술을 오로지 자체의 힘만으로 해결해 보려고 부족한 자료를 모아 설계하고 공정관리 기법을 찾아냈다.

그렇게 해서 아무 것도 모르던 우리 후배들과 건설회사들에게 신기술, 신공법을 가르쳐 주면서 많은 땀을 흘렸다. 그러나 그때의 선배들은 이제 80대말에서 90대를 넘기고 있으며, 일부는 먼저가신 분들도 있다. 우리는 마땅히 이들이 가졌던 벅찬 사명감과 열의에 다시 한 번 고개 숙여 경의를 표해야 한다. 그리고 당시 함께 했던 선배들께서는 이제 그 시절 이야기를 하면서 편안히 그리고 건강하게 여생(餘生)을 즐기시기를 기원한다.

※ 편집자 註 : 본 글에서 나오는 이름은 당시 근무했던 실제 이름이며 그분들에게 누가 되지 않았으면 합니다.

100세 건강 Tip

뼈에 좋은 식품

류영창

- **칼슘 섭취**

치즈, 요거트, 두유, 아몬드 등 유제품과 순무, 케일, 브로콜리 등의 채소

- **비타민D 섭취**

연어, 참치, 고등어와 같은 생선 및 소 간(肝), 치즈, 계란 노른자 음식 섭취 외에 햇빛을 쬐는 것도 중요

- **마그네슘 함량이 높은 식품**

아몬드, 캐슈넛, 땅콩, 시금치, 콩류 및 통곡물(특히, 검은 콩과 대두), 아보카도, 껍질 째 먹는 감자

- **비타민B 함량이 높은 식품**

특히, 비타민B12는 골모(骨母)세포 형성에 중요. 간이나 콩팥과 같은 내장육, 소고기와 사슴고기와 같은 붉은 육류, 조개, 굴

- **비타민C가 많은 식품**

딸기, 자몽, 귤, 오렌지, 토마토, 브로콜리, 시금치와 같이 비타민C 가 들어간 식품 섭취하면 콜라겐 합성이 증진되어 뼈의 무기질 농도를 높임

자율주행 자동차도로 건설을 위한 사전대비(안)

박 태 권

안전한 자율주행 자동차도로의 건설 방안(도로선형 등 대부분 개량)

급변하는 세계흐름 속에서 인공지능·사물인터넷 및 빅데이터·센서·로봇 등이 융합된 4차 산업시대가 본 궤도에 오르고 있고, 각국마다 자율주행 자동차를 경쟁적으로 생산단계에 이르고 있다. 자율주행 자동차가 안전하게 달릴 수 있게 하기 위해, 기존 도로의 대부분을 개량하는 방안과 자동차의 인공지능 성능이 매우 우수하게 생산될 때는 기존도로를 국부적으로 개선하는 보완방안 등 여러가지 대처방안을 검토하여 보았다.

1) 사전대비

현재까지는 소형 승용차만을 생산해서 평탄한 도로위에서 시험운행 한 결과 성공하고 있으나, 앞으로 중형 대형 승용차나, 대형 버스와 트럭 등이 대량생산되고 고속으로 자율 주행하는 자동차가 안전하게 운행될 수 있는 도로를 건설하기 위한 사전대비책(안) 4가지를 아래와 같이 제시한다.

첫째, 운전자 없이 안전한 자율주행이 보장되는 자동차도로의 선형 및 구조와 부대시설 등을 개량하기 위해 소요되는 방대한 재원 확보책으로, 가칭 "제2단계 시한부 자율주행 자동차 도로정비 촉진법"을 우선 제정할 것을 제안한다.

만일 목적세법 제정이 불가능하면, 현행 교통시설특별회계법 중 도로계정·철도계정 등 6개 계정 중에서, 국가재정투자에 대한 경제적 가치와 회수율이 가장 높은 도로부문에 해당되는 예산이 자동 확보될 수 있는 방안으로 개정 보완돼야 하겠다. (※ 제1단계 도로정비촉진법은 경부고속도로 재원확보책으로 제정, 1967년 6월. 참조)

둘째, 자율주행 자동차도로 건설사업은 경제적·기술적·환경적 타당성 조사 설계와 공사품질관리, 입찰 계약 등의 사업집행절차를 최적화 시스템인 통합프로그램으로 실용화하는 방안이 사전에 면밀히 검토돼야 한다.

셋째, 교통사고 없이 안전한 자율주행이 기술적으로 완벽하게 보장되려면, 자동차와 도로의 기술진이 설계기술연구 초기부터 합동으로 도로 선형과 자동차 자율주행 기능이 상호 일치되고 최적화되도록 집중 검토돼야만 한다. 만일 기술보안상 문제로 두 분야 기술진이 별도로 연구개발하게 되면, 완성 후에 불일치되는 부분이

뒤늦게 발견될 때는 조정이 불가능하거나 그 조정 비용이 막대해질 것이다. 반면에 초기부터 합동으로 검토되면 상호 불일치 부분들의 최소화가 가능해질 뿐 아니라 자동차 제조비와 도로 개량 건설의 비용도 최소화할 수 있으므로, 반드시 합동으로 연구 검토가 되도록 사전에 대비해야 하겠다.

넷째, 만일 모든 자율주행 자동차가 안전하게 고속 운행될 수 있는 미래의 도로가 신설되거나, 기존도로 대부분의 선형과 구조가 완벽하게 개량돼야 한다면, 현재까지 지구상에서 건설된 사업 중 가장 큰 공공시설사업이 될 것이므로, 본 사업 착수의 타당성을 세계 유수한 전문가들과 함께 사전에 충분히 검토하고 국제간 합의를 꼭 도출해야 하겠다.

또한 50년 후를 가상해서, 모든 자동차가 공중으로 교통하는 시대가 도래(到來)할 가능성과 인공지능화(人工知能化)의 연구 개발 방향 및 속도에 대하여도 세계적 전문가와 함께 광범위하게 검토해 보아야 하겠다.

2) 제안 배경

현재 세계 10대 경제 강국 지위를 유지하면서 앞서 나가려면, 오늘날 우리나라의 인공지능 적응도가 세계 25위에서 최소 10위권 수준 이상으로 격상시켜야만 우리의 목표인 경제 복지 문화강국으로 향하는 지름길에 오를 수 있을 것이다. 또한 인공지능을 핵심으로 한 4차 산업시대에는 어느 한 순간만 뒤져도 영구히 추락될 것이므로 뒷북치는 일은 이제부터 그만하고, 오로지 앞서가기 위해 사전대비에 만전을 기하고자 하는 것이다.

역시 도로가 국력신장과 국토균형발전의 원동력임을 세계가 거듭 체험했듯이, 안전한 자율주행 자동차에 걸맞은 지능형 최적화 도로 조사 설계와 건설을 위해 사전에 반드시 대비해야 하고, 필수조건인 경제적·기술적·환경적·사회적 등 종합적인 검토를 선도적으로 시범 수행해나가면서, 장래의 국토·교통 기간시설사업 전반에 확대 적용토록 하고자 하는 것이다.

3) 사전대비를 위한 고려사항 : 방대한 투자재원 확보 방안

"도로정비촉진법"에 '제2단계'와 '시한부'가 접두어로 첨입(添入)된 것은 1967년에 경부고속도로건설과 서울-부산간 국도 등 간선도로 개량 포장공사를 촉진하기 위한 특별회계법을 제정함으로써, 소요되는 도로정비재원 확보책으로 자동차세와 유류세 등을 도로정비 촉진사업에 전용(專用)하고자 목적세를 신설 운용하였던 덕분으로, 건국 이래 획기적인 경제발전과 국토균형발전을 이룩했었던 성공사례 경험을 갖게 되었었다. 이를 본보기로 하여 앞으로 도로사업은 경제신장 탄력성과 투자회수율에 대한 경제적 가치평가를 계량 수치화하여 산정해서, 제2단계로 20년간 시한부 도로촉진법(안)을 마련하여 사회적 합의를 거쳐 제정되어야 한다.

만일 단일 목적세법을 새롭게 제정함에 사회적 반대가 매우 강하면, 당초 도로정비촉진법을 26년간 운용하다가 1993년에 교통시설특별회계법으로 개정하였었는데, 이를 보완하는 방법의 검토가 필요할 것이다.

즉 현재까지 운용되고 있는 도로계정, 철도계정, 대중교통계정, 공항계정, 항만계정, 광역교통계정 중에서 국가재정투자에 대한 경제적 회수율과 경제신장의 탄력성이 가장 높은 도로부문에 해당되는 예산이 자동으로 확보될 수 있도록 하는 방안이다.

4) 지능형 최적화 도로조사 설계와 건설을 위한 기술력 확보

(1) 조사 설계기술

자율주행 자동차가 밤·낮, 눈·비에도 안전하게 운행될 수 있게 하려면, 도로의 선형과 구조가 자동차의 궤적과 연동(連動) 일치되게 설계돼야 한다. 다행히 이미 연구 개발했었던 "친환경 지능형 도로최적설계 통합프로그램"을 추가로 실용화 검증과 시연회를 거쳐서 활용하게 되면, 자율주행에 알맞은 최적선형설계가 가능하게 될 것이다.

> 친환경 지능형 도로최적설계 통합프로그램은 지난 10년간 정부 출연금으로 국내 용역회사에서 실용화 단계이전까지 연구개발이 완료되었으나, 예산관계와 인식차이 때문에 실용화 연구 및 최종검증은 미시행되었었다. 기존 성과품을 계속 활용하려면, 추가로 실용화 연구검증을 완료한 후에 사용가능하다.
> (필자는 연구개발사업의 연구총괄책임자)

도로선형 최적설계시스템 주요내용

「설계 옵션인 설계시점과 종점의 좌표, 도로선형 운영기준, 구조물 설치 기준 등」, 「전문가 시스템(GA=유전자 알고리즘) 옵션」과 「GIS(=국토 정보시스템) 자료인 환경항목 수치지도(자연, 생활, 사회 환경 등)」을 입력하고 이를 함께 삼위구동(三位驅動) 분석 평가한 후보노선들 중에서, 전문가 시스템에 의해 공사비(경제성), 환경성, 주행안전성을 비교 평가하여 노선별 최적선형을 도출하여 도로조사 설계를 수행하는 과정을 설명한 것이다.
(PPT 자료 등 요청 : 박태권(tkp3588@naver.com))

* 출처 : 친환경 지능형 도로건설; 필자의 강의자료, 한국건설기술교육원, 2011.5. ~ 2012.8.

(2) 건설 및 시공 기술

3차 산업시대에 연구 개발된 TV, GPS, 센서, 빅데이터, 로봇 등의 인공지능화 요소를 적용한 건설기계, 시공방법, 건설자재 등은 물론 건설 품질관리와 입찰계약에 이르기까지 완벽하게 전환 활용될 수 있는 체제가 확립되도록 해야 할 것이다.

(3) 도로선형과 자동차 핸들과의 시뮬레이션 합동연구

운전자 없이 안전한 자율주행을 확실하게 보장하려면, 도로등급별 선형 설계기준과 자동차의 핸들 및 바퀴 궤적과의 연동성(連動性)이 각각 일치될 수 있는 선형궤도의 알고리즘 도출과 모형 시뮬레이션을 합동으로 다양하게 수행하고, 실용화검증 시연회를 거쳐서, 모든 자동차의 안전한 자율주행이 도로설계에 반영되도록 사전에 충분히 검토돼야 한다.

기존도로의 국부적인 개량만으로 자율주행이 가능한 경우

만일 자율주행 자동차가 매우 우수하게 생산되어서 기존도로를 개량하지 않고 도로등급별 현행 제한속도로 안전하게 주행가능할 때는 별도의 기술 대책과 건설투자에 대한 사전대비는 최소화가 될 것이다. 또한 자동차의 자율주행 성능에 따라 현행 고속도로와 주요간선도로 수준의 도로는 개량 없이 안전하게 주행할 수 있는 경우와 선형이 불량한 지방도로 등 다방면으로 사전검토가 필요할 것이다.

다방면 사전검토 필요성

세계 각국에 미치는 국력 탄력성의 진폭(振幅)이 20세기의 Digital(IT) 3차 산업시대 보다 현재 급변하는 인공지능(AI)을 중심으로 한 4차 산업시대에는 비교할 수 없을 정도의 큰 차이가 예견되므로, 인공지능화에 관한 리스크 관리와 사전대비에 대하여 아래와 같이 다방면으로 검토돼야 하겠다.

1) 4차 산업 강국들의 추진현황 파악

세계 강국의 자율주행 자동차의 생산 예측과 자율주행 자동차도로 건설기획내용을 조속히 집중 조사하고 명확하게 파악해야 하겠다.

2) 기존 도로상에서 안전운행 가능성 판단

기존 도로의 선형과 평탄성을 개량하지 않고, 자율주행 자동차의 안전 운행 가능성을 사전에 확인하는 반면에, 각급 도로의 교통량과

제한속도별 도로개량 범위와 규모 등을 정확히 예측 판단해야 한다.

3) 인공지능 연구방안

인공지능화 연구방향은 진화(進化)되어가는 인간의 지혜와 감성이 앞으로 개발될 인공지능과 함께 접목 일치할 수 있는 시점에 대한 예측 가능성을 염두에 두고, "다양한 지식"과 "올바른 감성"이 융합된 인공지능화 시스템 연구방안을 우선 검토해야 할 것이다. 또한 인간이 연구개발한 인공지능으로 하여금 오히려 지배당하는 가능성도 사전에 충분히 검토돼야 하겠다.

4) 30년·50년 후 미래 자동차도로 건설방향 예측

앞으로 50년 후를 가상해서 자동차의 공중운행 가능성을 확인한 후 세계 각국의 전문가와 신중한 토론을 거쳐, 미래의 자율주행 자동차도로의 건설방향(수직 이착륙시설 등 포함)의 검토가 필요하게 될 것이다.

왜 지하철은 우측통행이고, 전철은 좌측통행일까?

정 상 호

철도의 숨은 역사

2022년 제20대 대통령선거에서 수도권 광역급행철도(GTX)가 여·야의 주요공약으로 제시된 바 있었다. 수도권 광역교통대책의 필요성을 많은 사람들이 공감하고 있다는 뜻일 것이다. 공약대로 GTX가 건설된다면 현재 40%에 이르는 서울시의 지하철·전철 분담률은 더욱 높아지고, 다른 광역대도시 등에도 이 추세가 확산되어 도시철도의 이용이 한층 활성화될 것으로 예상된다.

아울러 통계청에 따르면, 우리나라의 65세 이상 고령층 비율이 2021년 16%에서 2025년에 20%로 높아져 초고령사회로 본격 진입할 것이라고 한다. 이 또한 지하철·전철 이용률을 높이는 요인이다. 경로우대도 있지만 도시철도를 이용하는 과정에서 자연스레 걷기를 생활화하게 돼 건강에도 도움이 되는 것을 많은 사람들이 공통적으로 경험할 것이기 때문이다.

그런데 우리나라의 지하철과 전철은 똑같이 레일 위를 달리지만 통행방식이 서로 다르다. 한 예로 신분당선은 좌측통행이고, 서울 지하철 2호선은 우측통행이다. 우리는 강남역에서 신분당선과 서울 지하철 2호선을 별다른 생각 없이 갈아타지만 우리가 탔던 두 철도의 통행방향은 서로 반대인 것이다. 같은 철도인데도 왜 통행방향이 반대일까? 또 이렇게 서로 달라도 운영상 아무 문제가 없는 것일까? 그 설명을 하려면 먼저 우리나라 철도의 역사부터 살펴봐야 한다.

외세 침탈과 함께 시작된 우리나라 철도 도입 역사

철도는 우리나라에서 최초로 도입된 근대교통수단으로 1899년(고종 36년) 9월 18일 경인선 개통이 시작이다. 고종이 즉위 40주년을 맞이해 미국 공사 알렌을 통해 포드자동차 한 대를 들여온 것이 1903년이니까 4년이 더 빠르다. 그러나 우리나라에 철도가 도입된 과정은 그리 간단치 않다. 19세기 외세 침탈의 뼈아픈 역사와 함께 시작되었기 때문이다.

원래 경인선 철도 부설권은 미국인 기업가 모스(J.R. Morse)가 갖고 있었다. 1897년 3월 22일 우각현(지금의 수도권 전철 1호선 도원역 부근)에서 기공식을 하고 공사를 시작하였다. 그러나 건설자금 조달이 원활하지 못해 1898년 12월 공정의 절반이 진행된 상태에서 170만 엔을 받고 경인선에 군침을 흘리고 있던 일본에 사업권을 넘겼다.

일본이 모스로부터 사업권을 넘겨받는 동안 조선 조정은 철저히 무시당했다. 사업 주무관청으로서 승인 등 마땅한 역할을 할 수 없었으니 합법적인 절차라고는 볼 수 없는 것이었다. 그 후 일본은 1899년 4월 다시 기공식을 갖고 공사를 서둘러 같은 해 9월 인천~노량진 구간 33.8㎞를 임시 개통했다.

이때 통행방식이 좌측통행이었는데, 일본 철도가 좌측통행을 하는 영국에서 처음 도입되었기 때문이었다. 참고로 일본은 1850년대 영국의 모형 증기기관차가 들어오고, 정식 철도는 1872년에 영국 철도기술을 적용해 신바시~요코하마 구간을 개통했다. 우리나라보다 27년이 빨랐다.

반면 경부선은 처음부터 일본이 부설권을 손에 쥐었다. 1898년 9월 일본과 대한제국이 '경부철도합동조약'을 체결한 것이다. 조약의 내용을 보면 철도용지를 대한제국이 무상 제공하고 완공 후 일본이 15년 간 운영하다가 대한제국이 되사지 못하면 자동적으로 10년 씩 연장하도록 되어 있었으니까 완전 불평등한 약탈조약이었다. 그나마 러일전쟁 후 이 조약마저 휴지조각이 된다. 이미 완공해 운영 중이던 경부선을 국유화해 한국통감부(조선 총독부 전신)에 귀속시켜 버렸기 때문이다.

경의선은 건설과정이 더 복잡하다. 처음에는 철도부설권을 프랑스의 종합설비회사인 피브 릴르(Fives-Lille)사가 갖고 있었다. 그러나 돈이 부족했다. 두 세 차례 노선답사만 하고 계약기간 3년이 지나도록 착공하지 못하다가 일본에 경의선 철도부설권을 팔겠다고 제안한다. 그러나 일본은 조건이 맞지 않는다며 거절한다. 이유는 간단했다. 간신히 손에 넣은 경부선도 건설자금조달에 애를 먹고 있던 터라 여력이 없었던 것이다.

할 수 없이 약정에 따라 대한제국이 부설권을 환수했는데, 강화도 조약 체결 후 제1차 수신사의 역관으로 일본에 다녀왔던 박기종이 나섰다. 그는 일본 근대화의 현장을 목격하고 '국가를 부강케 함은 상무(商務)가 제일이요, 상무를 흥왕케 함은 철도가 제일이다.'라는 생각을 갖고 철도 건설을 추진하고 있던 사람이었다. 마침 대한제국 정부도 자력으로 철도를 건설하겠다는 의지를 갖고 있어 1899년 '대한철도회사'를 설립해 부설권을 얻기에 성공한다.

마침 그때 국내에서는 독립협회를 중심으로 이권을 외국인에게 넘기지 말자는 이권수호운동이 일고 있었다. 시대상황과 한 개인의 시대를 앞서는 혜안이 서로 맞아떨어진 것이었다. 그러나 당시 조선의 열악한 자본축적 상황에서 일개 민간인이 자금을 조달해 철도를 건설하는 것은 역부족이었고, 일본의 방해공작도 있어 사업 추진이 지지부진하였다.

결국 대한제국 정부가 1900년 9월 궁내부에 서북철도국을 설치해 직접 건설에 나서기로 하고 각국의 외교사절을 초청해 기공식을 올렸다. 외세에 시달리던 대한제국이 모처럼 의욕적으로 팔을 걷어 붙이고 나선 것이다. 그런데 경의선은 경부선과 함께 한반도를 세로로 연결해 대륙과 바다를 잇는 혈맥이지 않은가. 대륙진출의 야심을 불태우던 일본으로서는 군사적 경제적으로 놓칠 수 없는 핵심전략 인프라였다.

돈으로 조선 황실을 회유하다가 러일전쟁이 일어나자 군사상 필요하다며 50년간의 임대조약을 맺고 경의선 부설권을 강탈한다. 그리고 불과 733일 만의 강행군 끝에 1906년 3월 용산~신의주 전 구간을 개통한다.

철도 통행방식의 결정과 조화

그러다 보니, 결국 우리 철도도 일본(영국)의 영향을 받아 좌측통행 방식으로 굳어지게 되어 오늘날 코레일 구간(과거 철도청 구간의 국유철도, 국철)은 다 좌측통행으로 운행하고 있다. KTX와 새마을호처럼 장거리를 운행하는 지역간 철도, 신분당선 같은 광역전철이 해당되는데, 다만 KTX는 전용고속선로에서는 상황에 따라 통행방향을 바꿀 수 있다.

그렇다면 1984년 완전 개통된 서울지하철 2호선은 왜 우측통행일까? 답은 간단하다. 서울시가 지하철을 건설할 때 우측통행방식을 도입했기 때문이다. 광복 이후 미국의 영향을 받으면서 자연스레 우측통행방식이 적용된 것이다. 물론 서울지하철이 지역간 철도와 연결 운행할 필요가 없던 점도 고려됐다. 이에 따라 부산, 대구, 광주 등 다른 광역지방자치단체의 도시철도도 모두 우측통행방식이 된 것이다. 용인선과 같은 경전철도 이에 포함된다. 이런 사정은 외국도 마찬가지다. 철도를 처음 도입할 때 어떤 나라의 영향을 받느냐에 따라 운행방식이 다른 것이다. 영국, 일본, 중국, 인도, 프랑스는 좌측통행이지만 미국, 독일, 러시아, 스페인은 우측통행이다.

요약하면, 코레일 구간을 운행하는 지역간 철도와 광역전철은 좌측통행이고, 도시권역 내 경량전철을 포함한 모든 도시철도는 우측통행인 것이다. 그런데 예외가 있다. 첫째는 1974년 8월 15일 개통돼 우리나라 지하철시대를 열었던 서울지하철 1호선은 도시철도 가운데 유일하게 좌측통행이다. 서울역에서 경인선·경부선과 연결 운행해야 하기 때문에 그에 맞춰 좌측통행 방식으로 건설된 것이다. 그러다보니 서울교통공사와 코레일이 함께 운영하고 있다.

두 번째는 서울지하철 4호선이다. 4호선도 1985년 상계~사당 구간을 처음 개통할 때는 우측통행이었다. 그러다가 1994년 광역교통대책으로 당시 철도청이 운영하던 안산선과 직결하면서 문제가 생겼다. 통행방향이 서로 반대인데다가 전기 공급방식도 철도청은 교류(交流), 서울지하철은 직류(直流)였고 신호체계도 달랐기 때문이다. 서로 자신들의 방식을 고수하며 한 치의 양보 없이 다툰 것이다.

당시 건설교통부가 중재를 했으나 좀처럼 합의가 되지 않았다. 결국 고민 끝에 특이한 해결책이 나온다. 이른바 '꽈배기 굴'이다.

4호선 남태령역과 선바위역 사이에 상·하행선 선로가 마주치지 않고 위 아래로 통과하는 입체 'X'자형 교차 선로를 만든 것이다. 이 구간을 통과할 때는 전기가 공급방식이 바뀌며 잠시 끊겨 관성으로 간다고 해서 사구간(死區間)이라고 부르기도 한다.

4호선을 타고 갈 때 남태령역과 선바위역 사이에서 "잠시 후 전력 공급 방식 변경으로 객실 안 일부 전등이 소등되며 냉·난방 장치가 잠시 정지되오니…"란 안내방송이 나오면 바로 이 구간을 지나고 있는 것이다. 결과적으로 현재 서울의 남태령 방면으로 가는 차량은 좌측통행에서 우측통행으로, 과천 선바위 방면으로 가는 열차는 우측통행에서 좌측통행으로 바뀐다. 말하자면 4호선은 우측+좌측통행인 것이다.

법률상 열차의 통행방식은 철도법과 도시철도법에 규정되어 있다. 국유철도는 좌측통행, 도시철도는 예외적인 경우를 제외하고는 우측통행을 하도록 되어있다. 그런데 철도는 무엇보다도 연결·직결되어야 효과적이다. 통행방식이 운영주체나 노선에 따라 다르다면 연결·직결이 어렵고, 이용자 불편과 안전문제도 발생할 수 있다.

그러나 4호선과 같은 불일치를 다시 통일시키는 것은 사실상 어려울 것이다. 여러 시설과 신호시스템 등을 동시에 뜯어 고쳐야 해서 많은 시간과 비용이 소모되기 때문이다. 그렇더라도 저탄소 고효율의 장점과 미래 유라시아철도와의 연결을 고려할 때 앞으로 철도교통을 세계 최고수준으로 계속 발전시켜 가야하는 것은 틀림없는 한국 교통의 미래 과제일 것이다.

2021년 정부가 발표한 제4차 국가철도망구축계획을 보면 전국 단위와 광역대도시의 철도망을 대폭 확충한다고 한다. 새 정부의 정책방향도 같은 궤도일 것으로 예상된다. 제4차 국가철도망구축계획은 2030년까지 92조원의 투자규모를 예상하고 있는데, 얼핏 보더라도 간선도로망과 비슷한 수준으로 철도망이 촘촘해 질 것 같다. 또 수도권과 광역대도시의 도시철도망도 지속적으로 확충될 것이다. 앞으로 4호선과 같은 문제가 재발하지 않도록 사전에 철도 건설계획을 관련기관 간에 철저히 공유·점검하고, 철도운영기술도 지능화·첨단화시켜가야 할 것이다.

도로 위 1,200톤의 기적, 초대형 중량물 운송길을 열다

전 만 경

인생은 '장애물 달리기'

세상에는 인생에 대한 다양한 은유가 존재한다. 묵묵히 달려나가는 마라톤, 우리의 하루 24시간, 그리고 때때론 농사나 미로(迷路)에 빗대어지기도 한다. 누군가 필자에게 인생을 무언가에 비유해보라고 질문한다면, 필자는 '장애물 달리기'에 비유하고 싶다. 수많은 반대, 수많은 불가능, 수많은 걱정과 우려라는 각자의 삶의 허들을 넘는 박수받아야 마땅한 시간. 그것이 우리의 인생이라고 생각한다. 누군가가 세상의 반대와 불가능을 담대히 넘어서는 데에 도움이 될까 싶어 필자의 짧은 경험을 남겨본다.

도로 위 1,200톤의 기적, 초대형 중량물 운송길을 열다!

공직자로서 보람 있었던 일을 꼽자면, 원주지방국토관리청장 시절 춘천 열병합발전소 건설을 위해 1,200톤의 초대형 발전기 운송을 해냈던 일이다. 이 발전기 운송 건은 필자에게 가장 자랑스러운 일인 동시에, 가장 많은 반대에 부딪혔던 일이기도 하다.

당시 도로법상에는 도로시설물의 파손을 방지하기 위해 축하중(軸荷重) 10톤, 총중량 40톤, 폭 2.5m, 높이 4.0m, 길이 16.7m로 운행제한 차량 단속기준이 제시되어 있었다. 열병합발전소 건설을 위해 운송해야 했던 발전설비 제너레이터 등 주요설비의 무게는 1,200톤으로 이 기준을 크게 넘어섰기에, 화물의 분리 운송을 원칙으로 허가받아 운행해야 했다. 그러나 운송사는 분리 운송시 발생할 수 있는 에너지효율 저하 및 결합 후 안전사고 발생 위험, 원천기술 유출 등을 이유로 분리 운송 불가입장을 내놓았다. 국민안전 수호를 위한 도로법령과 국가산업발전 및 시민의 안녕을 위한 SOC 사업이 충돌하는 순간이었다.

분리 운송할 수 없는 1,200톤에 달하는 초대형 중량물을 강릉항에서 춘천산단(産團)까지, 영동에서 영서로 200㎞를 이동해야 하는 대장정이었다. 어찌보면 수많은 반대에 직면하는 것은 당연한 일이었을지도 모른다. 하지만, 춘천 열병합발전소 건설은 강원 영서지역 주민들께 더 시원한 여름, 더 따뜻한 겨울을 만들어드리기 위해, 국가 에너지 계획의 실현을 위해, 꼭 필요한 일임이 틀림없었다. 그때 필자에게 해결의 실마리를 주었던 것이 정조대왕의 '능행차(陵行次)'였다. 정조는 서울을 출발하여 수원 화성행궁까지 1,800여 명의 인원과 800마리의 말을 이끌고 대규모 행차로 한강을 건넜다.

이런 대규모 운송 프로젝트를 진행하면서 정조 또한 크고 작은 문제들을 겪었을 것이다. 이때 정조가 선택한 해결방법이 운송을 안전하고 효율적으로 진행할 수 있는 설비 구축과 진심을 담은 소통이었다.

정조는 시흥로(1번국도)를 건설하고 적은 비용으로 안전하게 한강을 건널 수 있는 배다리를 축조하였다. 또한 행차 때마다 배다리를 건너며 백성들의 목소리를 직접 듣고 적극 수용하였다. 원주지방국토관리청은 이러한 정조의 능행차를 본받아 준비 69일, 운송 39일에 걸친 100여일(2016.07.26~11.03) 간의 초대형 중량물 운송 프로젝트에 돌입하였다.

정조의 시흥로와 배다리처럼 국민 안전과 행복을 최우선하는 시스템과 설비를 구축하였다. 전국 최초의 중량물 운송 비상대처계획(EAP : Emergency Action Plan)을 수립·운영하였으며 1,065억원의 보험증권, 영업배상 가입, 시행사·운송사 공동허가 등을 최초로 추진하였다. 또한 도로선형이 불량한 태기산 구산에서 실제 크기의 모듈트레일러 모의주행을 최초로 실행하여 중량물 운송차량의 통과 가능 여부를 사전에 확인하는 한편, 최첨단 지능형교통체계시스템(ITS)을 활용한 종합운송대책 마련 등 국민을 내 가족처럼 생각하는 안전운송대책 패러다임 제시에 심혈을 기울였다.

또한 운송사를 비롯한 유관기관, 지역주민들과 끊임없이 소통하였다. 안전운송에 대한 능동적인 자세를 가지고 운송사와의 수

차례에 걸친 회의와 토론을 통해 운송 프로젝트 수행을 위한 합의점을 찾아갔고 그 결과, 국민안전과 국가산업발전을 위한 성공적인 협업을 진행할 수 있었다. 이런 운송사 및 유관기관과의 협조와 많은 불편에도 불구하고 지역발전을 위해 아낌없는 격려와 응원을 전해주신 지역주민들 덕에 1,200톤, 200㎞에 달하는 초대형 중량물 운송 프로젝트를 무사히 완수할 수 있었다.

무언가의 끝은 'End'가 아니라 'And'라는 말처럼 원주지방국토관리청은 이와 같은 운송 프로젝트 수행을 마친 뒤, 새로운 도약을 준비하였다. 외부 전문가로 구성된 '제한차량 안전운행 TF팀'을 구성하고 프로젝트 수행과정에서 도출된 문제점을 분석하여 사례집을 발간하였다. 그리고 절차를 매뉴얼화하여 국내의 모든 도로관리청과 공유하였다. 사례집 발간 이후에는 초대형 중량물 운행제한 허가제도 관련 개선 방안을 정부에 건의하는 등 기존 관련 법령 및 규정 등에 대한 개선 필요성을 전달하였다. 모두가 너무 위험해서 불가능하다고 말했던 이 프로젝트가 오히려, 중량물을 더욱 안전하게 운송하기 위한 기준과 원칙을 만드는 데에 기여하게 된 것이다.

공직자로서의 마음가짐, 오직 국민을 위해 불가능을 가능으로

'우공이산(愚公移山), 어리석은 사람이 산을 옮긴다.'라고 한다. 모두가 불가능하다고 말하는 허들을 넘으려 애쓰는 일은 꽤나 어리석어 보일지 모르겠다. 하지만 '오직 국민을 위해 불가능을 가능으로 바꾸겠다.'는 공직자로서의 마음가짐이 있다면 그 불가능을 깰 수도 있다고 생각한다. 신속하고, 가치 있으며, 폭넓은 사고를 통해 '불가능의 이유'가 아닌 '가능을 위한 방법'을 도출해내는 것이 국가의 미래를 설계할 수 있는 공직자라는 게 필자의 신념이다.

1960년 강원도 영월에서 태어나 60여년, 1986년 공직생활을 시작하고 36년. 필자 또한 수많은 인생의 허들을 넘어 지금 이 자리에 있다. 지난날의 허들이 남들보다 '높았다', '많았다' 감히 단언할 수는 없다. 하지만 매 순간 최선을 다해 그 불가능의 벽을 넘어왔다. 초대형 중량물 운송 프로젝트를 완수한 원주지방국토관리청장 시절에도, 약 2조원의 예산 이월의 악순환을 해소했던 국가철도공단 부이사장 시절에도, 비로소 진흥업무의 조직체계를 갖춘 공간정보산업진흥원장으로서도 그렇다. 우리들 모두 각자의 허들을 넘어, 소명을 다함으로써 새로운 시작으로 이어지는 인생의 레이스를 멋지게 완주하기를 소망해본다.

100세 건강 Tip

위 건강을 해치는 식·생활습관

류영창

- **빨리 먹기**

  - 대충 씹어 삼키지 말고, 식사시간 15~20분 유지해야

- **식사중 물 먹기**

  - 식사중 물 마시면 위산이 희석됨
  - 공복 및 식간(食間)에 틈틈이 마시는 것이 좋음.

- **짜고 맵게 먹기**

  - 나트륨 섭취량은 국제 권장량의 2배, 짜고 매운 음식은 위에 고통을 줌. 조금 싱겁게 먹는 습관 필요

- **과식/야식**

  - 과식과 야식은 위를 혹사시키는 나쁜 습관
  - 음식 소화가 된 상태에서 수면 취해야

- **흡연/음주**

  - 담배 연기의 유해성분이 폐뿐만 아니라, 위점막을 자극해 염증과 궤양 유발

- **스트레스**

  - 신경성 위염 발생 위험
  - 자율신경에 영향을 미쳐, 위장 운동력 약화와 위산 분비 억제되므로, 명상, 호흡, 취미생활 등 mind control 필요

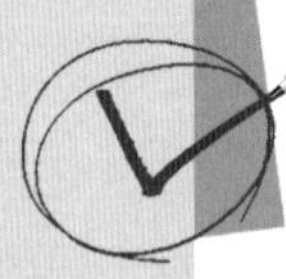

가덕도 신공항 건설에 대한 소고

이 상 용

인천항 갑문공사 일화(逸話)와 가덕도 신공항

필자는 1968년도 총무처에서 시행하는 공무원 임용고시에 합격하여 건설부에서 근무하다가 1985년도에 퇴직하였다. 그런데 최근 부산의 김해공항을 대신하여 가덕도 신공항을 수십조 원의 예산을 투입하여 건설한다고 하여 필자의 경험에 비추어 작은 생각이나마 피력하고자 한다.

필자는 건설부에서 근무하면서 초기에는 건설 현장에서 기계·전기공사 감독을 하였는데 최초 공사감독인 포항공업용수공사의 기계·전기공사 감독을 마치고 관리사무소장직을 수행하고 있을 때 인천항 갑문제작공사의 감독이 필요하다고 하여 파견 근무를 하게 되었다. 인천항축항사무소에 가서 신고를 하고 부산 대한조선공사(이하 '조선공사'로 표기) 갑문(閘門)제작현장에 갔는데 이 때 프랑스의 '소그리아(Sogreah)'라고 하는 감리회사 직원과 같이 근무하게 되었다.

조선공사에서는 동갑문 6개를 블록(block)별로 제작하여 선박을 조립하는 선대(船臺)에서 조립을 하고 바닷물에 진수(進水)를 하여 인천항까지 선박으로 예인을 하여 갑문이 들어갈 자리 '리세스'에 가라앉혀서 설치한다는 것이었다. 그런데 감독을 하면서 갑문을 블록별로 거의 다 제작되었는데도 선대에서 조립을 하지 않고 미루고 있었다. 그 이유를 알아보니 '소그리아' 감리단에서 반대한다는 것이었다. 그래서 필자가 '소그리아' 감리단 직원에 그 이유를 물어보니 "바닷물에 띄워서 가는 사이에 바다에서 파도가 치면 파도와 파도 사이에 얹히게 되면 벤딩(bending)이 생길 수 있는데 20㎝ 이상 벤딩이 생기면 사용할 수 없으니 조선공사에서 갑문 6개 중 1개쯤 시험 삼아 해 보라."는 것이었다.

그래서 필자는 당시 주무감독으로 있던 선박기좌에게 말씀을 드리고 본부 회의에 가서 그 사실을 이야기하고 "갑문을 블록별로 인천으로 운반하여 조립하는 것이 좋겠다." 고 하였으나 수차례 회의에 가서도 반영을 못하고 그냥 돌아왔다. 또 그 사유를 알아보니 토목공사를 포함한 전체 갑문공사는 동아건설에서 수주했는데 갑문을 제작·운반 설치하는 공사는 조선공사에서 하도급 받으면서 "조선공사에서 갑문을 제작하여 배를 조립하는 선대에서 조립한 후 진수하여 인천항까지 예인하여 설치한다는 조건"으로 하도급 받았다는 것이었다.

이때, 선박기좌는 원대 복귀하고 필자가 주무감독이 되어 고민을 하고 있는데 준공기일은 계속 다가오고 있었다. 그래서 우선 제작된 블록을 선대에서 가조립(假組立)하도록 하여 이상이 있는지를 확인하고 해결 방법을 연구하고 있던 중 준공기일이 가까워 오는데, 당시, 박정희 대통령께서 공사를 빨리하도록 독촉을 하니 건설부는 물론이고 동아건설과 조선공사에서 크게 걱정하고 있을 때 필자가 "블록별로 트레일러(trailer)에 싣고 가서 갑문 리세스 안에서 6개를 동시에 조립하면 된다." 고 하여 조선공사에서 그렇게 하기로 하고 감리회사도 좋다고 하였다.

필자는 갑문을 블록별로 운반할 때 문제점이 있는지를 살펴보기 위하여 갑문 블록을 싣고 가는 트레일러 뒤를 미행하기도 하였다. 그 후, 건설부 본부로 원대 복귀하여 근무하게 되었다. 인천갑문은 그때 블록별로 운반하여 인천에서 조립·설치한 후 지금도 잘 운영되고 있는 것으로 알고 있다.

그런데 최근 부산 가덕도 신공항 건설에 대하여 매스컴을 보고 걱정스러운 생각에 이 글을 쓰게 된 것이다. 신공항의 용역설계를 한 프랑스의 용역회사와 주무부처인 국토교통부에서는 반대하는 것을 정치인들이 정치적인 목적에 따라 동 공사를 무리하게 추진하고 있다는 것이다. 인천항 공사 시 경험을 토대로 의견을 제시코자 한다. 갑문의 블록 하나 공사하는데도 파도의 영향을 고려하는 등 매우 신중한 검토를 하였는데, 수십조 원을 들여서 가덕도 신공항을 만들고 비행기가 이·착륙할 때, 남해에서 큰 태풍이 갑자기 불어오면 어떻게 할 것인지 충분한 연구 검토가 있어야 할 것이다.

PART 4
수자원

박 태 권

88고속도로(대구-광주)건설사무소장

원주지방국토관리청장

한국건설기술연구원 부원장 / 평화엔지니어링㈜ 고문

윤 주 수

건설교통부 수자원국장

고속철도건설공단 부이사장

한국시설안전기술공단 이사장 / 인천공항철도 사장

신 현 만

건설교통부 건축기획관

한국시설안전공단 부이사장

우경건설㈜ 회장

임 준 기

국립건설시험소

㈜투승건설 대표이사

㈜TNT건설 대표이사

100세 건강 Tip

폐에 좋은 식품

류영창

- **도라지**

당분, 섬유질, 칼슘 성분이 풍부하고 사포닌과 이눌린 성분이 있어, 기관지의 점액 분비를 촉진하여 폐를 보호.
마른 기침을 멎게 하고, 가래를 없애 줌

- **생강**

특유의 향기와 매운 맛을 내는 성분이 오한과 발열 증상을 잡음
니코틴을 해독시키고 가래를 제거해주며 폐세포 재생 촉진

- **다시마**

피를 맑게 해주어 혈관 건강에 좋을뿐더러,
결핵으로 생긴 멍울을 제거하고 담을 풀어 줌

- **울무**

폐 기능을 활성화해 주고 니코틴을 해독시키며 가래를 멈추게 함

- **파뿌리(총백탕)**

파의 흰 부분에는 알리신 성분이 풍부해서 감기로 인한
두통과 발한(發汗)에 탁월한 효과

- **복숭아**

니코틴을 분해하고 독성물질을 제거. 폐세포를
활성화하고, 혈액순환과 피로회복에 좋음

산속 맑은 물 보존관리와 산불예방 및 국토균형발전

박 태 권

제안 요지 : 국토 67% 산지 개조 국토정비사업

강원도 산속 계곡마다 맑은 물을 담을 수 있거나 저류(貯溜)할 수 있도록 원격 자동조정 가능한 수문들을 설치하여 통괄 관리할 수 있는 시스템을 구축하여 최소 인력으로 모든 계곡의 저류수(貯溜水)를 유익하게 활용하고 보존 관리하는 방안을 개괄 검토해 보았다.

전 국토면적의 67%가 되는 산지에 내린 강수량의 홍수조절 역할과 저류된 담수로, 오랜 세월동안 황폐된 지하수위를 복원시켜, 지표가 습윤 상태로 되어 산천초목(山川草木)이 촉촉하게 생장(生長)되어야 하겠다.

산불예방과 산불진화에도 큰 역할을 할 뿐만 아니라 경제적인 계획수립이 가능해지고, 해발 300m ~ 1000m 고지에 상하수도가 설치되면 무공해 삶터 복지마을이 저비용으로 형성돼 도시 밀집

인구가 이동되므로 산속 지역사회개발이 촉진될 뿐 아니라 국토균형 발전이 가장 자연스럽게 이뤄져 국가 경제에 미치는 직·간접효과가 지대할 것으로 확신하면서 제안한다.

제안 배경 : 대형 산불예방, 지금이라도 늦지 않았다

2019년 4월초 건조기에 인제, 속초, 강릉, 동해 4곳에서 사상(史上) 가장 큰 산불을 강풍 속에서 목숨 걸고 진압하는 모습을 3일간 지켜보았다. 앞으로 국토 면적의 67%가 되는 광대한 산지에서의 산불예방 방안은 실화(失火)와 점화(點火) 금지만으로는 완벽하게 차단될 수 없으며 속절없는 화염 속에서 울분만 되풀이 될 것이다. 지금이라도 늦지 않으니 우기(雨期)에 강수량을 담을 수 있는 산 계곡마다 소규모 댐을 설치해서 홍수조절과 댐의 담수(湛水)를 효율적으로 활용하는 방안으로 시작하여 국토를 개조 보전하기 위해 제안하게 되었다.

강원도 맑은 물 관리방안은 34년 전 1985년에 필자가 건설부 원주지방국토관리청 청장 재임 시에 산천(山川)을 1년간 둘러보고 산속 소규모 댐 설치방안에 대하여 당시 경제기획원(현재 기획재정부)에 타당성조사 설계를 추진하기 위한 기술용역 비용 3억 원 예산을 요청했다가 거절당하고, 강원도지사에 요청하니까 도의 재정 형편이 좋지 않아서 좌절되었었다. 그 당시에 더욱 밀어 붙이지 못 했었던 아쉬움이 지금도 매우 간절하다.

지난 10년 간 우리나라는 산불이 3000건 발생하였고, 대기 습도가 3~4월에 20% 이하이므로 잡풀 소나무 등 가연성이 매우 높아 한 점의 불끼(火氣)만 있어도 산불이 난다는 보도(YTN news, 2019.4.6. 17:00)와 같이, 산이나 들판의 습도가 30% 이상(습윤 상태) 유지되도록 지표의 지하수위를 높이거나 복원되어야 한다는 목표가 34년 전 강원도 계곡에 댐 설치 요청이 거절됐던 기억이 되살아나며 재요청하고자 제안하게 된 것이다. 국토의 67%인 산지를 개조하는 국토정비사업 장기계획을 성공적으로 추진하기 위한 방안과 검토 대상을 우선 개괄 발췌하여 제시한다.

추진방안과 검토대상

1) 추진방안

장기계획을 추진하려면 국토보전관리, 수문 및 수리, 환경, 산림 관리, 계곡 댐과 계획산림도로 등 전문가의 협의체 구성과 포럼을 개최하고, 국토교통부, 행정안전부와 환경부 산하에 특별 합동조사단을 설치하며, 전국을 총괄 조정하는 방안을 사전에 협의 검토 해야 한다.

설악산에서 대표되는 계곡 3곳을 선정하여 인공위성 수치지형도 상에서 댐의 위치를 선정한 후 수리모형시험을 거쳐, 현지 계곡에 댐을 설치하고 운영 관리해 본 성과에 따라, 전국 300m 이상의 산지 계곡마다 소규모 또는 중규모 댐을 확대 설치하는 순(順)으로 추진하는 방안이 바람직할 것이다. 본 사업은 전국이 대상되므로 단계별 15년 계획으로 가칭 "3단계 45년 장기 국토정비 사업계획"에 관한 토의와 포럼에서 공개 검토한다. 그리고 본 사업추진으로 유발(誘發)되는 직접·간접 경제효과가 방대하므로 홍수조절, 계곡 수 활용, 자연산 산천어와 유실수 및 산채, 경제수림, 청정(淸淨)한 새 삶터와 토지이용도 증대, 국토균형개발 등으로 유발되는 경제효과를 화폐가치로 평가하는 방안도 함께 연구되어야 하겠다.

2) 검토대상

계곡 댐으로 시작해서 전국 산지를 개조하는 사업이므로 국토부와 행안부에서 본 사업의 필요성을 전문가포럼에서 면밀히 검토 분석한 후, 사업성이 인정되면 산지 국토정비 장기계획 수립 방안과 기술용역 발주 시 과업지시서에 기술될 사항 중 다음 12가지 검토대상을 우선 제시해 보았다.

다 음

(1) 계곡 댐의 위치선정과 설계는 인공위성수치지형도(1/5,000, 1/1,000)를 사용하는 방안을 수문 수리 전문가에 의해 검토

(2) 계곡 댐은 조립식으로 견고하고 수문이 원격자동조정 가능하게 설계하고, 토석류 방출 구 및 월류 시설과 어도(魚道)확보와 계곡상류에 쌓여 있는 토석류나 쓰레기가 강우 초기에 하류방지시설(下流防止施設) 방안 검토

(3) 산지의 계곡 댐마다 홍수조절 가능 양, 홍수 유속의 지체영향, 강우 후 댐에 저류량(貯溜量) 등을 추정해서 댐 규모를 검토하는 방안

(4) 계곡 댐의 담수로 인하여, 황폐되었던 지하수위 복원가능성과 지표의 습윤 상태 유지정도를 수리학과 토질학적으로 수치화산정 방안 검토

(5) 산천어, 유실수, 산채, 약재 등 자연산 먹거리 확보 및 증산 방안 검토
(6) 담수 댐과 연결될 상수도시설과 하수도를 경제적으로 설치하는 방안과 산속의 행복한 삶터 구축에 대한 조사 설계방안 사전 검토
(7) 계획적인 산림관리 방안과 다목적 산림도로사업의 조사 설계방안 검토
(8) 국토면적의 67%인 산지 중 해발 300m~1,000m 사이에 확보된 새 삶터 구축으로, 초 밀집 도시인구를 복지차원으로 분산 이동하는 방안 검토
(9) 산속 고지의 새 삶터에 주택, 일거리 및 일자리, 복지시설, 교육시설, 병원, 도서관, 운동시설 등의 규모와 범위를 사전 검토
(10) 상기 검토대상에서 소요되는 투자비용과 기대되는 편익액(benefit cost)을 산정해서 직접 경제적 효과를 도출하고 간접경제효과도 최대한 수치화하여 화폐가치로 산정하는 방안 사전 검토
(11) 계곡 댐 구축으로 시작하여 건전한 국토균형개발사업에 이르기까지, 기대되는 경제효과는 직·간접효과 외에 산지의 토지이용도 증대, 도시 밀집인구 분산, 국민건강 증진 등의 경제효과는 아직 수치화 평가할 수 없지만 근접 서술 평가하여 수치화가 쉽게 도출될 수 있는 방안도 검토
(12) 방대한 사업을 기술적 경제적으로 최적하게 조사 설계하려면 약칭 최첨단 "인공지능형 최적조사 설계S/W"와 "투자에 대한 최적 평가S/W"를 연구 개발하여 활용하는 방안 검토 (건설부에서 2010년에 개발된 친환경 지능형 도로최적설계기술시스템의 연구개발 내용을 참고할 것을 추천함)

검토 사항별 기대효과

계곡의 댐으로 시작하여 국토균형개발사업에 이르기까지 소규모 투자부터 대규모 사업까지 45년 간 방대한 예산이 소요되지만, 반면에 황폐되었던 국토가 되살아나 회수(回收)되는 부(富)가 투자 후 20년부터 천문학적으로 폭증되어, 세계 최상의 복지국가가 될 것을

확신하면서, 소요투자비 산정과 직접·간접경제효과를 전문가가 도출할 때 참고될 것을 기대하며 아래와 같은 경제효과 도출방안을 나름대로 제시하였다.

1) 홍수 유출량과 급류의 유량·유속의 지체에 따른 수해피해비용 산정

홍수 시에 전국 계곡 댐에 의해 유출량과 유속의 지체 조절가능 정도(2~5%)에 따라 수해 피해액(수해통계 참조)을 산정하여 편익으로 계상한다.

* 계곡 댐의 개소 당 담수 양을 1만㎥로 가정하고, 총 산지면적 7만㎢ 중 댐 설치 가능 대상면적 5만㎢로 추정하고 1㎢ 내에 댐을 2개소 설치한다면, 10만개소가 되므로 홍수우기 유출량 522억㎥ 중 10억㎥(약 2%)이 조절가능 함

2) 소규모 댐의 담수(湛水)가 산지 표토의 지하수위 복원과 산불예방

소규모 댐의 담수에 의해 황폐된 산지의 지하수위 복원과 표토(表土)에 초목이 되살아나면 습윤 상태를 유지할 수 있어 잡풀의 점화점(點火点)이 높아져 산불이 예방되고, 계곡 담수로 조기에 산불을 진화할 수 있으므로, 최소화되는 피해액을 편익으로 계상한다.

(댐 완공 15년 후에 성과(成果)를 기대할 수 있고, 산불은 30년 지나서야 80% 복원되지만 통계조사 확인 요)

3) 전국 산지가 촉촉해지면 다양한 자연산 먹거리를 풍부하게 획득

계곡 댐에 어도(魚道)설치하면 산천어(山川魚)도 풍부해지고, 자연산의 유실수(有實樹)와 다채로운 산채·약재 등 먹거리를 무상 또는 저렴하게

공급될 수 있으며 산천초목(山川草木)들이 건강하게 장생하므로, 자연산 1차 산업부흥으로 지역사회경제가 활성화될 수 있는 경제 가치를 산정한다.

4) 본격적인 산림계획수립과 경제수목 생장의 가치 추정

전국 산지에 계획수림이 가능해지도록 산림도로를 효율적으로 조사 설계하여 본격적인 산림관리가 착수하게 되면, 국토면적 10만 5000㎢ 중 67%인 산지의 면적 7만㎢ 중 1단계 2만 5000㎢ 산지에 3.3㎡(평)당 평균 1본씩 경제수목을 심고, 식수 후 5년부터 하루에 1원 가치씩 생장한다고 가정하면 {25,000㎢ × 10^3 × 10^3 ÷ 3.3㎡ × 1원/본/일 × 365일 = 27조 6500억 원/년}의 가치가 되고, 식수 5년 후부터 20년 후의 수목가치는 553조 원의 천문학적인 수익이 기대될 것이다.

5) 계곡 댐과 연결되는 상하수도 설치로 행복능선에 복지마을 탄생

맑은 물의 상수도와 산속 수영장과 좋은 하수도시설이 1000m 행복고지에 설치되면 하늘아래 복지마을, 노인요양원 겸 병원, 교육시설, 문화체육시설 등을 엄격한 정부통제 아래 합리적이고 경제적인 국토개발사업을 추진하게 되면, 국민복지 일자리가 지속적으로 창출되고 지역사회경제개발이 건전하게 이뤄질 것이다.
(방대한 경제효과는 연구용역에 의해 별도 시행)

6) 해외관광객 국내산지로 전환 유도(외화유출 방지)

1년 동안 해외여행객 2700만 인 중 1000만 인이 국내 산지에서 휴가를 즐긴다면 1인당 50만 원씩 절감되고 1년에는 최소 5조 원이 절감될 것이다.

7) 산지의 토지이용도 증대로 국가자산가치 대 폭증

산지 7만㎢ 중 2만 5000㎢의 토지가치가 3.3㎡ 당 평균 1만 원으로 추정하면, 현재 가치가 150조 원이 산정 {25,000㎢($10^3 \times 10^3$) ÷ 3.3/㎡ × 1만원 = 75조 1500억 원}이 되고 완공 후 20년에 토지가치가 10배로 상승하면 751조 5000억 원의 자산가치가 될 뿐 아니라 토지이용도 증대로, 먹거리 농사의 증산 등 직접경제효과가 막대할 것이므로 별도 연구용역으로 도출해야 한다.

8) 도시 밀집인구 분산정책에 기여

현재 5000만 인구 중 60%인 3000만 인이 도시 밀집생활을 하고 있는데, 산지의 복지마을에서 먹거리와 일자리가 충만해지고 교육, 체육문화, 병원시설 등이 완벽하게 되면 약 1000만 인이 이동 거주하게 되고 도시나 산간지의 모든 국민생활이 여유와 행복한 삶을 영위할 수 있게 될 것이다. 이와 같이 방대한 경제 가치를 최대한 수치화하여 화폐가치로 도출한다.

9) 국토균형발전과 경제부흥의 지름길

계곡 댐에 담긴 맑은 물이 산지를 개조(改造)함으로써 국토균형발전과 경제부흥을 촉진하는 지름길이 되는 사실을 검토과정에서 확인하였다. 계곡 댐부터 국토개조에 이르기까지 모든 시설투자

비용을 각각 산정하고, 투자에 대한 경제적 가치평가는 투자시설마다 회수되는 편익을 도출할 때 가칭 "최적 편익 분석평가S/W"를 연구개발해서 활용해야 한다.

유의사항

본 사업은 미래 100년을 내다보는 국토균형개발 장기계획임으로, 정부에서는 애국심이 충만한 최고 전문가 집단과 전문 책임공무원이 사명감으로 수행할 수 있는 체제를 확립하여 새 국토사(國土史)를 엮는다는 자부심으로 임해야 하겠다. 그리고 가칭 "국토정비사업 촉진법"을 제정해야 한다. 따라서 정부는 4차 산업시대에 걸맞는 첨단 IT와 인공지능기술(AIT)을 접목 융합한 가칭 "국토사업 최적 설계S/W"와 "경제성 평가S/W" 등의 연구용역 발주방안을 사전 검토하고, 아울러 아래 사항에 대하여 유의해야 한다.

(1) 계곡의 상·하류사이에 규모에 따라 소·중·대형 댐 등 다양한 표준도를 우선 작성해야 하고, 10년 이상 산마루에 황폐된 토석류(土石流)가 극심하게 쌓인 곳이 많으니 토석 방출구와 여수로(餘水路)설계와 토석류 처리방안은 각별히 유의해야 한다. (스페인, 일본, 이스라엘 등의 설계내용 참조)

(2) 인공지능형 "최적설계S/W"와 "경제성 평가S/W"를 사전에 연구개발해야만 전국의 방대한 국토사업을 보다 합리적으로 추진할 수 있고 투자에 대한 편익 등 경제효과를 실시간으로

공개됨으로써 사익(私益)만을 추구하는 정치인들의 개입을 완벽하게 차단할 수 있으므로, S/W 연구개발 용역이 조속히 착수되도록 우선적으로 대비해야 한다.

(3) 소규모 댐부터 국토사업에 이르기까지 경제적이고 기술적으로 최적의 설계를 하려면 인공위성 수치지형도(1/1,000)에서 지형조건 입력 데이터를 인공지능형 최적설계S/W와 경제성 평가 S/W에 입력하면 단시간에 성과품이 출력되어 매우 편리하지만, 현장 측량에 의한 실시설계도 보다 5% 정도 오차가 예상되므로 턴키사업으로 발주하여 시공자가 현지에 맞는 시공도면(shop drawing)을 작성하는 방식으로 공사 발주하는 방안을 검토해야 한다(토목설계 엔지니어링에 종사하는 인력을 시공회사에서 시공도면 설계 인력으로 전환해 활용하는 방안을 충분히 검토하여 사전에 대비해야 함).

(4) 끝으로, 오랜 세월동안 국토를 잃었던 이스라엘 국민은 황폐된 땅과 사막에 물줄기를 내고 관개시설(灌漑施設)을 40년 간 국토복원 일념으로 애국심을 발휘하여 국토를 촉촉하게 만들어 농업국가로 재탄생하였고, 근래에는 소수 민족국가로서 국방력이 최강임을 자랑하고 있는 사실을 우리는 거울삼아야겠다. 그리고 土·木·水를 잘 다스리면 잘 살 수 있다.

물분야에서 일하던 중 있었던 야사(野史)

윤 주 수

「상수도 수질개선 종합 대책」 수립

지금은 생수사용이 일반화되어 많은 사람들이 생수를 마시지만 필자가 건설부 상수도과장으로 재직(1986~1989)시에는 모든 사람들이 수돗물을 음용함에 따라 상수도 수질 문제가 지금보다 훨씬 국민들의 관심사였다.

당시 상수도 수질 불량의 주요 원인은 원수의 수질 악화, 정수처리의 고도화 불충분, 노후 관 등으로 인한 2차 오염 등 여러 가지 복합적인 요소로 인한 것이었다.

필자는 상수도 수질을 대폭 개선시켜야 하겠다는 의지로 「상수도 수질개선 종합 대책」을 마련하였는데 여기에서 상수도 수질개선의 필요성을 역설하기 위해서는 상수도 수질상의 문제점을 맨 앞에 제시하지 않을 수 없었다.

마련된 「상수도 수질개선 종합 대책」을 관계 전문가들의 합동 검토를 거친 후 관계부처와 협의를 하고 있는 과정 중 어느 날 「상수도 수질개선 종합 대책」 상에 기술된 상수도 수질 상의 문제점이 그대로 경향신문 1면 Top 기사로 보도되어 온 나라가 발칵 뒤집히는 사태가 발생하고 말았다.

* 경향신문은 이 보도 덕분에 그 해의 '보도부문상'을 받았다고 한다.

이로 인해 노태우 대통령 주재 하에 관계 장관 회의를 청와대에서 다음날 9시 30분에 개최한다는 통보를 오후 7시경에 받았다. 보고는 건설부 장관이 해야 했기 때문에 회의자료 초안을 밤 10시 경에 작성 후 장·차관, 기술관리실장, 하수도과장(곽결호)과 함께 밤을 새워 3~4차례의 검토와 수정을 거쳐 새벽 5시 경에 최종 보고내용을 확정하였다.

* 당시 권영각 장관은 장관 취임 후 최초의 청와대 보고였고, 군에서 보고 자료를 많이 만들어 보신 분이어서 여간 꼼꼼하지 않으셨다. 예를 들면 글자 간격, 문장 띄는 간격 등도 직접 지시할 정도였다.

박승용 국장과 함께 장관댁(잠실)에 가서 최종 정리된 자료를 전해드렸고, 장관댁에서 나와 8시 조금전에 과천 사무실에 연락해 본 바 청와대에 보낼 회의 자료가 아직 출발하지 않았다는 것이었다.

* 인쇄소 직원들이 아침밥을 먹으러 가버려 늦어졌다는 것이었다.

이 일을 어떻게 해야 하나? 아침 출근 시간대에 과천에서 8시가 지나서 출발하여 청와대에 9시까지 도착한다는 것은 사실상 불가능해 보였다. 무슨 수를 써서라도 청와대에 9시까지 도착토록 하라고 과(課)에 지시한 후 급히 청와대로 갔다.

청와대 동쪽 주차장에 청와대 파견 비서관 등과 함께 초조하게 기다리고 있는데 9시 5분전에 신현만 사무관이 고급 승용차에서 뛰어 내려와서 자료를 전하는 것이 아닌가! 어떻게 이것이 가능했을까?

나중에 신현만 사무관으로부터 들은 바에 의하면 다음과 같다. 택시를 타고서 택시기사에게 대통령께 보고해야 할 서류이니 청와대에 9시전까지 도착해 달라. 돈은 얼마든지 줄 것이고 교통법규 위반으로 문제가 되면 본인이 다 책임지겠다고 공무원증을 보여주고 약속하여, 비상라이트를 켠 채 사고가 나지 않을 정도면 교통신호도 무시하고 달렸다고 한다.

청와대 외곽 군 경비초소에서부터는 택시진입이 안되는데 마침 고급 승용차가 오기에 무조건 가로막고 태워 달라고 하였더니 뒷좌석에 앉은 높아 보이는 분이 기사에게 태워주라고 하였다고 한다. 신현만씨가 아니였다면 누구도 해낼 수 없었을 것이다.

권영각 장관은 청와대 회의에서 보고가 원만히 끝나서 만족하신 것 같았다. 타이피스트 여직원까지 포함하여 전날 밤에 밤을 샌 전 직원들을 모두 장관실로 불러 차를 대접하면서 수고하였다고 노고를 치하하여 주셨다.

상수도 수질에 관한 문제점이 언론에 누출된 사건은 결과론적으로 전화위복이 되었다. 왜냐하면 이 사건에 따른 정부대책으로서 상수도 수질개선사업이 범국가적으로 적극 추진되는 계기가 되었기 때문이다. 원수 수질개선을 위한 하수처리시설의 대폭 확충, 노후된 급·배수관의 교체도 아울러 적극 추진하게 되었다.

필자에게도 이 일이 전화위복이 되었다. 처음 경향신문에 보도된 후 혼자서 속으로 '이것은 내가 책임져야 할 일이다.'라고 생각하였고, '이에 따른 처벌이 있더라도 받아들이자.' 하는 마음을 먹고 있었다.

청와대 회의 전날 저녁, 한수은 차관보와 함께 장관실에서 자료보고를 하고 나오는데 장관께서 "한 차관보, 자료유출 경위조사 하는 것 어떻게 되었소?"라고 묻는 것이었다. 필자는 그때 막 문을 나오려는 참이었는데 되돌아가서 "장관님, 제가 보고 드리겠습니다." 하고 제 나름대로 정리한 경위를 설명드렸다. "전문가 회의 시에는 자료에 '대외비' 표시를 하고 회의 후 전부 회수하였으며, 관계부처 협의 시에도 공문서에는 '대외비' 표시를 하였으나 첨부 자료인 「상수도 수질개선 종합 대책」에는 '대외비'가 표시가 되지 않았습니다. 과장인 저의 불찰입니다."라고 말씀드렸다. 장관께서 잠시 후 "첨부 자료에도 대외비 표시를 했어야 하는데 그랬구먼!"하고 말씀하시는 그 순간, '아! 이제는 살았구나.' 하는 기분이 들었다. 왜냐하면, 장관께서 혼자서 중얼거리시는 어감이 탓하는 어감이 아니고 아쉬워하는 어감이었기 때문이었다.

권 장관께서는 취임 후 거의 모든 서류를 '비대면(非對面)' 방식으로 문서만 보고 결재를 하셨다. 따라서 장관과 대면하는 기회가 매우 적었는데 청와대 보고 전날 밤을 같이 보냈으니 그것이 좋은 기회가 되었던 것 같았다. 왜냐하면 그 뒤 국장 승진 기회가 있을 때 필자는 기대를 하지도 않고 있었는데 국장으로 승진시켜 주셨기 때문이다. 좌천을 각오하고 있었는데 승진하게 됐으니 이것이 전화위복이 아니고 무엇이겠는가?

보직인사 뒷이야기

필자가 수자원국장으로 재직 시 수자원국의 주무과인 수자원정책과의 과장은 김창세 과장(나중에 건설부차관보 역임)이었다. 김창세 과장은 ADB 파견 근무 후 귀국하여 국립건설연구소에서 근무 중인 것을 필자가 추천하여 수자원정책과장으로 오게 된 것이기 때문에 서로 호흡이 잘 맞았다. 당시 상하수도국 상수도과장이있던 곽결호 과장(나중에 환경부 장관 역임)이 국장급으로 승진하면서 상수도과장이 비게 되자 당시 상하수도국장이었던 박용승 선배께서 김창세 과장을 상수도과장으로 데려가고 싶다고 양보해 줄 것을 요청해 왔다. 필자는 처음에는 거절하였으나, 박선배가 끈질기게 요구하기에 어쩔 수 없이 대안을 제시하였는데 수자원정책과에서 사무관으로 근무하다가 6개월 전에 서기관으로 승진하여 부산지방국토관리청 하천국장으로 근무 중인 이문규(나중에 수자원공사 부사장 역임)씨를 수자원정책과장으로 보임시켜주면 동의하겠다고 하였다.

그러나 당시 건설부 내부 규정상 각국의 주무과장은 서기관으로 5년 이상 경력자만으로 보임하도록 되어있어, 이문규씨는 이 규정에 위배되어 불가능하다는 것이었다. 결국 문제 해결이 되지 않아 고병우 장관실에서 차관, 기획관리실장, 상하수도국장, 수자원국장이 논의를 하게 되었는데 필자는 장관께 말씀드리기를 국의 주무과장은 국장과 호흡이 잘 맞아야 되는데 그런 면에서 김창세씨, 이문규씨 두 사람 중 하나가 아니면 안되겠다고 하였다. 고 장관께서 말씀하시기를 "김창세라는 과장이 도대체 어떤 사람이기에 서로 데려가려고 하느냐?"라고 하시더니 잠시 혼자 생각을 하시다가 "예외 없는 법률은 없다. 윤 국장이 원하는 대로 이문규씨를 수자원정책과장으로 발령을 내도록 하라."고 지시하여 이문규씨는 서기관 승진 6개월 만에 일약 본부 주무과장에 부임하게 되었다.

김대중 대통령 "댐을 포함한 우리나라 시설물들 안전합니까?"

2000년 한국시설안전공단 이사장으로 재직 시 청와대에서 개최된「공공부문 경영 혁신대회」에 참석하게 되었다. 기획예산처 주관으로 공공기관 경영 혁신 평가 결과보고가 있은 후 김대중 대통령이 앉으신 Head Table에 이한동 국무총리, 기획예산처·법무 및 건설부장관, 서울 및 부산시장, 서울시 산하 정동극장(劇場)장, 시설안전공단 이사장(필자) 등이 앉아 식사를 하였다.

* 경영혁신 평가에서 중앙 및 지방정부 산하 250여 기관을 심사한 결과 정동극장과 시설안전공단 2개 기관이 우수기관으로 선정되어「공공기관 경영혁신」상을 받게 되었기 때문에 Head Table에 앉게 된 것이다.

당시는 김대중 대통령이 북한을 방문하여 김정일 주석을 만나고 돌아오신지 얼마 되지 않는 시점이어서 식사중의 화제는 모두다 대통령의 방북성과와 관련된 내용이었다.

그런 내용의 대화가 계속되고 있는 도중에 김 대통령께서 필자 앞에 놓인 명패를 보신 후 갑자기 "윤 이사장, 우리나라 시설물들 안전합니까? 하류에 영향이 큰 댐 같은 것도 포함해서요?"라고 물으셨다.

필자는 순간적으로 당황하였지만 "시설안전공단 설립 후 4년 동안 댐 시설을 포함한 약 60여개 주요시설물에 대해 우선적으로 안전점검을 실시한 결과 2개 시설이 당장 위험하지는 않지만 보수가 필요하다고 판정되어 관리기관에 즉시 보완토록 조치하였다."고 설명드렸다.

그러나 이러한 단편적인 설명이 대통령의 의구심에 대한 답변으로써 충분치 못하다고 느껴졌고 대통령의 표정을 보니 역시 충분히 납득이 되지 않은 것 같았다. 화제는 다시 방북성과에 관한 것으로 되돌아가, 이야기가 계속되고 있는 중에 틈을 봐서 "대통령님, 잠깐 보충설명을 드리겠습니다." 하고 다음과 같이 말씀드렸다.

"우리나라는 지금까지의 개발과정 중에 전국의 모든 건설현장에는 '공비절감'과 '공기단축'이라는 2개의 표어가 붙어있습니다.

이는 적은 예산으로 빠른 시일 내에 발전하고자 하는 의지의 표현이었습니다만은 이로 인해 선진국들의 시설에 비해서 취약할 수밖에 없는 측면도 있었습니다. 이런 시설물들에 대해서 사후관리도 충분치 못하였는데 이는 한정된 국가재정 때문에 신규 건설투자에 우선을 둘 수밖에 없었기 때문입니다. 이러한 문제들이 누적되어 결국 성수대교, 삼풍백화점 붕괴와 같은 대형 사고들이 발생하게 된 것입니다.

이러한 사고발생을 계기로 기존 시설물들에 대한 유지관리를 제도화하기 위해 「시설물의 안전관리에 관한 특별법」이 제정되었고 이 법에 의해 일정규모 이상의 시설물에 대해서는 주기적인 안전점검 실시가 의무화 되었습니다. 안전점검을 통하여 사전에 문제점을 파악하면 바로 대처하여 사고발생을 미연에 방지할 수 있기 때문에 앞으로는 대형사고 발생이 없을 것이니 걱정하지 않으셔도 될 것 같습니다."

이 설명을 들으시고 비로소 대통령께서 안심하시는 표정을 지으시는 것을 느낄 수 있었다.

* 「공공부문 경영혁신」 상의 부상으로 정부로부터 포상금도 나왔는데 공단 직원들의 일치된 의견으로 포상금 전액을 소년·소녀 가장과 독거노인을 위한 성금으로 기부하였다.

중국과의 「수자원 분야 기술교류」 협정 체결

수자원국장 재직 시(1993년) 영남대학교 이순탁 교수가 필자를 방문하여 국제수자원학술대회에서 중국대표와 이야기를 나눴는데 한국과 중국 간에 수자원 분야 기술교류협정을 맺어서 서로 교류하는 것이 좋겠다고 제안하였다.

세계 대댐의 절반 이상이 중국에 있는 점을 감안할 때 양국 간 기술교류는 유익할 것으로 판단하였다. 그 외에 북한의 금강산댐이 우리에게 어떤 위해가 될 수 있는 가능성을 배제할 수 없었기 때문에 필요 시 중국을 통하여 필요한 정보를 얻을 수도 있다고 보고 양국 간 기술교류 협정체결을 추진하였다. 필자를 포함하여 이희승 한국수자원공사 부사장, 우효섭 한국건설기술연구원 수자원 실장(나중에 한국건설기술연구원장 역임), 이순탁 교수 등 4명이 협정 체결을 위하여 중국에 가게 되있다.

협정의 주된 내용은 상호간에 매년 교환 방문하여 기술발표회를 개최하고, 수자원 관련 정보를 상시 교환하는 것이었다. 중국측과 협의 결과 별 문제없이 원만하게 협정체결을 할 수 있었다. 여기에서 20년전 당시에 느꼈던 인상을 소개하고자 하는데, 현재의 발전된 중국모습과 대비하여 볼 때 천양지차를 느끼게 된다.

- 천진공항에 도착하여 개통한지 얼마 되지 않은 북경~천진간 고속도로를 통하여 북경으로 이동하였는데 고속도로 상에 자동

차가 거의 없었으며, 우리 일행을 영접하러 나온 승용차가 고속도로 상에서 고장이 나서 수리가 끝날 때까지 한참동안 고속도로변에 앉아서 기다렸음

- 중국 측에서 마련한 숙소는 천안문광장 인근의 최고급 호텔인 '북경반점'이었는데 시설이 낡고 비치품(수건, 비누, 치약 등)도 조악하였음

- 출근시간대의 아침거리에는 자동차는 별로 보이지 않고, 자전거가 온 거리를 뒤덮는 장관을 이루었음

- 우리 일행을 환영하기 위한 만찬을 중국정부 수리부차관이 주관하였는데, 차관이 여성이어서 당시의 우리 눈에는 특이하게 보였음

- 중국 측에서 대접하는 아침·점심·저녁 세끼 모두 요리 종류가 15개 정도 되는 많은 양이어서 도저히 먹을 수가 없었는데, 우리를 안내하는 중국 공무원들이 실컷 먹는 것을 보고 신기하기도 하였으며, 우리끼리 "라면 하나만 먹었으면 좋겠다." 라고까지 하였음

- 주말을 이용하여 만리장성에 구경을 갔는데 공중화장실이라는 것이 칸막이도 없이 완전히 Open된 공간에서 서로 엉덩이를 내놓고 볼 일을 보는 구조였음

- 서울지역 상류에 팔당댐이 있듯이 북경 상류에도 북경지역에 용수를 공급하는 댐이 있어 견학을 갔는데, 점심을 구내식당에서 풍성하게 준비했는데 놀라웠던 것은 점심에 '빼갈주(백주 : 알콜도수 50도 이상)'를 취하도록 마시는 것이었음. 필자도 술을 좋아하기 때문에 분위기도 좋고 해서 거나하게 취할 정도로 마셨음. 떠나올 적에 여러 병의 백주를 선물로 받아서 우효섭 실장의 여행 가방에 넣어 두었다가 나중에 보니 병이 깨져서 가방 안이 '빼갈주'로 흥건히 젖어 있었던 것도 재미있었던 기억임

- 북경에서 상해까지 열차로 이동하면서 몇 개 지역을 방문하였는데 야간열차내의 끈적끈적하고 후덥지근했던 분위기도 잊혀지지 않음

- 상해시 부시장이 대접해 주었던 그 풍성한 저녁 요리도 눈에 선함

빠른 국가발전은 우리도 이루어 낸 바 있지만 중국의 발전을 보면서, 우리의 그리고 필자 개인의 지난 20년을 뒤돌아보게 된다.

* 지금부터 약 7년 전(63세 때) 중국어를 배우기 시작했는데 요즈음은 매일 약 1시간 정도 중국 TV를 시청하면서 중국의 상황을 이해하려고 하고 있다.

100세 건강 Tip

간에 좋은 식품

류영창

- **구기자**

지방간을 예방하고, 염증을 가라앉히며 간의 해독작용을 높여줌

- **마늘**

간암과 대장암의 발병을 억제하고, 해독작용이 뛰어남.
생마늘이 좋지만, 먹기 어려움으로 구워 먹거나 장아찌를 추천

- **부추**

간을 깨끗하게 해주고, 콜레스테롤을 배출하여 간에 지방이 쌓이는 것을 막아 줌

- **비트**

황달과 숙취해소에 좋고, 간암 예방에 효과가 탁월.
간에 지방이 축적되는 것을 억제하고, 손상된 간을 회복시키는 효과

- **표고버섯**

과음으로 지친 간에 활력을 준다. 물에 끓여 먹으면 단단하게 뭉친 간을 풀어주고, 중금속과 유해물질의 배출에 좋음.

- **울금(강황)**

강력한 항산화작용으로 간을 해독시킴. 혈관건강과 치매예방에도 좋음.

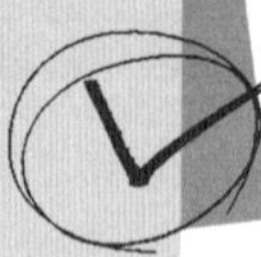

기술사 '5관왕' 기(記), 그리고 회전목마

윤 주 수

요즈음도 가끔 2가지 질문을 받는다. 첫째, 아직도 술을 좋아하는지? 둘째, 왜 공무원 생활을 중도에서 그만 두었는지?

첫 번째 질문에 대해서는, '네. 아직도 좋아합니다.' 그러나 내심으로는 '그렇지만 공부도 게을리하지 않고 있습니다.' 라고 얘기하고 싶은 심정에서 기술사 '5관왕' 기(記)를 게재하고,

두 번째 질문에 대해서는 필자가 1995년 건설교통부를 그만 둘 때, 당시 건설교통부를 출입하던 연합통신 기자가 쓴 '회전목마(回轉木馬)' 라는 기사가 있어 이를 옮김으로써 답변을 대신하고자 한다.

기술사 '5관왕' 기(記)

2003년 다소 늦은 나이에 「수자원개발」 기술사 자격을 취득하게 되었다. 당시 주요 일간지에 "환갑 앞둔 나이에 기술사 5관왕(冠王)"이라는 제목으로 필자 얘기가 소개되어 가슴이 뿌듯하기도

하였다. 첫 번째 기술사는 1979년에 취득한 「항만 및 해안」 기술사였다. 대학(서울공대 토목과)에서 배울 때 가장 어렵다고 느낀 것이 '파도(波濤)이론'이어서 호기심으로 항만분야를 전공하기로 마음먹었다. UNDP자금으로 1년간 '네덜란드 국제 수공학 과정'을 거칠 때 해안공학 분야를 선택하였고 그 후 토목사무관 시절 대부분을 항만분야에 종사하였기 때문에 「항만 및 해안」 기술사를 먼저 취득하게 된 것이다.

1980년 서기관 승진 후 1981년에 「토목시공」 기술사, 1983년에 「토질 및 기초」 기술사를 취득하였는데, 네덜란드에 유학 갈 때 소속이 국립건설시험소 토질과 이어서 귀국 후 근무에 도움이 되기 위해 네덜란드에서 토질분야를 부전공으로 선택하여 혼자 공부하였기 때문에 「토질 및 기초」 기술사를 취득하게 된 것이다.

이와 같이 연속적으로 기술사를 취득하게 된 배경에는 다소 슬픈 사연이 있었다. 기술고시(토목분야)에 1등으로 합격하여 당시 관례에 따라 가장 먼저 희망부서에 보임되어야 함에도 합격 동기생 4명 중 가장 늦게, 그것도 1년 이상이나 늦게 발령을 받는 과정에서 많은 비애를 느꼈다.

* 다행히 成百詮 선배께서 당시 국립건설시험소장이시던 尹相玉 선배께 추천하여 주시어 건설부로 발령받게 되어 평생 잊을 수 없는 은혜를 입게 되었다.

또한 서기관 승진과정에서도 무척 힘들었다. 서기관 승진 후 스스로 생각하기를 '사무관 발령, 서기관 승진이 그렇게 힘들었는데 앞으로 국장 승진은 어떻게 할 것인가?' 내린 결론은 '기술직으로서 실력은 있다.' 라는 명분을 갖추기로 했고 그 방법으로써 객관성이 인증되는 기술사 자격을 많이 취득하여 증명하기로 하였던 것이다.

지금은 기술사 자격시험이 1년에 3회씩 있고 분야별로 1년에 20~40명씩 배출되고 있으나 당시에는 1년에 1회, 분야별 합격자 수도 4~5명에 불과하였다. 1980년대 초 기술사 3관왕은 거의 필자가 유일하지 않았을까 생각된다.

* 당시 기술사 합격자 수를 극히 제한한 것은 기득권자들의 좁은 소견으로 인한 것이었다고 생각되며 이를 타파하신 분이 현재 ㈜도화엔지니어링의 郭永駜 회장이셨다. 기술사를 많이 배출해야 기술수준이 향상될 수 있다는 폭 넓은 식견을 가지시고 상하수도 분야 기술사 시험 출제위원으로 활동하시면서 상하수도 분야부터 기술사 배출 인원을 크게 늘림으로써 다른 분야에서도 따라오게 유도하셨기 때문이다.

네 번째 기술사는 약 20년이 지난 2003년의 「도로 및 공항」 기술사였다. 2002년 인천공항철도주식회사 사장직을 맡고 있던 중에 자존심 상한 일이 있어서 그만 두었는데 그 후 후회가 되었다. '좀 참을 걸' 하는 후회였다. 정신건강상 후회하느니 보다 후회를 대체할 수 있는 다른 보람 있는 일을 찾아보자고 생각하고 있던 중에 건설부 후배 故 박찬범(朴讚範)씨가 당시 인기가 높은 「도로 및 공항」

기술사 자격취득을 적극 권유하면서 시험 준비에 필요한 여러 가지 서적도 갖다 주어서 「도로 및 공항」 기술사를 취득하게 되었다.

다섯 번째 기술사는 2003년 현대엔지니어링㈜ 고문으로 있을 때 회사에서 「수자원개발」 기술사 자격을 취득하면 회사에 도움이 되겠다고 하고 필자 스스로도 그동안 물 분야에서 일한 것을 종합적으로 정리해 보고 싶은 욕심도 있어 도전하여 취득하게 되었다.

"필자가 나이 들어 기술사 '5관왕'이 된 사실이 젊은 기술자들에게 자극제가 되었으면 좋겠다는 바람을 가지고 있다."

기술사 자격을 취득하는 과정에서 느낀 바와 기술사 제도 운영에 대해서 몇 가지 언급하고자 한다.

① 기술자라면 되도록 젊은 나이에 기술사 자격 취득을 시도해 보도록 권유하고 싶다. 필자의 경험에 의하면 기술사 시험을 준비하는 과정에서 해당분야에 대한 기술적인 큰 윤곽이 잡히게 되고 여기에 실무 경험을 더하게 되면 스펀지가 물을 흡수하듯이 기술 습득 속도가 빨라지고 폭도 넓어지게 된다. 즉, 기술자들이 기술수준을 높이는 가장 효과적이고 빠른 방법이라는 것이다.

② 국내 사회간접자본 시설에 대한 신규 수요가 점차 줄어가고 있는 상황에서 해외진출 확대가 불가피하고, 해외업체들과의

경쟁에서 이기기 위해서는 기술력이 뒷받침되어야 하는데 기술력 제고를 위해서는 기술사 제도를 활용하는 것이 효과적이라고 판단된다.

* 얼마 전 과거 건설부에서 같이 일했던 선배, 동료 몇 분과 대화를 나눈 과정에서 姜吉夫 국회 상임위원장께서 우리나라 건설 분야가 앞으로 나아갈 길은 오직 세계로 뻗어 나가는 것 뿐이며, 앞으로는 단순한 건설 분야보다 부가가치가 높은 엔지니어링 분야에 집중해야 한다고 역설하시어 필자도 전적으로 동감하였다.

③ 과거에는 정부가 설계용역사업을 발주함에 있어 기술사에 대한 우대가 있어서 회사나 기술자 본인이 기술사 자격취득에 대한 열성이 높았으나 최근에 와서 우대조치를 거의 없애버려 기술사 자격취득에 대한 동기부여가 없어지고 말았고 따라서 열심히 공부하는 풍조도 크게 감소하고 있어 매우 안타까운 심정이다.

우리나라 건설 분야의 앞으로 전개될 상황을 감안할 때 정부는 나라 전체의 기술수준을 향상시키는 것을 최우선의 목표로 설정해야 하고, 이의 달성을 위해 기술자들이 스스로 공부하도록 유도하여야 하며, 이를 위한 방안의 하나로써 정부에서 설계용역 발주 시 기술사에 대한 우대조치를 적정 수준으로 다시 회복시켜 기술자들에게 동기부여를 해 주어야 한다고 믿는다. 우수 기술 인력에 대한 우대 없이, 아무나 해도 된다는 식의 평준화 시책으로는 기술수준 향상이 이루어 질 수 없으며 또한 좋은 성과품도 기대할 수 없기 때문에, 이런 면에서 정부시책의 영향력이 절대적으로 크다고 본다.

* 기술사를 우대한다고 하여도 필자는 이미 나이가 많아 혜택을 볼 수 없음을 노파심에서 첨언함

회전목마(回轉木馬) [연합통신, 1995년 7월 8일(토)]

고위직(高位職) 마다하고 기술자 택해

삼풍백화점 붕괴 관련 수사과정에서도 예외 없이 공무원들의 비리가 속속 밝혀지고 있는 가운데 "국가적 건설 사업에 보탬이 되기 위해 자리(1급)에 연연하지 않겠다."며 사표를 제출한 공무원이 있어 건설교통부 내에서 화제.

화제의 인물은 건교부내 기술직 간부 중 최고참 국장인 尹柱秀 전 건설기술심의관으로, 차기 건설지원실장(1급)으로 내정돼 있던 중 경부고속철도 건설을 맡고 있는 한국고속철도건설공단 부이사장 자리에 기술직이 필요하다는 얘기를 전해 듣고는 미련 없이 사표를 제출하고 6일 공단의 부이사장 자리로 옮긴 것.

尹씨는 최고참 국장일뿐만 아니라 기술직 국장급 중 가장 젊고(49세), 위·아래로부터 능력도 인정받아 '확실한 차기 실장'

으로 입지를 굳혀온 터라 吳明 장관과 柳常悅 차관이 나서 尹 국장의 사의를 계속 만류.

그러나 "자리보다는 기술자로서 국가에 보다 직접적으로 기여할 수 있는 일을 택하게 해 달라."는 尹씨의 요청을 결국 장·차관이 수락케 됐다고.

건교부 내에서는 최근 "모 1급이 곧 자리를 뜬다더라!"는 식으로 윗자리 흔들기 용 루머가 난무하고 또 삼풍백화점 건과 관련, 공무원들의 몸보신 풍조가 극도로 팽배해 있는 중이어서 尹씨의 '마음 비운' 결단이 더욱 돋보이는 상황. (끝)

한국고속철도건설공단 부이사장으로서 근무

당시 경부고속철도는 국내 기술진이 설계한 내용에 따라 서울~대전 구간을 우선 시공하고 있는 중이었는데, 고속철도 경험이 있는 프랑스 기술진에 의한 설계 검증 결과 부분적인 설계 보완이 필요하다는 의견이 있어 공사가 일부 중단(주로 교량 구간)되어 언론으로부터 비판과 냉대를 받고, 국민들의 우려도 큰 상황이었다.

공사기간이 아닌 동절기에 설계보완을 끝내고, 이듬해 해빙기부터 본격적으로 공사를 재개하기 위해 겨울철 3개월 동안 사무실에서 야전침대를 놓고 밤을 보냈는데 냉기에 노출된 목 부위에 디스크가 발생하여 한 쪽 팔이 저리고 가늘어지는 증상이 심화되었다. 병원 검사 결과 당장 입원해야 하고 또한 장기간 입원해야 한다는 판정을 받았고, 집사람도 울면서 입원을 애원해 결국 공단 부이사장 취임 1년 반여 만에 그만두게 되었다.

경부고속철도가 초기의 어려운 시기를 넘기고 성공적으로 완공되어 현재 안전하게 운영되고 있으며, 또한 관련 선진 기술개발의 견인차 역할을 하고 있는 것을 보면서 뿌듯함을 느끼고 있다.

수자원 개발의 애환

신 현 만

해방이후 수자원 개발정책의 토대는 1948년 8월 15일 대한민국 건국과 함께 동년, 11월 4일 대한민국 내무부 토목국 이수과(理水課)를 시작으로 1961년 10월 2일 경제기획원 소속의 국토관리청 수자원국으로 거듭나 같은 해, 12월 18일 공유수면매립법과 12월 30일 하천법을 제정하는 등 수자원관리체계를 갖추기 시작하였다.

그 후 1962년 6월 18일 국토관리청은 혁명정부의 건설부로 승격되어 명실 공히 "건설부 수자원국"으로 둥지를 틀고, 이수(理水), 간척(干拓), 동력(動力)의 3개과로 운영하기 시작하여 건설교통부, 국토해양부 등을 거쳐 현재는 국토교통부에서 국가차원의 현대적 수자원관리가 잘 운영되고 있었다. 한때는 수자원국과 상·하수도국 2개국으로 운영하기도 하고, 지난 70년간 수자원전문가가 건설하고 관리해 오던 수자원개발(水資源開發)업무가 2018년 정부조직 개편에 의해서 환경전문가 집단인 환경부로 넘어갔다. 세상에 이런 일이….

정부는 우리 국민의 눈물과 땀으로 얼룩지고 피와 바꾼 달러(dollar)를 종자돈으로 수 천 년의 가난과 굶주림에서 벗어나기 위해서 첫째도 경제, 둘째도 경제, 경제개발을 최우선 과제로 삼아 60년대 경공업 중심에서, 70년대 중공업 중심으로 국가정책을 전환하고 수송능력을 갖추기 위해서 국가대동맥으로 경부고속도로 건설 계획을 세우고 제철소 건설과 전자 및 화학 공업단지 건설 등 중화학공업 육성정책을 추진하였다.

이에 발맞추어 건설부(장관 全禮鎔) 수자원국에서도 생활 및 공업 용수를 공급하기 위하여 1966년부터 1971년까지 "미국 국무성 개척국", "일본 국제 협력처(JICA)" 등과 한강, 낙동강 등 수자원 조사를 실시하고 "4대강유역 종합개발계획"을 수립한 후 한강에 소양강댐(1967년~1973년 준공), 낙동강에 안동댐(1971~1975), 금강에 대청댐(1975~1980)과 같은 특정다목적댐을 건설하였다. 댐 건설은 용지보상을 하고 둑을 쌓아 물을 가두기만 하면 되는 것이 아니다. 취수·발전시설·여수로 건설을 하고 수십 ㎞의 터널을 파고, 관(pipe)을 묻는 송수시설의 건설은 여간 힘든 일이 아니다.

포항제철소가 1968년 4월 1일 착공을 하고 1973년 6월 9일 조강생산에 들어가자 우리 건설부에서도 1974년에 영천댐 건설과 영천댐~포항간 총 40㎞의 송수시설공사를 하는 '영천제 계통 포항 공업용수도' 공사가 착공되었다. 1979년까지 포항제철에 1일 22만 톤의 공업용수를 공급할 목적에서였다.

필자가 이 사업의 총감독관으로 있을 때 댐 공사 현장은 본부의 설계변경과 대한전척 등 3개사의 도산과 부도로 작업이 순조롭게 진행될 수가 없었다. 그런 가운데, 송수관로 40㎞ 중 장대터널 6777m 건설은 총발파암(버럭), 12만㎥(8톤 트럭 2만 7,000대)를 파내기 위해서 8개 굴착장에 1일 100~150명이 투입되어 돌관 작업을 하였으나, 진척이 없고 기성금이 지불된 구간도 완성단면이 아니었다. 와중에 시멘트 파동으로 116만대의 시멘트가 반입되지 않아 굴착이 완료된 구간도 콘크리트 작업을 할 수가 없었다. 용수공급(준공) 시기에 맞추기 위해서는 우선 굴착 공정이라도 만회해야 하는 상황에서 땅굴 파는 두더지들의 애환을 들어보기로 한다.

땅굴 속의 풍경

깊이 273m의 경사진 사갱을 조심조심 내려가 본 터널에 도달하면 좌·우로 어두운 굴이 을씨년스럽게 뚫려있고 퀴퀴한 나무곰팡이 냄새와 저 멀리 희미한 전등불이 안개에 젖은 듯 가물거리는데 땅굴 천정에서는 물 떨어지는 낙수소리가 뚬벅, 뚝, 뚬벅하고 적막을 깬다. 방금 천정에서 흙더미가 무너져 내릴 것만 같은 어두운 굴속을 철벅, 철벅 걸어가며 손전등을 비추어 발파상태를 파악하고 채 뚫어지지 않은 흙무더기 사이 개구멍을 기어서 다음 작업장으로 넘어가다 보면 행여 천정이 무너져 바위 덩어리가 쏟아지지나 않을까 두려운 마음에 목젖이 울꺽하며 고인 침을 삼킨다. 얼마를 전진했을까 천정에 전등이 희미한 불빛을 비추고 두런두런 사람 소리가 난다.

PART 4 수자원

가까이 가니 석탄채굴장의 광부같은 인부 10여명이 중참을 먹는 중이다. 우리 일행은 "수고하십니다." 하고 지나간다. 그 순간 그중의 어느 누구인가 국수국물이 남아 있는 듯한 양제기 그릇을 휙 집어 던진다. 아무도 말이 없다. 적막 속에 양제기가 암반에 부딪치는 소리가 쨍강한다. 적막이 흐른다. 무엇인가 불만의 표출이다. 어둠 속 그들은 우리가 누구인지 모른다. 그저 귀찮은 사람쯤으로 알거다. 필자는 기분이 나쁘다. 순간 걸음을 멈추고 섰다. "소장, 예 감독들에게 긴 칼을 허리에 차고 다니게 해 주시오." 어찌하랴, 그들은 위험이 상존하는 어두운 굴속, 열악한 환경에서 밤인지 낮인지도, 해가 뜨는지 달이 뜨는지도 모른 채 고된 일을 하고 보수는 얼마 되지 않는다. 불쌍한 사람들이다. 멀리서 쿵·쿵 발파 소리가 들린다. 어느 작업장에서 발파작업을 하는 모양이다. 6.25전쟁 때 멀리서 들려오는 대포소리, 두렵던 그 소리다.

땅굴 밖의 풍경

장대터널 6777m에는 입·출구와 4개의 사갱(斜坑)과 4개소의 막장이 존재하고 이 막장을 향해서 8개 작업팀이 마주 향해 굴착작업을 진행하는데, 중심선 측량이 잘못되면, 터널 상·하, 좌·우 서로 다른 방향(각도)으로 전진하게 되어 막장에서 만나지 못하게 된다. 이렇게 되면 도급자의 금전적 손해도 크지만 재시공에 의한 시간적 손실로 용수공급에 차질이 발생하게 되므로, 각 공구 막장에 가까워지면 모두가 긴장한다. 다행히 3개 막장은 오차 없이 관통되었기에 가장 긴 마지막 막장에서 만나는 날은 돼지머리 '제상'을 차려 놓고 '측량에 오차 없이 막장에서 만나게 하소서.' 하고 대구청장(태범식)을 모시고 제를 올리기로 하였다.

필자가 술잔을 올리고 두 번 절하고 일어서니 옆에 두 손 모으고 서 있던 인부 중 한 사람이 제상의 술잔을 들어 쭉 마셔버린다. 순간적이었다. 이것을 어떻게 해야 하는가. 어이가 없었다. 그러나 필자는 "그래, 잘했다. 굴속에서 밤낮으로 고생한 당신이 먼저다." 말이 끝나는 순간 쿵·쾅 발파소리가 요란하다. 모두가 긴장한 가운데 무전이 왔다. "관통이다!"는 무선전화에 우리 모두 만세를 불렀다. 그 당시 굴착공들은 대부분이 주민등록증도 집도 없는 사람들이다. 그들이 어쩌다 쉬는 날은 함바(현장식당)에서 술을 먹는다. 술을 먹다가 자주 싸우는데 싸울 때는 술병을 깨서 찌르고 팔뚝에 피가 낭자하고 뼈가 하얗게 드러나는 데도 그냥 앉아서 술만 먹는다.

시멘트 독(毒)과의 전쟁

영천제 계통 포항공업용수도 공사에 사용될 시멘트 총량은 131만 2468포대다. 시멘트 파동으로 인하여 반입이 중단되었던 116만 4251포대의 수입산 시멘트가 일시에 현장에 반입되기 시작하여 영천댐에서부터 터널공사장, 안계댐 형산강까지 군데군데 산처럼 쌓이게 되었다. 시멘트는 관급자재다. 무단유출을 방지해야 하고 국가물건을 도둑맞아서도 안 된다. 수급자가 인수 관리하기로 되어 있지만 믿을 수가 없었다. 필자는 감독 체제비로 시멘트 지킴이를 고용하고 차량은 회사에서 한 대 지원받기로 하는 등의 방법으로 영천댐을 비롯하여 터널 사갱 5개소, 안계댐 등의 적치장(積置場)에 쌓여있는 시멘트를 지켜야 했다.

이 시멘트를 소모할 방법은 터널복공(覆工)을 빨리 추진하는 수 밖에 없었다. 라이닝 콘크리트 돌관 작업이 시작되면서 경사 1:300으로 자연 유하되는 터널바닥은 군데군데 물 흐름을 막고 있는 흙더미 때문에 걸쭉한 시멘트물이 항상 고여 있다. 필자는 수시로 허벅지까지 오는 긴 고무장화를 신고 철벅철벅 시멘트 물을 튀기며 이곳저곳 손전등을 비추어 살피면서 몇 시간이고 걷는다. 장화 속에는 모래 섞인 시멘트 물이 절벅거린다.

굴속 현장 확인이 끝나고 200여m의 경사진 사갱을 기어오른다. 땀에 젖은 얼굴은 창백하고 하늘은 노랗게 물들어 있다. 장화를 벗고 화닥거리는 발을 씻노라면 발바닥이며 발가락이 모래 시멘트 물에 스쳐 군데군데 파여 있다. 몹시 아팠다. 이 날은 너무 많은 거리를 걸었나 보다. 상태가 좋지 않아 병원(대구동산 기독병원)에 갔더니 의사가 왜 이렇게 되었느냐고 묻는다. 시멘트 물에 스쳐서 파였노라고 했더니 "노동일을 하더라도 시멘트와 관계없는 일을 하라."고 하며 위로한다. 필자가 막노동자인 줄 알았나 보다. 의사선생님 옆에 초등학생 아들과 서 있던 한 아주머니 "봐라, 너도 공부 안하면 커서 저 아저씨처럼 된다."고 계도를 한다. 걸을 수가 없어 입원을 했다.

이렇게 하여 6777m 수로터널의 라이닝 콘크리트공사가 완성된 후 감사원 감사가 시작되었다. 원래 어려운 현장일수록 감사는 심하게 받는다. 완성 단면을 확인하기 위하여 26개소에 달하는 라이닝 콘크리트 두께의 보링검사가 실시되었고, 그 결과는 모두 합격이었다. 시멘트 독으로 고생은 했지만 애써 감독한 보람이 있었다. 그러나 라이닝용 철재 거푸집 철판두께가 2~3㎜ 부족하다는 감사관(심○○ 과장)의 지적이 있고 필자가 확인서 서명을 거부하는 바람에 문제가 생겼다. 서울행 기차표를 연기하라는 지시가 떨어지고 재검사가 시작되었다. 살이 떨어져 나가는 고통을 겪으면서 그야말로 철판이 닳도록 감독을 했는데 거푸집 두께가 문제인가. 필자는 잘못했다는 확인서를 써 줄 수가 없었다. 결코….

감사는 언제나 그랬다.

선배·동료기술자들 모두가 이렇게 살아왔다.

100세 건강 Tip

열대야 속 숙면 요령

류영창

기온이 25도 이상 높으면 체온이 떨어지지 않고, 더위가 각성상태를 유발해 멜라토닌 분비를 줄이기 때문에 열대야 불면증에 시달린다.

- **초저녁에 가벼운 운동이나 산책**
  - 자기 전 심한 운동은 금기
- **미지근한 물로 샤워하여 체온을 서서히 떨어뜨림**
- **저녁에 단 음식과 탄수화물 과다 섭취 자제**
  - 비타민, 미네랄, 트립토판 함유한 견과류, 바나나, 상추 등 야채 좋음
  - 인슐린 분비를 촉진 하는 식품은 숙면 방해
- **과식/허기 둘 다 숙면 방해**
- **술과 카페인은 숙면 방해**
  - 술은 잠에 도움이 되는 것 같이 보이지만, 이뇨작용 등 문제로 숙면을 방해
  - 커피 대신 메밀차, 오미자차, 칡차
- **땀 흡수 잘 되는 면류 이부자리 마련**
- **TV 음악 끄고 침실 어둡게 한 후 잠 청해야**
- **에어컨 켠다면 서늘해서 깨지 않게 시간 설정**

수자원 개발과 환경

신 현 만

필자는 1975년 포항제철 용수공급을 위한 영천제 계통 공업용수도 건설공사의 영천댐 건설을 시작으로 1995년 말까지 20년 동안 건설부 수자원 관련부서에서 근무하였다.

국가경쟁력강화를 위한 고부가가치산업을 육성코자 하는 정부 시책에 따라 건설부에서는 ①물(水)을 공급할 댐을 건설하고 송수시설을 건설하여 구미, 여천 등 중화학공업 단지에 공업용수를 공급하고 ②오염되지 않은 맑고 깨끗한 수돗물을 생산해서 국민의 건강과 삶의 질을 향상시키기 위하여 광역상수도 사업을 실시하였다.

필자는 영천댐 건설 이후에도 남강댐확장공사를 비롯하여 용담댐, 부안댐, 횡성댐, 밀양댐 건설에 참여하고 낙동강계통, 금호강계통, 주암댐계통, 섬진강계통 수도권(4단계)광역상수도, 광양 및 군산 공업용 수도를 건설했다.

과거 환경단체와 주민들이 댐건설을 반대했던 경우는 용담댐을 비롯하여 영월댐, 탐진강댐 등 많은 사례가 있었지만 그중에서도 필자가 영천댐 총감독관으로 갔을 때 수몰 주민들이 용지보상 거부·댐 건설 반대를 하고 있었다. 그들은 '무산자(無産者)를 보호하라.'는 등의 현수막을 걸어 놓고 일반 사람들이 생각할 수 없는 구호를 외쳤다. 여기에는 필시 '전문꾼'이 있다는 생각이 들었다.

필자는 깊은 산골, 작은 마을까지 가서 수몰민의 의견을 들었다. 개개인은 순박했고 마을에는 토종닭도 많고 뱀도 많았다. 인심도 좋아서 더울 때 주민이 끓여주는 토종닭 한 그릇의 맛은 어디에도 비할 수가 없었다. 필자가 아는 군수 한 분은 이 맛에 군수를 한다고 하면서 건설부 국장보다 낫다고 했다.

이곳에는 보기 드문 칠점사(뱀)가 있다. 칠점사(까치 살모사)는 머리에 점 7개가 있어 '칠점사' 또는 물리면 일곱 발자국도 못 간다고 해서 칠점사라고 불린다. 몸 길이가 60~80㎝, 몸통이 굵고 짧은 꼬리에 움직임이 빠르고 성질이 사나워 물리면 호흡곤란이 오며 죽는다. 칠점사의 효험이 알려져 서울에서 땅꾼이 자주 오는데, 이들이 뱀을 잡아 갈 때는 댐 감독실에 잡뱀과 칠점사 몇 마리를 상납(?)을 하고 간다. 상수원 보호구역에서 잡았다는 이유에서다. 댐 감독관 윤현○, 하상○씨는 이 뱀을 푹 고아서 건설부 본부의 윤 모 과장과 필자에게 한 그릇씩 주고 하감독관은 뱀의 겨울양식(저장된 알)을 주워 먹으며 "소문나면 안 됩니다."라고 당부를 한다.

왜냐하면 영천댐은 시공사 대한전척, 제세건설, 화일산업의 도산과 부도 등으로 공기가 지연되고 있어 해결을 해주지도 못하면서도 서울 손님은 끊이지 않고 왔기 때문이다.

그런데 윤 모 과장이 그 당부를 지키지 않고, 댐 현장을 방문했던 한 모 국장에게 칠점사 이야기를 했다고 하더니 훗날 한(韓)국장께서 필자에게 "영천댐에 좋은 보약이 있다고 하던데?" 하신다. 순간, '아이쿠, 이를 어쩌나!' 하는 생각이 들었다. 필자는 그 분의 서운함을 풀어드리기 위해서 사주(뱀술) 두병을 마련해서 보내기로 했다. 심경○ 감독이 뱀술을 가지고 서울로 가던 날 경북 구미역 앞에서 정종(히레) 몇 잔을 마시고 잘 다녀오라고 하며 헤어졌는데 심 감독이 서울행 밤 열차를 기다리다가, 플랫폼에서 잠이 들어 깨어보니 옆에 두었던 술병이 없어졌다고 한다. 작고하신 한 모 국장께 좋은 술을 드리지 못한 것이 매우 아쉽다.

그 후 필자가 댐계획 과장을 할 때 강원도 정선군청에서 영월댐 건설에 대한 주민설명회를 열어 정부시책방향을 설명하고 의견을 수렴하는 과정에서 댐건설을 반대하는 지역주민들로부터 집기와 의자 등이 날아오고 공포와 위협을 받았던 사건은 잊을 수 없는 추억이다. 결국 정부계획을 접을 수밖에 없었지만, 댐 높이 103m, 길이 333m, 총저수량 7억 6800만 톤의 영월댐(일명, 동강댐)이 계획대로 건설되었더라면 연간 2억 톤의 추가 홍수조절이 되어 한강 유역은 장마철에 서울 한강 잠수교가 넘치지도 않을 것이며 댐 주변의 경기 동북부와 강원도 지역에 연간 2억 2200만kWh의 전기를 공급하고 수도권 지역에 용수공급 4억㎥/년이 증가하여 하루에 100만 톤의 수돗물이 추가 공급되고 정선, 영월지역 발전과 주민생활도 더욱 풍요로워졌으리라는 생각에 아쉬움과 미련을 떨칠 수가 없다.

지역주민과 환경단체가 그렇게도 댐 건설을 반대하고 동강에 수상레저시설(래프팅)을 해서 관광수익을 기대하더니 돈은 모두 서울로 가고 쓰레기만 남아 지역경제에 손실만 가져온다고 한다. 슬픈 이야기다. 더구나 보상비를 많이 받기 위해서 수몰예정지에 대추나무 수천 그루를 심었다가 댐 건설이 무산되고 급히 심은 대추나무가 고사하자 수천만 원의 빚을 갚지 못해서 자살한 사건은 충격이었다.

댐 건설 반대 민원 이야기가 나오면 용담댐과 탐진댐의 수몰지 보상 이야기를 빼놓을 수가 없다. 금강의 용담댐은 일제강점기인 1940년에 남선 수력이 현재의 용담댐 하류 3.7㎞ 지점에 775만평의 용지매입까지 했다가 1945년 해방이 되면서 건설이 중지되었다. 그 후 건설부가 새로운 용담댐을 건설할 계획으로 1989년 12월 용담댐 타당성 조사에 들어가자 발 빠르게 옛 용담댐 계획 위치에 거액의 땅을 사들인 사람이 후일에 댐 건설 위치가 변경된 것을 알고 국회의원 등을 동원하여 건설부 장관(서○○)에게 압력을 넣었지만 댐 건설은 정상 추진되었고 거액의 보상을 꿈꾸었던 사람은 아주 큰 손해를 본 일이 있었다.

그 반면에 서해안지역에 생·공용수를 공급하기 위해서 1998년까지 건설계획으로 타당성 조사 측량 중에 있었던 탐진댐은 댐 건설 반대와 찬성 두 지역 국회의원이 장기간 싸움을 하는 바람에 공사 착수가 늦어져서 댐 수몰 예정지의 지역 주민들이 급조로 심어놓은 과실수도 많이 자라고 풀장이며 양어장 등 보상시설물을 설치하게 됨으로써 훗날 아주 많은 보상비가 지출되었다.

댐 건설을 반대하는 지역구 의원이 故 김○○ 건설부 장관(93.12.22 ~ 94.10.24)을 방문하는 날이면, 비서실에서 "댐 과장 불러" 하여, 장관실에 불려 가면 장관 대신 댐 과장이 의원을 달래고 설득시켜야 했는데, 하루는 "지금 측량을 하고 있다는데 중지시켜라."는 명령조였다. 필자는 도저히 참을 수가 없었다. "의원님, 저 댐 과장 안하겠습니다. 지금 공무집행 방해하시는 겁니까?" 하고 고함을 치고 말았다. 장관이 깜짝 놀라 "어! 신과장! 이 의원님 나하고 같이 일하던 분이신데 합리적인 분이셔. 잘 설명 드려봐." 하고 고함을 잘 치시는 장관이 도리어 필자를 달래셨던 일이 생각난다.

수자원 개발과 환경은 상반된 목표를 달성하기 위하여 서로 견제하면서 발전하는 관계에 있는데, 댐 건설을 반대하는 환경단체의 모체인 환경부가 수자원 개발 업무를 집행하기로 했다 하니 앞으로 댐 건설 등 수자원 개발이 어떻게 될지 심히 걱정된다. 환경단체는 과거처럼 댐 건설을 반대만 할 것이 아니라 지역주민을 계도하고 보상을 위한 불법행위를 단속하여 댐 건설을 도와주는 것이 국가 예산을 낭비하지 않고 환경을 위하는 길이다.

세계 미래회의 보고서에 의하면 2025년에는 세계인구의 3분의 2가 물 부족 사태를 겪고 그 후 물 값이 원유 가격만큼 오를 것이라고 한다. 바닷물을 포함한 이 지구상의 물 중에 인류가 사용할 수 있는 물 즉, 담수(淡水)는 고작 2%에 불과하다. 그것도 인간이 마실 수 있는 물은 극히 미미하다. 그래서 물(水)이라고 하면 사람들은 수자원 개발 즉, 물 생산 환경을 먼저 생각해야 한다. 수자원 개발 정책도 댐과 같은 저수시설을 건설하고 산에는 나무를 가꾸고 하늘이 내린 자연자원을 활용할 수 있는 지혜를 모아 하천이나 강에는 사철 맑은 물이 흐르게 하고 자연환경을 잘 보전해야 한다.

하천을 살리겠다는 하천정비사업은 큰 보(洑)를 건설하고 바닥을 깊게 파는 등 많은 예산을 들여 거창하게 하는 것이 아니다. 상류에서는 오염된 물이 흐르고 있는데 하류에서 하천모래를 파내고 큰 보(洑)를 만들면 물이 가득한 하천 풍광이야 좋겠지만 고여 있는 물은 부영양화 영향을 받아 하천환경을 저해시킬 수도 있다. 하천정비(河川整備)는 말 그대로 하천을 정돈하여 갖추는 것, 보살피고 수리하는 것이다. 상류에는 댐이 있고, 산, 강물, 숲 그리고 하얀 모래밭이 있는 자연 그대로의 산천에 강물은 유수지(遊水池)에서 쉬어 가기도 하고 작은 폭포와 풀숲을 지나면서 자정작용(自淨作用)을 하고 가뭄에도 장마철에도 변함없이 흐르게 하면 된다.

일본에서는 산골짜기마다 보(洑: 작은 댐)를 몇 개씩 건설하여 장마 때 물이 바다로 흘러가는 것을 방지하고 있었고 미국 PSC의 필라

델피아 Suburban water company에서는 원수를 취수하여 폭기조로 불순물을 95% 제거하고 Air Flow로 찌꺼기를 제거한 후 약간의 염소소독만으로 음용수로 사용하고 있었다. 인상적이었다. 오늘날과 같이 오염된 우리나라 하천이나 저수지의 물로서는 꿈도 꾸지 못할 돈 안 들이는 과정을 보면서 오염되지 않은 자연의 힘이 곧 국부(國富)를 창출하고 있음을 깨달았다.

우리도 하천이나 강 어디에서나 맑은 물을 채취할 수 있고 거르기(1차 정수처리)만 해도 사람이 마실 물이 만들어진다면 농토가 수몰되고 지역주민이 이주를 해야 하는 큰댐(다목적 댐)건설의 필요성도 점점 줄어들게 될 것이다.

국민의 혈세를 낭비하지 말고 하천환경을 살려 상시 맑고 깨끗한 물이 흐르게 하여 값싼 수돗물과 전기를 공급하고 홍수를 예방하여 국민의 삶의 질을 향상시키고 행복지수가 높은 살기 좋은 나라가 되었으면 좋겠다.

100세 건강 Tip

코로나 우울증 극복

류영창

- **매일 보는 10명에게 미소 짓기**

웃는 얼굴을 뇌가 긍정심리로 인식, 미소도 하품처럼 전파됨

- **당신의 장점을 새로운 방식으로 활용**

호기심 많으면 모르던 분야 공부,
창의적이면 집안 물건을 다른 용도에

- **감사한 마음을 표현하라**

타인과 맺은 관계를 감사 표시와 즐거움으로 묶어야 행복

- **너무 많은 선택에는 노(No) 하라**

선택할 갯수와 고민할 시간을 정해놓고 결정, 작은 것부터 빨리 정리

- **도전과 편안함, 접점을 유지하라**

새로운 시도와 일상 여가를 교대로. 정치 토론했으면 잡담

- **자신의 부고(訃告)를 써보자**

내일 죽으면 어떻게 기억될지 정리. 새로운 목표와 다짐이 생긴다.

- **친절한 행동을 몇 번 했는지 세라**

크든 작든 친절했던 행동 횟수가 늘수록 만족도 증가

- **행복과 불행은 동시에 교차한다**

삶에서 중요한 것을 잃었을 때 새로운 경험과 교훈을 떠올려라

대구청 황정제 폐천부지 교환을 회고하며

임 준 기

준비되지 않은 황당했던 상황

1979년도 이리청에서 대구청으로 인사 발령되어 부임하였더니, 청장은 2개월 전에 본부 국장으로 올라가고 박병용 청장이 새로 와 계셨으며, 관리과장은 이상복 과장, 하천과장은 김영환 과장이 계셨다. 첫 인사를 하고 업무 인수 과정에서 황정제 폐천부지 교환이 있다는 것을 처음 알게 되었다. 다시 말하면, 제방을 건설함에 따라 하천 내로 편입되는 토지와 폐 하천 되는 부지를 등가(等價) 교환 한다는 것이다.

'과연 교환이 가능할 것인가?' 생각되어 그동안 전임자가 처리한 내용을 검토한 바, 제방은 거의 70% 정도가 진행되고 있었으며, 보상비는 1원 한 푼 책정된 것이 없고, 준비되어 있는 것이라고는 하천 내로 편입되는 지적도와 포락 하천에 대한 지적공사의 측량을 근거로 영천군 지적과에 대장 정리를 요청한 것 뿐이고 실제적으로

PART 4 수자원

교환해 주어야 할 폐천부지에 대하여는 아무것도 준비되어 있는 것이 없었다.

지자체의 불성실한 업무처리

어느 날 하루는 민원인이 토지 대장을 들고와서 "자기의 보상에 대하여 왜 아무런 말이 없느냐"고 하여 대장을 살펴보았더니, 청에서 대장 정리를 요청한 토지인데 지적과에서 분할은 시켜놓고, 지목은 고의적으로 변경하지 않고 있는 토지였다. 그래서 민원인에게 "이 토지는 포락 토지로서 하천법 제3조에 의하여 국유화 될 토지이므로 공무원도 마음대로 할 수 있는 토지가 아니니, 양해를 부탁한다."면서 돌려보낸 후 경산군 지적과에 전화하여 "토지 분할을 해 놓고 왜 지목은 변경 하지 아니하여 민원을 발생 시키느냐?"고 하였더니 "분할 조서는 왔는데 지목 변경 조서는 오지 아니하여 못 하였다."는 거다. 청에서 보낸 공문 첨부란에는 분할 조서 1부, 지목 변경 조서 1부라고 분명히 기재되어 있고, 혹여나 송달 과정에서 누락되었다면 추가로 보내 달라고 하는 것이 행정의 정도(正道)가 아니냐고 하였더니 자기들로서는 그렇게까지 할 필요성을 못 느낀다면서 전화를 끊고 말았다.

현장 조사 결과

폐천부지를 1차 조사하기 위하여 현지를 돌아보았더니, 하천부지 양 옆으로 1/3정도는 직경 20㎝ 되는 밤나무가 꽉 들어차있고, 영천군과 경산군의 경계를 이루고 있다는 것을 알게 되었다.

그 후 즉시 양 군으로부터 지적도를 교부 받아 본 결과, 영천군에서는 이미 3년 전에 하천을 10여 필지로 분할시켜 놓고, 지목은 하천이 아닌 임(林)으로 변경시켜 놓았다. 아마도 군에서는 청에서 연차적으로 시행하여 오는 제방의 진행 방향으로 볼 때 언젠가는 폐 하천이 될 것이라는 것을 알고, 군 재산으로 선점하기 위하여 서둘러 지적 정리를 한 것 같았으며, 또한 양 군의 지적도를 붙여 본 결과 도저히 맞출 방법이 없어 양 군에 "지적이 왜 안 맞느냐?"고 하였더니 "일제시대부터 내려오는 지적도라 맞추려면 현황 측량을 다시 해야 하는데 양 군 공히 예산이 없어 현재로서는 불가하다."는 말 뿐이었다. 부득이 청에서 지적공사에 측량을 의뢰하여 성과를 받아 본 결과, 경산군 관내에 새로운 토지 1필지가 새로 생겼다면서 등록 서류를 가져와서 신규 등록 대위 신청을 하라고 하여 청에서 신청 지적도를 맞추었다. 그럼 폐천부지에 대한 소유는 어찌되었는가를 보기 위해 등기부등본을 교부 받아 본 결과, 국(國)으로만 등재되어 있고 소관청 지정이 안 되어 있었다.

행정청간의 권한 다툼

아무리 생각해도 지적 정리의 권한은 군이 가지고 있지만 하천 관리청의 허락 없이 마음대로 하천을 분할 또는 지목 변경을 한다는 것은 부당한 처사인 것 같아 내무부 지적과에 '하천 관리청의 허가 없이 분할이나 다른 지목으로 변경이 가능한가?'를 질의함과 동시에 건설부 회계과에 소관청 지정을 받아 줄 것을 요청하였다. 그 후 내무부 지적과에서는 '하천은 관리청의 허가 없이는 절대로 분할이나 지목변경은 할 수 없다.'는 회보를 받았으나, 소관 지정은 2개월이 지났는데도 아무런 소식이 없어 회계과 이은식 사무관에게 어떻게 되었는가 하고 전화하였더니, "재무부에 전화하여 보고 결과를 알려 주겠다."고 하여 기다리고 있던 중 전화가 왔는데, "재무부에서는 불가 공문을 기안하여 현재 결재중" 이라고 하였다.

해결의 실마리를 찾기 위한 노력

그래서 전화를 받고 바로 건설부로 뛰어 올라가서 당시 회계 과장인 권영창 과장과 이은식 사무관과 3인이 재무부 재산과장을 찾아가서 그동안의 진행사항과 "소관청 지정이 안 되면 청으로서는 심각한 문제가 발생되니 좀 도와달라."고 하였으나 "지목이 임(林)으로 되어 있는 한 건설부로의 소관청 지정은 어렵다."는 것이었다. 그 순간 필자 머릿속에 내무부 질의 공문이 생각나서 어쩌면 원상 복구 길이 있지 않겠나 싶어 "하천으로 지목을 변경해 오면 소관청 지정을 해 줄 수 있느냐?"고 하였더니, "해 주겠다."고 하여, "그럼, 2개월만 회보를 보류해 주십시오. 아무리 해도 시간이 필요 하니깐요." 하였더니, "공문 받은 지가 이미 오래되었으니 꼭 2개월 까지만 여유를 주겠다."고 하여 약속을 하고 돌아와 전임 대구청장인 본부 국장을 찾아가, "대구청장 때 계획한 일이며, 소관청 지정이 안 되면 폐천부지 교환은 물건너 가니 재무부 국장께 부탁을 하여 주십시오." 하였더니 여기에 대해서는 아무런 말이 없고, 감사원에 한 번 부탁 해보라는 것이었다.

청으로 돌아와 내무부 질의서를 근거로 영천군 지적과에 수차에 걸쳐 원상복구를 요청하였으나, 군에서는 속된 말로 콧방귀도 끼지 않는 태도였다. 교환 대상자들은 어디에서 들었는지, 지적 원상 복구 문제로 영천군과 계속 싸우고 있다는 것을 알고 청으로 찾아와서, 더는 기다릴 수가 없으니 현금 보상을 해달라고 졸라 대며, "당신들이 농민의 심정을 아느냐?"며 "2년 동안 경작을 하지 못하여 아사 상태에 있으니 약속을 해달라."는 것이었다. "현금 보상은 예산이 책정된 것이 없어 사실상 불가하다."면서 "미안하지만, 지금까지 기다려 왔으니, 조금만 더 기다려 달라."고 사정사정하여 돌려보냈다.

'정부합동감사'라는 구세주를 찾다

다행스럽게, 뜻밖에 경북도 관내 정부 합동 감사가 시작되었는데 대구국도 관리과장인 송도근 사무관이 차출되었다는 소식이 들려왔다. 기회는 왔다 생각하고 송 사무관을 청에서 만나 "이번에 해결이 안 되면 청에서는 앞으로 닥쳐올 민원 문제를 해결할 길이 없으니 잘 부탁한다."면서 영천군 지적 원상 복구 문제, 경산군 지목 변경 문제, 그 외 산림청 관계 등 감사에 필요한 서류 일체를 넘겨주었다.

막상 감사가 시작되고 양 군청 지적계장들을 호출하자, 감사 자료를 청에서 준 것을 알고 그때는 청으로 찾아와서 도와달라기에 신상 문제에 대하여는 조금도 피해가 가지 않도록 감사관에게 특별히 부탁하겠으니 염려 말라고 하면서 돌려보냈다. 나중에 들은 이야기지만 송 사무관은 청에서 요청한 감사 때문에 본연의 업무인 건설부 소관에 대한 감사는 다소 소홀해 질 수밖에 없어 미리 박지호 감사과장에게 전화하여 사전 양해를 구했다는 소식도 알게 되었다.

수포로 될 뻔한 위기 상황 극복 과정

감사가 끝나고 감사실에서 경북도 감사실에 감사 처분 지시를 내렸다는 소식을 듣고 '이젠 됐구나' 안심하고 있었는데, 갑자기 도 감사실에서 "소관청 감사 처분이 아니기 때문에, 해당 군에 처분 지시를 못 하겠다." 한다면서 본부에서 회의를 개최코자 하니 빨리 상경하라고 하여 직원을 올려 보낸 후 회의를 마치고 돌아온 직원에게 어떻게 결론이 났느냐고 물었더니, "타 부처 소관에 대한 위법 부당한 사항에 대한 처분 지시라고 해서 처분지시를 거부한다면 앞으로 건설부는 정부 합동 감사 시에 참여치 아니하기로 감사원에 보고한다."고 결론을 맺었다는 것이었다. 그 후에도 감사실에서는 더 이상 버틸 수가 없었던지 해당 군으로 처분 지시가 내려갔음을 알 수 있었다.

이러한 노력을 하여 임(林)으로 되어 있는 지목을 하천으로 원상 복구 시킨 후, 토지 대장을 교부받아 건설부 경유 재무부에 제출하였더니, 그때서야 재산과장이 현지를 돌아본 후, 소관청 지정을 해줌으로써 순조롭게 교환을 진행하여 민원을 잠재울 수가 있었다.

PART 5

삶의 단상(斷想)

1. 아내와의 이별 | 최동섭
2. 건설부 때 이야기 | 홍순길
3. 故 류상열 건진회장을 추모하며 | 이필원
4. 같이 한번 웃읍시다 | 윤주수
5. 「방재인(防災人) 정흥수」를 읽고 | 이원광
6. 심재일 재회 후기 | 권오열
7. 내가, 유령이 되다니 | 박용덕

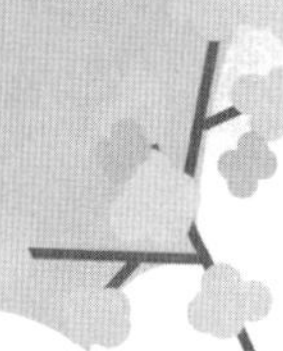
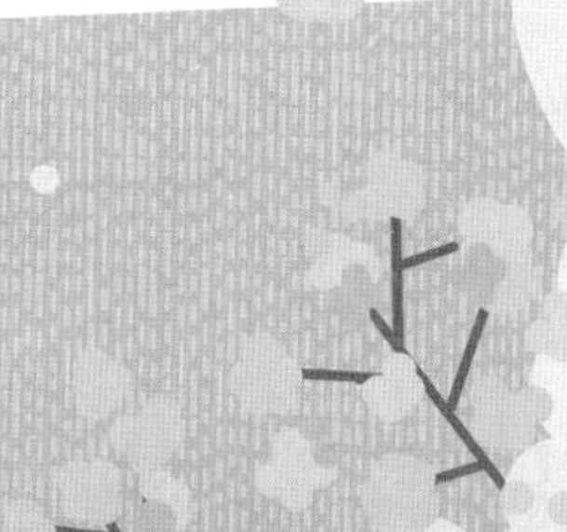

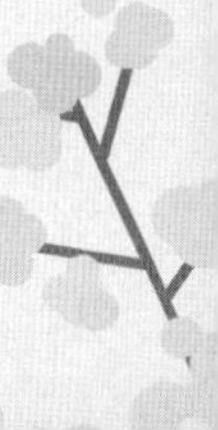

최 동 섭

건설부 장관
한국토지개발공사 이사장
대한건설진흥회장

홍 순 길

건설부 해외국장
해외건설협회장
서울특별시 행정부시장

이 필 원

서울지방국토관리청장
인천공항공사 부사장
한국건설관리공사 사장
3DP Housing 제작원 대표

윤 주 수

건설교통부 수자원국장
고속철도건설공단 부이사장
한국시설안전기술공단 이사장
인천공항철도 사장

이 원 광

건설부 비상계획보좌관
건설공제조합 차장

권 오 열

건설교통부 감사담당관
원주지방국토관리청장
한국주택협회 상근부회장

박 용 덕

익산지방국토관리청 도로시설국장
대한문학작가회 이사
산동 산수유문학회 감사

100세 건강 Tip

심장건강법

류영창

- **호두, 들기름 섭취**

오메가-3 지방산이 풍부한 호두를 하루 반 컵을 먹으면
혈관 기능 향상(예일대)

- **맥박수 측정**

아침에 맥박 측정 우선. 건강한 사람은 맥박수가 분당 70~80회

- **오염된 공기 회피**

- **악력 훈련**

- **달걀 섭취**

달걀노른자에 들어있는 비타민E와 B12, 엽산 덕분에
심장동맥이 맑아지나, 4개 이상은 자제 필요

- **심호흡**

- **트랜스지방(슈크림, 튀김, 생일케이크, 팝콘, 비스켓 등) 금지**

- **칼륨 섭취**

- **아침 식사 하기**

- **긍정적 mind**

스트레스와 염증 감소

아내와의 이별

최 동 섭

賢母良妻, 가족과 남편만을 위한 삶

영정 앞에서 기도와 삶

나는 지금 아내의 영정 앞에서 아내를 바라보며 글을 쓰고 있습니다.

환하게 웃는 모습, 사진(영정) 앞에는 쌀을 담은 향로와 촛대 위패가 놓여 있고 여학교 고교 시절 교복을 입고 찍은 여학생이 나를 바라보고 있습니다. 그리고 그 앞에는 평소 동네 시장 가게를 부지런히 들고 다니던 때 묻은 붉은 지갑이 누워 있습니다.

나는 임종할 때야 겨우 그녀의 눈물 고인 얼굴을 바라보면서

"사랑해요. 여보! 내가 당신을 너무 힘들게 했어!"
"내가 너무 무심했어! 미안해요, 미안해 … 정말 미안해"

종가(宗家)의 전통을 아내보다 소중하게 여기며, 아내의 고생과 하소연을 외면하던 바보는 세브란스 병원에서 통한(痛恨)의 눈물을 흘리며 이렇게 몸부림을 쳤습니다.

열 손가락 마디마디가 불거져 튀어나온 아내의 거친 손을 만지면서 "여보! 먼저 편안히 가시구려… 저 세상에서 다시 만나요."라며 목메어 울었던 바보 남편이었습니다. 그리고 고향 남원 대산면, 독산리 산에 묻었습니다.

그녀가 떠난 지 5년째……

오늘 아침 새벽에 홀로 늘 가는 산책길을 오르면서 걸음마다 그녀를 생각하며 천국에서 잘 있기를 기도했습니다. 하나님께 나의 어리석음과 부끄러움을 용서해달라는 참회의 기도였습니다. 나보다 더 나를 잘 알고 알뜰하게 챙겨주던 아내는 가족과 남편을 위해 온갖 시련과 고통을 참고 이겨 내면서 정직하고 올곧게 살아온 사람입니다. 하나님께서 긍휼히 여기셔서 영생을 허락해 주시리라 믿고 기도하고 있습니다. 소망한 대로 하늘나라에서 잘 있으리라 믿습니다. 이 세상에서 못한 "사랑"이 천국에서는 꼭 불멸의 사랑으로 이루어지기를 바랍니다.

나는 여기서 베토벤의 "엘리제를 위하여"를 듣고 싶습니다.

존존하게 물리친 시련(아내)

그녀는 충청도 음성이 고향이신 엄중하신 아버님(장인, 정대헌)과 다정하신 어머님(장모, 최옥분) 슬하에서 이남일녀의 장녀로 곱게 자란 규수였습니다.

동네 조그만 약국을 경영했던 그녀! 내가 그 약국을 출입하면서 알게 되었습니다. 그리고 마침내 나와 가족이 되었지만, 29살의 새색시 앞에는 생각보다 훨씬 많은 시련과 고통이 기다리고 있었습니다.

우선 시어머님을 잃은 홀 시아버님을 모시는 일이었습니다. 시아버님(아버님)은 공직(公職)을 떠나신 후 가족과 자식을 위해 사업을 하시다가 크게 실패하시어 무척 힘든 시기를 보내고 계셨습니다. 나의 형세자매 3남 5녀는 모두 미혼(未婚)인 채로 아내의 뒷바라지만 기대하고 있었습니다. 그리고 아내와 나 사이에 태어난 자녀 2녀 1남을 포함한 가족 또한 아내 얼굴만 바라보고 있었습니다. 사무관의 박봉으로 11명 가족의 생계를 꾸려가는 일은 참으로 많은 인내와 절제를 요구하는 일이었습니다. 아내는 불평 한마디 없이 수행자처럼 최선을 다했습니다. 시아버지에게 따뜻한 밥상은 물론이고 시동생과 시누이에게 싫은 소리 한마디 않고 자식들 교육에도 한 치의 소홀함이 없는 완벽주의자였습니다. 만약 본인이 그 입장이었다면 두손 두발 들고 삼십육계 줄행랑을 치고도 남을 무거운 짐이었습니다. 억지 변명을 한다면 빠른 승진

덕분에 조금씩 오른 서기관(과장급) 봉급 덕분에 조금씩 숨통이 트여가기 시작했습니다.

아내는 본인의 봉급날에는 월급봉투를 들고 마치 개선장군처럼 시장으로 외상값을 갚으러 나갔습니다. 하지만 텅 빈 봉투와 함께 돌아오는 아내는 패잔병이었습니다. 장부를 보며 계산을 하고 오차가 생기면 따져서 바로 잡기까지 얼마나 힘들었을지 이젠 짐작이 갑니다. 하지만 그때 왜 나는 따뜻하게 아내의 손을 잡아 주며 "수고했어!" 라는 따뜻한 위로의 말 한마디도 안 했는지 지금 생각해도 낯이 뜨겁습니다.

시간이 지나면서 7남매 중에서 차례로 1~2명의 취업으로 가정 사정은 잠시 나아지는 듯했으나 각자 혼인준비로 가정에 도움은 크게 기대할 수 없었습니다. 우리의 밀월 기간은 달콤함이 아닌 처절한 시간이었다는 게 옳은 표현일 겁니다. 아내는 시아버지의 식사 시간을 거의 놓친 적이 없었고 매끼마다 좋아하시는 반찬을 올리느라 노심초사했습니다. 그런 며느리의 노력도 모른 채, 만족을 모르시는 아버님은 가끔 혀를 차시는 일이 다반사였습니다. 종가의 사고방식이 몸에 밴 아버지를 설득하기보다는 아내의 양보만 요구하는 비겁한 남편이었습니다. 동생들 역시 가끔 올케를 곱지 않은 시선으로 보며, 가끔 흠집 찾기가 화제였습니다. 시누이와 시동생의 불평불만에도 불구하고 가족을 위한 도시락과 빨래 등 어느 것 하나 소홀한 것이 없는 아내였습니다. 종종 걸음 치는 아내를 보며 왜 내 형제 설득할 엄두를 내지 못했는지 통탄만 나옵니다. 몸이 열 개라도 어려울 아내의 헌신이 없었다면 지금 우리 형제와 가족은 어떻게 됐을까를 생각해보면 정말로 참혹해 집니다. 시간이 지나도 동생들의 불만은 습관이 되어 수그러질 줄 몰랐습니다. 그때 아내의 심정을 헤아릴라치면 양심 가책과 더불어 그저 얼굴이 화끈 달아오릅니다. 울타리가 되어야 할 남편이 강 건너 불구경을 하고 있었으니 정말 아내에게 염치없는 사람입니다. 간혹, 아내의 볼멘 푸념이 터져 나왔지만, 가부장(家父長)적 사고에 젖은 본인은 요지부동이었습니다. 그러는 가운데 아내는 아들·딸 2녀 1남에게 밥상머리 교육과 함께 돌보고 가르치기에 최선을 다했습니다. 좋은 엄마가 되려고 혹독한 시집살이를 잘도 견뎠던 아내였습니다.

아내의 눈물겨운 모성애로 자란 아이들은 이해심도 많고 배려를 할 줄 아는 자녀들로 자라났습니다. 또 새 학기가 될 때마다 수시로 반장·부반장을 했습니다. 어느 날, 아내가 아이들과 함께 피아노 연습을 하는 모습을 보았습니다. 집에 피아노가 없고 교습비를 대기도 힘든 아내는 종이 위에 건반을 그려 놓고 음정을 흥얼거리며 아이들과 함께 손가락으로 종이 건반을 누르는 것이었습니다. 상상도 할 수 없는 광경 앞에서 천 길 낭떠러지로 떨어지는 아득함을 느꼈지만, 어금니를 꽉 물고 시선을 돌렸습니다. 당장 "피아노 학원에 보내라!" 고 큰소리치고 싶었지만, 현실이 발목을 잡았습니다. 아버지로서 처음 느껴본 자괴감이었습니다.

나는 여기서 다시 한번 그 당시 가난의 절규와 고통 괴로움을 회상해보면서 차이코프스키의 “비창”, 베토벤의 “월광곡”을 귀에 담아 봅니다. 그리고 세계에서 가장 비싼 악기(바이올린, 180억원) “스트라디바리오”를 생각해봅니다.

용서를 빌고 참회(懺悔)

나는 또 다시 한 번 자서전에서나마 말하고 싶습니다. 아내의 영정사진을 바라보면서…

“여보! 나는 여기서 멈추고 울고 싶소!”
종가 며느리 길들인다고? 가부장 권위 세운다고?
집안일은 여편네가 하는 것이라고!
모든 것을 당신에게 몰아치우고 모르쇠?
다른 가족과 다툴 때 한 번도 당신의 입장을 헤아리지 않는
벽창호 남편! 천하의 폭군! 어리석은 바보였습니다.

용서하구려! 통한의 눈물을 흘리며 발버둥을 쳤습니다.

달랑 사무관, 서기관(과장) 봉급 몇 만 원이 든 봉투를 던져주면서 구워 먹든 삶아 먹든, 방관으로 일관했던 ‘몰염치한’이었습니다. 그러면서도 사무관 본연의 업무는 최고여야 한다는 명분으로 일에만 전념하고 몰두했습니다. 선공후사(先公後私) ‘수신제가 치국평천하(修身齊家 治國平天下)’는 나에게는 ‘영점(零點)’이었습니다. 왜 그렇게 직장과 일을 핑계로 아내의 고달픔을 외면했는지 반성해

봅니다. 아내에게 한없이 용서를 빌고 싶습니다. 아내가 희생하며 가사에 전념해준 덕택으로 본인은 제법 빠르게 승진할 수 있었고 마침내 국무위원, 장관 위치에도 올라갈 수 있었습니다.

여보! 정말 감사합니다. 진심으로 사죄합니다. 아내 생각을 할 때마다 통제할 수 없는 아픔이 가슴을 헤집어 놓습니다.

나는 여기서 "아내에게 바치는 노래"를 부르고 싶습니다.

젖은 손이 애처로워 살며시
잡아본 순간
거칠어진 손마디가 너무나도 안타까웠소
시린 손끝에 뜨거운 정성
고이 접어 다져온 이 행복
여민 옷깃에 스미는 바람
땀방울로 씻어온 나날들
나는 다시 태어나도
당신만을 사랑하리라

※ 편집자 註 : 손자들에게 주시려고 만든 회고록의 내용이 공직자들이 느끼는 정서와 크게 부합되는 내용이기 때문에 회장님께 간청을 드려 게재합니다.

100세 건강 Tip

카페인이 위험한 사람

류영창

● **카페인**

하루 섭취 250㎎ 이면서, 수면장애, 잦은 소변, 가슴 두근거림, 위장장애, 신경과민, 흥분, 산만, 안면홍조 등 5가지 이상에 해당하면 중독(미국정신의학회)

우리나라에서는 카페인 섭취를 갑자기 멈추면 두통, 짜증, 무기력 등 금단현상이 일어날 때, 중독증 이나 의존증으로 부름

● **카페인이 위험한 사람**

1) 카페인에 유난히 민감한 사람
2) 심장병 환자는 과다 섭취 주의해야
- 혈압상승, 심박수 증가 우려
3) 뼈가 약하거나 칼슘섭취가 부족한 사람
- 이뇨작용 때문에 칼슘 배설 증가
4) 위궤양 환자 - 카페인이 위산 분비 촉진
5) 불면증 있는 사람 - 각성효과
6) 임산부 - 자궁으로 가는 혈류량 감소하여 저체중아 위험
7) 약 복용자 - 진통제, 감기약, 천식,
만성 기관지염약은 카페인 과다 섭취시
부작용 우려

건설부 때 이야기

홍 순 길

아세아 · 태평양지역 도시성장회의

1967년 5월 하와이 호놀룰루에서 아세아-태평양지역 도시성장회의가 개최되었다. 한국은 이 회의에 김윤기(金允基) 건설부 장관을 단장으로 하는 각 부처 국장급 17명을 선발, 회의에 참가토록 했다. 이번 회의의 목적은 미국이 한국의 경제개발 5개년계획을 깊이 지원한 까닭에 한국의 경제가 급속하게 성장하고 있다는 사실을 아세아·태평양 연안국가들에게 홍보하기 위한 회의였다.

첫날 회의는 워싱턴에서 험프리 부통령이 화상을 통하여 개회식 인사를 했고 연이어 한국의 건설부장관이 기조연설(Keynote Speech)을 하는 순서였다. 연 3일간의 회의가 순조롭게 진행되는 가운데 웬일로 한점 큰 실수가 발생했다. 바로 의전상의 실수였다. 미국 정부가 제공한 세단승용차에 장관과 수행원인 과장이 뒷자리를 바꿔앉은 것이다. 그만 수행원인 필자가 장관자리에 앉아버린 것이다.

어쩌다 깜빡하는 순간적 실수였다. 자동차가 출발하자 앞자리에 탄 의전관이 서류파일을 뒤적이며 뒷좌석의 우리를 돌아보고는 고개를 갸우뚱거렸다. 그 순간 장관께서 잘못됨을 알고 "자네가 내 자리에 앉았구만." 필자도 그 순간 말을 못하고 '아이고 잘못 했습니다……' 장관을 잘 모셔야 한다는 강박관념에서 저질러진 실수였다. 그만 장관을 수행원 자리에 앉게 했으니 이를 어찌했으면 좋겠는가. 아침에 호텔을 출발할 때 이와 같은 광경을 목격한 대표단원들은 무어라할까 생각하니 앞이 깜깜했다. 이제 곧 차가 회의장에 도착할 텐데 내릴 때는 어떻게 하면 좋을까 고민 중인데 차는 벌써 목적지인 회의장에 도착하고 있었다. 세단차에서 내리는 사람이 장관이 아닌 수행원이니 어찌된 일인가? 그런 실수가 있은 후 3일 동안의 행차 때는 의전관이 필자에게 눈짓으로 빨리 왼쪽으로 가라 했다. 의전관과 필자는 장관을 모시는 자세가 더더욱 조심스러워졌다.

60년대 그 시절에는 정부의 장관이 전부 짚차(Jeep)를 탔다. 건설부 장관차는 관18호였다. 그맘때는 세단승용차를 보기 드물 때라 승용차에서의 의전 절차를 잘 모르는 실수이기도 했다. 서울에서는 장관을 모시고 외부회의에 갈 때는 수행자는 미리 짚차 뒷자석에 앉아서 기다리다가 상사가 후에 승차하면 바로 출발하는 법이다.

회의에서는 한국자랑 일색이었다. 한국대표단의 활약이 두드러졌고 그 위상이 높아지자 전에 있었던 의전상의 실수는 묻혀

버렸다. 회의에서는 건설부장관의 기조연설이 아주 좋았다는 평이었다. 일본 와세다대학 건축공학과를 졸업한 김윤기 장관의 영어는 전형적인 일본식 발음이었기에 상대방이 이해하기가 몹시 어려웠다. 김세원 총영사가 여행용 트렁크만큼 큰 녹음기를 호텔에 갔다놓고 장관의 발음을 고쳐주기도 했는데 그것이 장관의 연설 호평에 기여했을 것이라고 생각한다. 회의가 끝날 무렵 김장관은 아주 좋은 기분이었다.

더욱이 회의종료를 즈음해서 험프리 부통령의 축하전화까지 받았으니 장관의 기분은 한층 더해만 갔다. 정부에서는 회의성과를 축하해주고 하와이 총영사에게는 대대적인 연회를 베풀라고 훈령이 왔다. 회의가 종료된 날 저녁 김총영사는 각국 대표단원과 미국 정부 관리들을 총영사관 넓은 가든에 초청, 큰 잔치를 열었는데 모두들 대단히 만족해하는 자리였다. 대표단은 귀국길 동경에서 일박했는데 거기서 와세다대학 동창생들이 그 학교 졸업생인 한국의 건설부장관을 위해 융숭한 만찬을 베풀어 주기도 했다. 동경에서 서북항공(Northwest Airlines)편으로 서울로 돌아오는데 여의도공항 활주로에는 자동차 한 대가 불에 타고 있어 항공기는 30분가량 여의도 상공을 선회하게 됐는데 기장은 그때 "이 비행기에는 한국의 건설부장관이 탑승해 있습니다." 라고 기내방송까지 해줬던 일이 기억된다.

비행기가 착륙하자 환영객들이 「김윤기 건설부장관 외교성공」이란 플래카드를 들고 비행기 트랙까지 모여들었던 일을 기억한다.

그날 저녁 대한건설협회가 주최한 김장관 환영만찬에서 장관은 홍과장 일어서란다. 필자를 세워놓고 장관은 호놀룰루 의전차에서 벌어졌던 상황을 이야기하면서 한편으로는 이 친구의 활약 덕에 회의가 잘 되었다는 칭찬도 곁들였다. 모두가 웃었다. 정부의 건설외교의 성공 단면이었다.

ICA 주택자금 이야기

60년대 들어서 미국정부의 대한원조가 활발해질 무렵 한국정부와 미국정부는 ICA주택이란 종합주택사업계획을 수립, 미국의 원조자금 일부를 한국산업은행에 예치하고 국토건설청과 USOM이 합의해서(Pro/Ag) 사업을 공동수행 하도록 합의했다.

이 계획에 의하면 미국의 원조자금 중 매년 10억원 상당을 융자해서 도시와 농촌에 모범주택을 건설하여 한국민의 주거생활 향상을 도모하게 했다. 산업은행에는 기술실을 두고 정부와 USOM 그리고 산업은행은 매년 모범설계도를 채택해서 각 도에 보급하면서 이 기준에 따라 시범주택을 건설하도록 했는데 이 사업에 소요되는 예산 10억원으로 전국에 2700세대에서 3000세대분의 개량주택을 건설 지원토록 되어 있었다. 이 사업의 수행 책임은 한국정부와 USOM이 공동으로 T.F.(실무추진단)를 구성해서 집행하도록 했다. 계획이 시행되면서 전국적으로 산재하는 초가들은 점차 개량식 주택으로 모양새가 바뀌나가게 되어 많은 인기를 끌게 되었다.

이 계획이 한참 추진되는 과정에서 크고 작은 문제들이 자주 발생했는데 그 중에서 제일 큰 문제는 콘크리트벽돌의 강도 보장이었다. 그 당시 중앙산업이란 회사가 콘크리트블럭을 생산했는데 제대로 된 증기양생방식을 통해서 찍어내는 벽돌은 일급품으로 정부의 KS마크로 표시된 기준블럭이었다. 그러나 이 벽돌의 공급은 한정되어 있었다. 가격이 비싸서 건설업체들은 중앙산업의 블럭을 못사고 개천가에서 쉽게 찍어내는 재래식 블럭을 사게 되는데 이 블럭들이 제대로 강도시험에 합격하지 못해 항상 업체와 감독관 사이에서 분쟁이 발생하기도 했다.

여기에 투입되는 융자금은 기성고지불을 원칙으로 주택이 준공되기까지 3단계로 나누어 지출하도록 되어있었다. 사업이 한참 궤도에 올라 활발하게 추진되는 와중에 강원도 춘천에서 업체와 노무자간의 충돌이 발생했는데 쟁점은 다름 아닌 노임문제였다. 강도가 제대로 나지 않은 블록 사용을 이유로 기성고지불이 거부되고 업체는 기성고를 못받으니 노임을 줄 수가 없는 것이다. 정부에서는 상황의 심각성을 인식 USOM측에 기성고지불을 촉구하여 블럭강도시험을 완화하도록 요청하기에 이르렀다.

필자 기억으로는 그 당시 USOM의 담당관은 Long이란 사람이었는데 성격이 깐깐한 편이었지만 한국사정을 어느 정도는 이해해주는 친구였다. 사정이 이렇다보니 USOM하고 기성고문제를 협의하지 않을 수 없어 Long을 찾아가서 강원도에서 있었던 일과 사정을 설명했더니 그 친구도 그날은 선처하겠다는 약속을 듣고 돌아왔다. 그런데 며칠 후 그 문제가 재연되어 노임을 못 받은 인부가 도끼로 업체책임자를 때려죽였다는 끔찍한 보고가 들어왔다.

정부에서는 난리가 났다. 바로 주택과장인 필자는 USOM에 달려가서 기성고지불이 어떻게 됐느냐고 항의하니 이 친구가 냉랭히 거절하며 기성고지불을 거부하는 것이 아닌가. 눈에서는 불이나는 지경이라 그 자리에서 영어반 한국말 반으로 섞어가면서 나쁜 놈 하면서 옆에서 타자치던 미국인 비서의 책상을 뒤집어엎고 분에 북받쳐 돌아왔다. 사무실에 돌아와 분을 식히고 있는데 장관(박임항 중장)이 급히 찾는단다. 장관실에 들어가니 “USOM에서 난동을 부렸다며” 하면서 지금 장기영 기획원 부총리가 전화와서 난동을 부린 주택과장을 해임하라는 이야기란다. 장관께 전후사정을 설명하고 책상으로 돌아와 짐정리를 하고 있는데 경제기획원 대미조정국장 이재설의 전화가 왔다. USOM은 우리정부 예산의 50% 이상을 지원하는 기관인데 거기에 대고 난동을 부리면 어떻게 하냐다.

이제는 엎질러진 물이니 어찌할 도리가 없었다. 그러나 이재설 국장과는 친구사이니 자초지정을 설명하면서 전화를 끊었다. 그 다음날 아침 USOM에서 킬렌 USOM 처장 주재하에 회의가 있으니 참석하란다. 킬렌 처장실에 들어서니 경제기획원 이재설 국장, USOM측의 Landers 행정국장 그리고 Long 담당관이 있었다. 킬렌 처장은 몹시 불쾌한 표정으로 필자를 노려보고 어찌된 일이냐고 묻는다. 영어가 짧은 필자는 이야기를 이재설 국장에게 설명하고 킬렌 처장에게 자초지종을 설명했다. 처장은 공공행정국장과 Long 담당관에게 질문을 하고 이들과 이야기를 한참하더니 필자보고 이제부터 어떻게 하면 좋겠냐고 묻는데 필자는 "지금 우리나라 사정으로는 USOM이 요구하는 콘크리트강도 시험은 너무 엄격해서 업체들이 그 기준을 지키기가 무척 힘들다."고 업체들의 고충을 차근차근 설명했다.

한참 동안 회의장은 침묵이 흘렀다. 잠시 후 킬렌 처장은 동석한 공공행정국장에게 주택자금예산 10억원을 전부 한국정부에 이관하고 한국정부가 처리하도록 하라고 하였다.

이 말이 떨어지자 모두들 놀라는 표정으로 앉아있는데 킬렌 처장은 양자의 말에 다 일리가 있지만, 한국정부가 모든 것을 결정하고 수행하는 것이 옳겠다는 원조담당책임자로서 내린 결단이었다고 생각한다. 한국정부 예산 50%를 담당하는 USOM의 획기적인 결단에 모두 감탄했다. 이 소식을 보고받은 장기영 부총리는 다시 건설부 장관에게 전화를 걸어서 주택과장 사표를 받을 것이 아니라 상을 줘야 되겠다고 했다는 이야기다. 앞에서 말한 이재설 국장은 후일 건설부 차관을 거쳐 체신부 장관을 역임했다. 덕분에 주택과장 홍순길은 사표대신 상을 받았다.

100세 건강 Tip

햇빛 못 받으면 나타나는 병

류영창

• **우울증**

'행복 호르몬'이라는 세로토닌은 음식에도 들어 있지만, 햇볕에 노출되면 많이 분비. 겨울이나 여름 장마철에 계절성 우울증을 겪는 사람은 대부분 햇볕을 쬐는 시간이 짧아지면서 발생

• **골다공증·골감소증**

자외선을 쬐면, 몸속에 합성되는 비타민D가 칼슘이 몸에 잘 흡수되게 돕는 역할을 함.

• **심장병**

10년 후, 비교해보면, 권장량보다 비타민D 농도가 적은 남성은 많은 남성보다 심장병에 걸릴 위험이 2배 이상 증가 (하버드대 연구)

• **근시**

실내활동이 점점 늘어나면서 수정체와 망막 사이 거리가 비정상적으로 길게 유지된 시간이 길어져서 근시가 더욱 심해짐. 야외 활동 시간이 3시간인 싱가포르 아이들은 야외 활동 시간 14시간인 시드니 아이들보다 약 9배나 근시가 많다.

故 류상열 건진회장을 추모하며

이 필 원

2022년 5월 말에는 고인이 소천하신지 100일 쯤 됩니다. 새삼 추모의 글을 올리는 뜻은 필자가 생전에 용인시 수지지역의 지근거리 아파트에 살면서 댁에 찾아가 뵙지 못했고, 더구나 따뜻한 식사라도 모시지 못한 아쉬움이 짙게 남아 있기 때문입니다.

공적(公的)으로는 '건설부'의 초석을 놓으신 선배로서, 사적(私的)으로는 인간적인 풍모 몇 가지를 소개드립니다.

"상사에게 직언(直言)과 고충을 서슴지 않고 드렸던 강직한 성품을 가지고 계셨습니다."

육군 장성 예편하고 대한주택공사 사장으로 계시다가 건설부 장관으로 부임하신 故 권영각장관은 근엄·강직하며 간부들의 대면(對面) 보고받길 꺼리고 비대면(非對面)으로 서류만 넣으라고 지시하셨습니다. 그때 고인께서 비대면 보고를 지양토록 충언을 드렸던 것으로 알고 있습니다. 두 분 작은 거인끼리 잘 통하셨던 것 아닐까 새삼 짐작합니다.

"인재육성과 직원 인화(人和)의 달인(達人)이셨습니다."

고인의 인간미는 한마디로 심성이 따뜻하여 정이 많으셨고, 지혜로우셨습니다. 또한 젊은 인재들을 아끼시고 발탁하여 돌보신 결과 추병직장관을 비롯한 20여 분에 가까운 장·차관을 탄생시켰습니다. 그 비법은 바로 사무관급 중에 좋은 인재들을 퇴근 후에 소집하여 불고기 소주파티를 열어주고 고충을 청취하고 취중교육을 시키신 후 2, 3차로 자택에까지 데려가셨다고 합니다. (전해지는 얘기로는 최 모 회원이 3차로 데려간 고인의 댁에서 사모님의 입가심용 맥주서비스에 정신이 혼미해져서 팁을 드리려 했다고 함.)

젊은 인재육성에 힘을 기울인 의도는, 당시 건설부의 토·건 기술 분야를 살펴보면 당시 국립 건설연구소에 경쟁적으로 우수한 인재들이 모여들어 체계적으로 현장과 연구소 시험실을 오가며 육성되고 있었으며 그 결과 우리나라 건설기술의 총본산 역할을 하고 있었으나, 건설부 본부는 신설 부처로서 경쟁력이 약하였기 때문에 내무부, 산업자원부, 경제기획원 등과 대등한 역량을 갖추기 위한 노력의 하나였다고 사료됩니다.

고인은 건설부에서 특히 주택도시분야에 오래 계셔서 필자도 고인을 국·실장 그리고 차관으로까지 모셨는데, 특히 건축행정 분야와 관련하여 기억에 남는 말씀이 생각납니다.

"이 과장, 건축과 직원들이 건축법령에 관한 민원서류가 폭주하여 매일 야근을 다반사로 하는데 업무혁신을 추진하는 것이 좋겠네. 즉, 농사를 호미와 가래로 하는 농법을 바꿔 트랙터와 덤프트럭을 도입해 첨단농기계를 도입해서 생산성을 올리고, 퇴근 후에는 직원들을 가족의 품으로 돌려보내라는 말일세. 자네는 건축과에서 사무관, 과장으로 재직했으니 누구보다 전문성과 연속성이 있어 적임자일세."

상세한 진행과정은 생략하고 이 지적을 계기로 건축법령체계의 전면정비, 시·군의 건축허가역량의 확충 그리고 행정정보화 기술의 선도적 도입으로 결실을 맺을 수 있었기 때문에 고인께 다시 감사드리고 싶습니다. 그 후, 건축직 후배 공무원들이 인터넷으로 건축허가를 신청하고 신청도면 청사진이 사라지는 등 획기적으로 간소화되는 '세움터 sitc'를 시·군까지 운용됨으로써 「정부정보화 대상」을 수상하기도 하였습니다.

부족한 추모의 글을 마치면서 고인을 생전에 마지막 뵌 모습을 다시 한 번 회상하고 싶습니다. 3, 4년 전에 건설회관에서 열린 대한건설진흥회 주관 행사에서 하얀 색의 백구두를 신고 오셔서 필자를 보고 웃으시면서 "나 이제 멋쟁이 됐지? 자네도 한 번 해보게. 그동안 공무원하면서 너무 격식에 매어 살아 왔지 않았는가?" 그 당시 벌써 세속을 초월하는 새 삶을 누리시는 것이셨는지! 그때가 지난 3월 장례식장 영정사진으로 뵙기 전의 마지막 모습이 되었습니다.

100세 건강 Tip

넘어지면 큰 일!

류영창

- **건강한 노인도 엉덩이뼈 부러지면, 절반이 두 달 내 숨진다.**
- 낙상은 교통사고에 이어, 노인 사고 사망 원인 2위(83만명/년)
- 날씨가 추운 11월~2월에 집중적으로 발생

- **낙상의 위험도**
- 입원 시 일주일에 10%씩 근육 감소하여, 한달 입원시 50%로 감소
- 많이 다치는 부위는 무릎, 허리, 엉덩이(고관절), 어깨, 발목, 머리 순
- 사망으로 이어지느냐 여부는 걸을 수 있느냐 없느냐에 달렸다.

- **낙상에 의한 사망은 남성이 더 많음**
- 여성의 골절률이 더 높지만, 골절 후 사망률은 남성이 여성의 두 배
- 남성 노인에게서 심장병·고지혈증 등의 심혈관계 질환이 더 많은 것이 원인으로 추정

- **생각을 바꾸어야**
- 운이 나빠 넘어진 게 아니라, 예방하지 않아 넘어진 것으로 봐야
- 방, 화장실, 운동, 여행, 등산 등으로 낙상 당하는 일이 없도록 선제적으로 주의해야

같이 한번 웃읍시다

윤 주 수

예전에 건설부에서 같이 일했던 직원들과 소주를 먹고서, 당시 일하던 때의 재미있는 기억이 나서 소개 하고자 한다. 필자가 건설부 상수도과장으로 일하던 때의 에피소드다. 당시 상수도과에 신은우, 이명천이라는 분들이 직원으로 함께 일하고 있었다.

어느 날 근무시간 중에 느닷없이 이명천 직원이 자리에서 벌떡 일어서더니 "과장님 건의사항이 있습니다."라고 하였다. "무슨 건의사항이요?"라고 필자는 물었다. 이명천 직원이 답하였다.

"과장님께서 평소 말씀하시기를 머리를 쓰면서 일하자고 하셨는데, 옆자리에 있는 신은우씨께서 돌대가리를 하루 종일 굴려서 '달그락, 달그락' 돌 굴리는 소리를 내서, 시끄러워서 일할 수가 없습니다. 그래서 자리를 바꿔주셨으면 합니다."

전 직원들이 한바탕 웃었다. 그런데 신은우라는 직원이 그냥 그렇게 당하고 말 사람이 아니다.

그 당시에는 전 직원들이 공람하는 서류들이 가끔 있어 소위 부전지(附箋紙)라는 것을 공람서류에 붙여 전 직원들이 사인(sign)을 하였다. 신은우 기사는 과의 타이피스트 여직원을 꼬드겨서, 부전지의 직원이름 중 "이명천"이라는 이름을 "명을 멍"으로 "천을 청"으로 타이핑시켰다. 그리고 이명천씨가 일이 바쁜 틈을 호시탐탐 노리다가 이명천 기사가 한참 바쁠 때 공람서류를 건네주면서 "별 내용 아닌데, 바쁜 서류라니까 빨리 사인하라."고 건네준 후, 사인을 받아냈다.

이명천씨가 바쁜 일을 끝냈을 때, 신은우씨가 벌떡 일어나서 전 직원에게 이 얘기했다.

"오늘부터 '이명천'씨가 '이멍청'씨로 이름을 바꿨습니다. 여기에 증거서류가 있습니다." 라고.

요즘도 만나면 '멍청이', '돌대가리' 라고 부르면서 웃곤 한다.

그때의 '돌대가리', '멍청이'는 참 똑똑했던가 보다.

'돌대가리' 신은우씨는 국내에서 공학박사, 명예문학박사를 취득한 후, 미국에서 신학박사 학위를 취득하였다.

'멍청이' 이명천씨는 대형도로사업의 감리단장을 10년 이상 수행하면서 실력을 발휘하고 있다.

이 일을 생각하면 웃음이 나오고, 그때가 그립다.

「방재인(防災人) 정흥수」를 읽고

이 원 광

대한건설진흥회가 매월 보내주는 '회보'를 고마운 마음으로 살펴보면서 여러 가지 정보와 회원들이 써주는 기고문을 빠뜨리지 않고 읽고 있다. 기고문 내용 중에 있는 우리들의 과거와 현재 그리고 미래에 대한 희망사항에 공감을 하면서 그러한 기고문을 써 주시는 모두에게 고맙다는 인사를 드린다.

지난 2020년 9월호 회보에 대한건설진흥회 정흥수(鄭興秀) 회원이 저술한 책에 대한 소개가 있어 수소문하여 책을 구해 보았다. 이 책의 제목인 「방재인(防災人) 정흥수」가 다소 생소하게 보였지만, 방재인은 방재업무에 종사하는 사람이란 뜻인데 그 작명이 특이하다는 생각을 했었다. 그러나 부 제목인 "반세기 한길을 걸어온 어느 한 공직자의 고백"이 필자에게도 신선한 충격으로 다가왔다.

저자는 서기 1960년대 후반에 청운의 꿈을 품고 전남도청 건설국에 토목직 공무원으로 임용되어 1977년 치수과 방재계장으로 재임 시 지사(高建)의 부름을 받고 지사실을 노크한다. 지사께서는 건설부장관으로부터 정계장을 건설부로 전출토록 하라는 말씀이 있었다면서 "부인과 상의해 내일 아침 8시까지 직접 보고하라."는 하명을 했다. 그 이튿날 아침 지사께 "건설부로 자리를 옮길 수 있도록 허락하여 주십사."고 말씀을 드렸더니, 지사는 즉석에서 인터폰으로 서무과장에게 건설부로 할애동의 하도록 하명하시면서 함께 도정을 했으면 하는 아쉬움을 남기곤 하신 부분이 나온다. 지금까지도 저자에게 지워지지 않은 잔잔한 여운과 감동으로 자리하고 있다는 그때의 상황을 상상해보며, 아름다운 공직생활의 한 단면으로 저자와 함께 하고 싶은 생각에 잠기기도 했다.

저자는 1977년 7월 그렇게 건설부로 자리를 옮긴 뒤 수자원국 하천계획과 하천계획담당, 방재과 방재업무담당, 요르단왕국 주재 한국 대사관의 건설외교관을 거쳤다. 수자원국 방재과장으로 재임 중에는 방재 기능의 부처이관이라는 미증유의 정보를 접해 이에 대한 소회를 '남기고 싶은 이야기'에 담아 정부수립 후 처음으로 맞는 공무원 집단 항명파동까지 상세히 기술됐다. 이 내용은 먼 훗날 역사적인 기록보전은 물론 저자가 얼마나 건설부 방재조직 이관에 대한 아픔과 애정을 갖고 있었는가를 엿볼 수 있었다.

그 와중에 공직사회에서 고질적으로 뿌리박고 있는 부처 이기주의가 가장 심하던 때에 방재업무가 건설부에서 내무부로 넘어가는 눈물겨운 곡절이 있었다. 부처를 옮겨가야 하는 방재과장으로서 직원들을 다독여 낯설고 물 설은 부처중의 부처라고 자타가 공인한 내무부로의 부처이동은 '방재업무를 책임지고 있는 장본인으로서 얼마나 힘들었을까?' 하는 생각을 하면서 많은 아픔이 내재되어 있었을 것임을 상상해 본다. 그렇다고 우리 정 선배께서 주눅이 들어 업무를 소홀히 하였을까? 아니다. 이분이 누구인가! 오히려 적극적이고 진취적으로 업무를 선도해 나갔음은 물론, 우리 건설부 위상을 거양하는데 소홀하지 않은 흔적이 여기저기서 나타나고 있었다.

필자가 이 책을 탐독하고 느꼈던 점을 요약해 보면,

저자는 어느 공직자보다 투철한 사명감과 직업의식, 동료애와 더불어 인간관계의 중요성을 바탕으로 먼저 솔선수범하고 팀웍을 바탕으로 빈틈없는 공직을 수행했으며, 문제 발생 시 예지능력을 갖고 원인부터 분석한 후, 목표를 달성하는 행정의 달인이기도 하였다.

특히 국립방재연구소(지금의 국립재난안전연구원) 설립은 그 시절 1% 가능성도 없는 분야를 초인적인 인내심과 지구력, 설득력, 각종 자료의 준비 등으로 그 어려운 재정경제원(지금의 기획재정부) 예산실장의 결심을 받게 된 것은 보통의 경우에는 전혀 불가능하지 않았을까 하는 생각이 들었다.

또한 필자 눈길을 멈추게 한 부분은 책의 구성이 제1부 성장에서 제9부 칼럼으로 구성되어 있는데 제8부의 비전에 2001년

9월 11일 미국 뉴욕에서 발생한 911 테러현장의 복원과 관련된 내용을 읽으면서 이에 대한 저자의 접근방법이 놀라울 정도로 현실에 와닿게 기술되는 부문을 접하면서 정부정책 입안자들에게 방재인으로서 갖고 있는 철학을 엿볼 수 있을 뿐 아니라 시사하는 바도 상상을 뛰어 넘었다.

또한 특이한 부분은 '이제는 더 미루지 말고 영어를 공용어로 공론화하는 장을 만들자.'라고 하는 정책 제안하는 부분이다. 대한민국 미래를 위해 우리 모두가 곱씹어 볼 부분이다. 이는 100년 후 이 나라 좌표를 결정짓는 중요한 국가 어젠다가 아닌가? 그러하기에 가능하다면 책 286쪽을 열어보는 것도 우리의 생각들을 공유할 수 있지 않을까 하는 생각을 갖게 하였다.

또한 특별히 감명 깊었던 것은 얼마나 열심을 다했으면 건설부에서 내무부로 옮긴지 4년 되는 해에 무소불위의 내무부에서 1명을 뽑는 1995년도 올해의 공무원으로 선정되어 황조근정훈장을 수훈했을까 하는 부분이었다. 그 외에도 지금과는 달리 행정부의 조직과 기능을 만드는 것이 그렇게 어려운 때인데 방재인 모두의 꿈인 방재국을 만들고 한국방재협회 창립, 제반 방재분야 법령의 제정과 개정 등에 찬사를 보내고 싶다.

그리고 공직의 속성상 대부분의 공직자는 어려운 일을 감당하는 부서에 근무하기를 기피한다. 그러나 저자는 이를 마다하지 아니하고 불평 없이 묵묵히 전문성을 키워가면서 방재분야의 초석을 다졌을 뿐 아니라 그 틀을 만들어 후배들로부터 「방재인(防災人) 정흥수」라는 살아있는 전설의 주인공이 된 것으로 판단된다.

그는 방재업무에 있어서 단순한 방재인을 넘어 방재의 달인(達人), 아니 방재분야의 확고한 철학을 갖고 방재역사를 써내려오고 있을 뿐 아니라, 방재분야의 정책, 제도에 관한 해박한 지식과 심화되고 있는 지구온난화에 따른 기후변화 대응력을 세계와 함께 추진해 나가야 한다는 소신을 갖고 방재 전문 인력 확충과 후배 사랑을 몸소 실천하고 있음을 이 책의 곳곳에서 그 흔적을 찾을 수 있었다.

결과적으로 이 책은 이 길을 걷는 공직 후배들이나 이 분야를 공부하고 연구하는 모든 분들에게 한번쯤 접할 수 있는 넓은 공간이 만들어졌으면 하는 제언을 드린다.

100세 건강 Tip

혈액을 깨끗하게 하는 식품

류영창

혈액을 끈적거리게 만드는 원인은 LDL(저밀도콜레스테롤), 중성 지방, 고혈당인 바, 이로 인해 동맥경화, 심근경색, 뇌경색 등 발생 우려

- **호두, 아몬드, 잣 등 견과류**
  - 리놀렌산 등의 불포화 지방산 및 비타민E 풍부
  - 과도한 섭취는 자제(땅콩, 아몬드 : 20개 정도, 총 30g 이내) 해야
- **콩**
  - 양질의 단백질 및 불포화 지방산 풍부
  - 이소플라본, 레시틴과 비타민E가 혈중 지질 분해 촉진
  - 매일 1/2 컵씩 3회 섭취 권장
- **오메가-3가 많은 고등어, 꽁치 등 등 푸른 생선**
  - 오메가-3는 혈관에 과도하게 쌓이지 않고, 혈관 보호
  - 혈관 속 기름을 몸 밖으로 내보내는 HDL을 높여줌
  - 1주일에 100g 씩 2회 섭취 권장
- **시금치, 양배추, 케일 등 녹색채소**
  - 식이섬유가 풍부하여 장에 오래 머물러서 지방 성분 배출
  - 다양한 항산화물질 함유되어, HDL 증가에 도움
  - 하루 20~25g 섭취 권장

심재일 재회 후기

권 오 열

2010년 경인년 새해가 밝고 대한건설진흥회 회보에서 '보고싶은 사람들 찾기 운동'을 벌인지 불과 2주일이 지난 1월 15일 건설회관 후문앞 옛 광화문청사 뒷골목을 연상케하는 한 음식점(수라정식)에 주인공은 언제나 들러리를 자처했던 소위 한심이(한수남, 심재일, 이재영) 멤버와 함께 먼저 도착해 있었다.

그 옛날 늦은 밤, 호랑새벽 사무실과 인쇄소를 내 집 같이 드나들던 교정 전문가, 그 특유의 왼팔은 굽혀 배꼽에 대고 오른팔에만 의존하는 왕복운동으로 건설부를 움직였던 10마력 엔진의 소유자이면서 이날의 주인공 심재일 회원은 이제 모든 것을 놓아 버린 듯한 태연한 모습으로 미소만 머금었고, 예나 다름없이 터프가이를 자처하는 하동평사리 갑부 이재영 회원, 그리고 KS마크이긴 하지만 한심이의 영원한 봉임을 자처했던 한수남 회원과 재회의 순간은 반가운 가운데서도 왠지 모르게 긴장된 분위기 속에 시작되었다.

오랜만인 이유도 있었겠지만 현역시절 인터폰으로 호출당하던 악몽 때문일 수도 있다.

이날 자리는 류상열 건진회 회장이 마련하셨지만 현역시절 주당 클럽 2인자 노릇을 하다 지금은 건물임대료로 결제하면서도 폼잡는 건설공제조합 강권중 전무가 스폰서로, 그리고 건진회와 함께 임차인 신세인 한국주택협회 권오열 부회장이 자의반 타의반으로 출현.

예나 지금이나 때와 장소를 불문하고 유머와 위트, 임기응변으로 좌중을 리드하는 류회장의 솜씨는 다소 머쓱했던 분위기를 순식간에 20여 년 전으로 되돌려 놓았는데…

보고 싶었던 옛동료와 오랜 전통주의 만남, 그리고 시대적 감각을 살린답시고 막걸리를 주문하려는 순간 "잠깐!"하는 외침과 함께 "비록 초라한 차림이지만 예를 갖추고 격에 맞는 대접을 하자."시며 "소주 5병과 맥주컵 하나, 그리고 고무줄!"을 콜하시는 류회장! 주문이 끝나자 종업원은 부랴부랴 고무줄 대체재로 머리댕기를 풀었고, 주인공은 미소만 머금는데 하동 낙향거사는 아예 2차까지 운운하며 결재받다 칭찬이라도 들은 마냥 화색이 만연.

자세가 잡히는가 싶더니 어느새 네순배가 돌고 빈병이 오와열을 맞추어 가고, 들러리를 자처하면서도 소주도수가 많이 약해졌다느니 고무줄이 밑으로 내려갔다느니, 터프가이의 볼륨은 자꾸 높아만

가는 중! 이런저런 중앙방송에도 그저 눈만 껌벅이던 주인공께서 필이 꽂힌 것은 누군가 교정에 관한 에피소드를 들려달라고 한 때부터... 마치 공부 못하는 수험생이 모처럼 아는 문제를 만난 것처럼 자신을 보이는 모습은 영락없이 주무계장들 불러놓고 지시사항을 전달하던 그때 그 모습!

어느날 밤새워 교정보고 잠깐 아침식사하러 갔다 상사한테 혼난 얘기, 감독관으로 파견된 서모씨와 대낮부터 푸기만 했는데도 다음날 상사는 수고했다고 칭찬만 했다는 얘기... 이런저런 과거지사의 결론은 지나놓고 보니 똑똑한 상사도, 멍청한 졸개도 복불복! 아주 조그만 차이가 있다면 상사 씹는 게 조금 더 좋은 안주거리라는 것.

시간 반 남짓 옛 추억에 빠지고 그 시절 기분에 젖고, 주당의 추임새에 속다보니 한심이 삼총사 더 이상 객(客)일 수 없네. 졸음이 귀찮게 해도, 발음이 헛나와도, 술잔이 저 혼자 엎질러져 뒹군다 한들 어찌 우리가 아니겠는가.

순오지에 '의이신위호 인이구위호(衣以新爲好 人以舊爲好)'란 구절이 바로 이런 거겠지. 한사코 식탁 밑만 바라보면서도 감사합니다만 7번을 넘게 되풀이 하던 한수남 선배! 재회의 마지막 광경으로 전하면서 이만 졸필을 줄인다. 한심이 3총사 만수무강하시고, 건진회 회원들 만사형통하시길!

100세 건강 Tip

약 먹지않고 혈당 낮추는 방법

류영창

혈당 수치가 과도하게 높지 않을 때는, 올바른 생활습관과 꾸준한 운동이 당뇨병을 치유하는 근본적인 방법

- **충분한 질 좋은 수면**
  - 인슐린이 제 기능을 하도록 도움
  - 높은 혈당과 수면 부족은 서로 악영향
  - 카페인 섭취 줄이고, 쾌적한 수면 환경 갖추기
  - 수면무호흡증 등 수면질환 치유
- **탄수화물 섭취 줄이기**
  - 탄수화물을 줄이고, 채소, 견과류, 지방이 없는 육류 섭취
  - 탄수화물을 피하지 못하면, 매 끼니 마다 나누어 조금씩 섭취
- **레드 와인 1잔**
  - 항산화물질 레스베라트롤의 작용으로 혈당 조절에 도움
- **꾸준한 운동**
  - 하루 20~30분 정도의 걷기 운동 또는 자전거 타기 등
  - 규칙적인 근육 운동으로 근육량 늘리기

내가, 유령이 되다니

박 용 덕

필자는 본의 아니게 2012년 연말에 유령이 되었다.

열 두 장이 동시에 출발하여 어김없이 매달 한 장씩 떨어지더니 이제 마지막 한 장마저 이틀 뒤에는 자취를 감추고, 새로운 열 두 장이 출발하게 된다. 불경기라고 말들 하지만 저녁때 음식점 골목에 가면 자리가 없을 정도로 붐빈다. 이러한 들뜬 연말 분위기의 송별회니 망년회, 동창회, 향우회, 친목회 등에 참석하느라고 어느 때보다도 더 바쁘다.

12월 29일 오전 9시 반쯤 국토해양부(건설교통부 및 그 전신 포함) 퇴직 공무원의 친목을 도모하고 건설행정의 제도와 기술향상을 위하여 1975년 5월에 설립된 대한건설진흥회로부터 한 통의 메세지를 받았다.

박용덕(193○) 회원, 2012. 12. 28(금) 별세. 장례예식장 강남성모병원. 발인 12월 31일.

필자는 과거 회비납부 관계로 진흥회 측과 전화를 하던 중 동명이인(同名異人)이 있다는 사실을 알았고, 회원수첩 명단에서도 확인한 바 있어 별로 놀라진 않았다. 또 건진회에서는 착오가 있을까봐 출생년도까지 표기를 했다. 그러나 동명이인이 있다는 사실을 모르는 사람들은 필자가 죽은 것으로 단정하여 우리 집으로 확인까지 하게 된 것이다. 결국 필자 휴대폰은 죽은 자의 것으로 알고 아내 휴대폰이나 일반전화로 확인을 하니 대답하느라 바빴다. 밤낮으로 12월 31일까지 확인전화가 이어졌다.

간혹 장례식장을 잘못 다녀와서 허탈하기도 하고 다행스럽기도 하다면서 "유령과 대화하는 것은 아닌가?" 하는 말에 서로 웃기도 했다. 그러면서 하는 말이 부고를 받고 부랴부랴 장례식장으로 가서 부의금을 접수한 뒤 분향소에 들어가 영정을 보니 필자가 아니더란 것이다. 그렇다고 그 상황에서 아니라고 그냥 나오기도 어색해서 분향까지 했다는 것이다. 어찌되었던 필자는 죽었다 살아났으니 기쁜 마음으로 보답하며 살아야겠고, 어떤 행사든지 꼭 확인하는 버릇이 필요함을 느꼈다.

사실 필자는 장례와 혼례문화를 개선해야 한다고 생각해 왔다. 퇴직한지 9년이 흘렀다. 그런데 경조사비 지출이 가장 많은 비중을 차지한다. 필자도 마찬가지지만 결혼식장이나 장례식장을 찾는 하객·조문객들께서 진심으로 축하해 주고 애도해 주는 이가 몇이나 될까? 또 뇌물성 부조가 있을 여지도 있고, 체면치레 참석이나 괘씸죄에 걸릴까봐 참석하는 경우도 많을 것이다. 특히 결혼식장에서 예식참석은 아랑곳없이 혼주와 눈도장만 찍고 식당으로 직행하는 것이 일반적인 현상이다.

꼭 가야할 곳만 챙겨도 주말에 8군데나 다닌 적도 있다. 그러나 막상 혼주는 예식장 비용 충당도 어려운 경우가 비일비재하다. 혼주나 하객 모두가 바쁘고 호주머니 사정만 나빠지고 예식관련 업체만 배불려주는 것이 경조사의 현실이다. 물론 돈이나 권력이 있는 집은 도리어 돈을 번다지만 그것 역시 상대적인 빈곤을 유발하고 위화감 조성의 빌미가 될 것이다. 그리고 신분에 따라 부조금의 차이가 난다는 것도 사실 서글픈 일이다. 어떤 이는 화환과 축의금 사절을 청첩장에 인쇄하여 알린다. 얼른 생각하기에는 청빈하고 욕심이 없는 것 같지만 수천 명의 참석자가 하루를 허비하는 경제적 손실은 누가 충당해 줄 것인가?

이러한 불합리한 제도개선은 법적인 조치보다는 관혼상제가 관습에 따라 시행해 왔으니 사회적인 분위기 조성이 우선되어야 할 것이다. 소위 지도층이나 가진 자들이 본보기를 보여주는 것이 선행되어야 한다. 무엇보다도 행사는 조촐하게 가족중심으로 전환되어야 할 것이다. 모시는 사람도 일가친척과 가까운 이웃이나 친구 몇 명만 초청하여 행사를 치르는 것이 경제적, 정신적으로 훨씬 이로울 것이다.

남이 만들어준 유령 아닌 유령이 되어 감히 관습을 깨는 말을 하는가 싶지만 작금의 행위가 지나치기 때문에 제언을 해 본 것이다. 헛소리라고 생각되면 유령이 한 말이라고 치부해 버리면 그만일 것이다. 그러나 개인의 손실은 사회적, 국가적 손실이라는 생각과 축복받는 결혼, 위로받는 장례를 치르는 건전한 예식문화가 조성되었으면 하는 바람이다. 동명이인으로 생과 사가 분명히 밝혀진 지금 가신 분의 영면을 빌 뿐이다.

지인들은 모두 필자에게 "명은 길겠네!" 라며 덕담을 건네주었다.

PART 6

건진 문단(文壇)

이 상 화

건설부 해외건설과장
주 이란 한국대사관 건설관
한국감정원 상무 / 한국교회음악원 이사장

이 석 수

원주지방국토관리청장
대한건설협회 상임감사
경상북도 초대 정무부지사

김 영 빈

건설부 공보관
대한전문건설협회 초대 상임부회장
'새생명, 새소명' 발행인 겸 편집인

김 기 빈

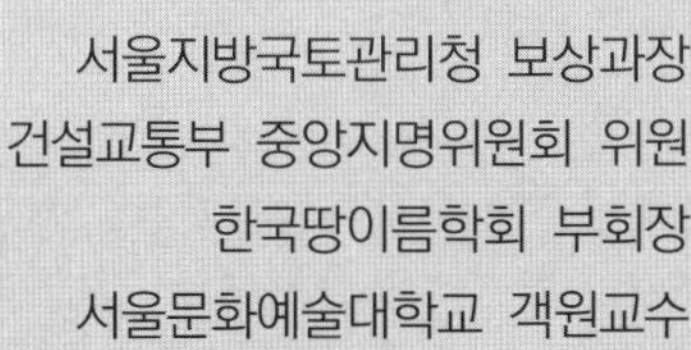

서울지방국토관리청 보상과장
건설교통부 중앙지명위원회 위원
한국땅이름학회 부회장
서울문화예술대학교 객원교수

이 진 영

건설부 법무관실, 공원과
㈜나평건설 부회장
화이건설 부회장

육 정 균

국토교통부직장협의회 초대회장
전국개인택시공제조합 이사장
단국대학교 부동산건설대학원 겸임교수

이 승 재

건설부 주택국
주택사업공제조합 부장
전문건설협회 토공회 상근부회장
한국공인중개사협회 사무총장

채 남 희

중앙토지수용위원회 상임위원
한국철도기술연구원장
대전우송대학교 운송물류학과 교수

전 재 욱

익산지방국토관리청
전북시인협회 이사
전북문인협회 "전북문학관" 건축추진위원장

전 경 우

건설부 주택국장
국립지리원장
한보탄광 사장

100세 건강 Tip

당뇨병 방지를 위해 피해야 할 식품

류영창

- **시리얼**
- 의외로 탄수화물 많이 함유, 단백질 과소

- **말린 과일**
- 생과일보다 탄수화물 함량 증가

- **당분이 첨가된 음료**
- 과당 함유로 인슐린 저항성 유발

- **가공된 트랜스 지방을 포함한 식품**
- 염증 증가, 인슐린 저항성 증가, 복부 지방의 원인
- 좋은 콜레스테롤(HDL) 낮춤
- 마가린, 땅콩버터, 감자튀김, 과자, 케이크 등 가공식품에 많이 함유

- **시판 과일 쥬스**

- **커피 음료**

- **밀가루 음식**
- 빠르게 소화되고, 빨리 당으로 전환
- 소화되고 남은 당분이 지방으로 전환되어, 복부 비만 초래

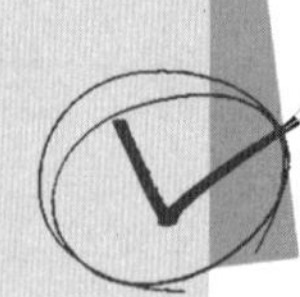

센베이와 생선 머리

이 상 화

1960년대 이야기이다. 필자는 결혼을 늦게 해서 애를 둘만 두었지만, 필자 친구는 일찍 결혼해서 그 당시 4남 1녀를 이미 두었다. 그때만 해도 '자녀 둘 낳기 운동'이 벌어지기 전이다. 먹고 살기 힘들어도 임신하는 대로 애를 낳았으며 낙태할 의사가 전혀 없었고 낙태할 방법도 없었다. 임신하면 으레 애를 낳는 것으로 알고 있었고 '애는 자기 먹을 것을 가지고 태어난다.'고 어른들이 희망적으로 말했던 때였다. 다른 한 편으로 '조가비 신발 다섯 켤레만 토방에 있으면 가난에서 헤어나지 못한다.'는 절망적인 말이 있었던 때이기도 하다.

필자 친구도 그런 때 희망적인 생각으로 자녀를 낳아 길렀던 것 같다. 그는 일찍 취업해서 퇴근길에 꼬물꼬물 자라는 자녀들을 생각하고 과자 가게에서 센베이(せんべい)를 사 가지고 오곤 했다고 한다. 그 당시는 과자의 종류도 많지 않았지만, 값이 싸고 애들이 좋아하는 그 센베이를 사왔다는 것이다.

그런데 그 친구 나이가 이제 희수(喜壽)가 넘어 맏아들이 아비를 찾아뵈러 가끔 오는데 그때마다 그 센베이를 사 들고 온다고 한다. 예나 지금이나 그 센베이의 색깔이나 모양새나 맛이 같다. 그래서 하루는 그 센베이를 사온 아들에게 밉지 않게 "얘, 아들아! 아비는 양과자도 좋아한단다."고 말했다고 한다. 이에 그 아들은 "옛날 아버님께서 이 센베이를 자주 사 오시기에 아버님이 그 센베이를 좋아하시는 것 같아서 저도 그 센베이를 사왔어요."라고 말하면서 "다음에는 양과자도 사오겠어요."라고 말하더란다.

요즘 그것과 비슷한 말이 여러 곳에서 번지는 것이 있다. 옛날 엄마가 자녀를 키울 때 쇠고기는 사 먹기 어려워서 생선을 사다가 요리해서 밥상에 올려놓고 생선 가운데 토막에서 가시를 발라내고 살코기만 자녀에게 먹이고 엄마 자신은 늘 생선 머리만 먹었다고 한다. 아마 어느 엄마나 다 마찬가지였을 것이다. 자녀들이 장성해서 한 상에서 식사하는데 자녀들은 생선 가운데 토막을 차지하고 먹으면서 '생선 머리는 엄마 것'이라고 말하더란다. 하기는 도미 머리가 매우 맛이 있다고 해서 어두일미(魚頭一味)라는 말이 있기는 하지만, 비싼 도미만 먹을 수 있는 집안이 흔하지 않다. 그래도 자녀에게 값이 싼 생선이라도 먹이겠다는 엄마의 사랑 가운데서 빚어진 이야기이다.

이 생선 머리 이야기도 필자 친구의 센베이 이야기와 맥락을 같이 하는 이야기이다. 내리사랑이 아니라서 그렇다는 말로 치부해서는 아니 된다고 생각한다.

위에서 말한 센베이나 생선 머리는 그나마 아빠나 엄마가 좋아하는 것 중심의 이야기라면 그래도 요즘 불량한 세태에 비하면 양호하다고 생각한다. 무엇인가 부모에게 드리려는 그 마음이 고맙다. 다 그런 것은 아니지만, 부모를 모시지 않으려고 형제간에 불목하고 사는 집안이 부지기수이다. 그뿐인가 버젓하게 연봉 수천만 원을 말하는 직장에 취업한 자녀들이 부모에게 생활비를 보내지 않는 사례가 비일비재하다고 한다. 어려운 60년대를 살아오면서도 오직 사랑으로 자녀가 좋아하는 센베이를 사다 먹이고 생선 가운데 토막에서 가시를 발라내고 살코기만 자녀에게 먹여서 길렀다. 그 자녀들이 이제 사회에서 큰일을 하면서 직장에서 중진이 되어 있는데도 말이다.

지금 우리 세대는 부모님께 효도를 마지막으로 하고 그 효도를 받지 못하는 마지막 세대라고 하지만, 이것을 세태가 변화해서 그렇다고만 말할 수 없다. 아무리 살기 어려운 사회라 하더라도 천륜을 잊어서는 안 된다. 자기 자신의 노후 대책을 마련하지 못하고 베이비 붐(baby boom) 시대를 살아온 부모들은 이제 자녀들 때문에 실버 푸어(silver poor)의 길로 접어들었다. 이를 늦게야 깨닫고 '죽을 때까지 자식에게 재산을 물려주지 말라.'고 외치고 있지만, 이미 버스는 지나고 말았다. 그것은 다만 후배들에게 경종이 될 뿐이다.

그리고 이웃 일본에서 10여 년 전에 이미 발생하기 시작했던 독거노인, 독고사, 독거노인대책 등의 단어가 우리나라에도 이미

상륙해서 자리를 잡고 있다. 시대 흐름으로 치부하기에는 너무나 서글픈 기분이 든다.

가정에서 실종된 사랑을 찾아야 한다. 가정은 국가를 형성하는 초석이다. 가정이란 초석이 튼튼히 박혀 있어야 그 나라가 흔들리지 않고 지속해서 발전해 나갈 수 있다. 민주주의의 허리 역할을 담당하는 중산층이 두꺼워야 한다고 말한다. 그 중산층을 튼튼히 만들 수 있는 계층이 바로 가정이다.

가정에서 사랑의 회복운동이 벌어져야 한다. 산업사회를 살아오면서 억울하게 평가 절하된 부권, 자녀의 학업진도에 목맨 엄마의 비정상적인 사랑이 삭막한 가정을 만들고 말았다. 가진 것이 많으면 무엇 하며 인성이 결여된 자녀의 우수한 성적만으로 무엇 하겠으며 사회적 지위가 높으면 무엇 한단 말인가?

각 가정에 깊게 스며든 흔들리지 않는 사랑이 있어야 하며 그러한 사랑은 자연스레 이웃에게로 넘쳐 흘러가게 되어있다. 우리는 센베이를 사 들고 가정으로 돌아오는 아빠의 사랑, 생선 가운데 토막에서 가시를 발라내고 살코기만 자녀에게 먹이는 엄마의 사랑을 닮아가야 한다.

다듬잇돌에 얽힌 애환

이 상 화

오래간만에 고풍스러운 음식점에서 점심을 했다. 옛날 초가집을 음식점으로 개조한 집인데 그 음식점에서 옛날 우리 할머니, 어머니들이 사용하셨던 다듬잇돌을 보았다. 마루 밑 토방에 다듬잇돌을 놓고 이 돌을 디딤돌로 해서 손님들이 마루에 오르내리고 있었다. 그것 이외에 방 한구석에 화초장(花草匠)도 있고 못에 달아맨 다듬잇방망이도 있으며 심지어는 키 이외 체도 걸려 있다. 그리고 그 집의 출입문이나 창문은 전부 전통적인 한옥 양식인 격자문(格子門)이다. 필자는 다듬잇돌과 다듬잇방망이에 눈길이 멎었다.

우리 또래들은 누구나 어릴 적에 이 다듬잇돌과 다듬잇방망이를 보며 자랐다. 어느 가정이고 이 두가지가 없는 집은 없었으니 말이다. 옛날에 우리 집에는 엷은 청색과 검은색의 다듬잇돌 둘이 있었다. 이 다듬잇돌은 옷감, 이불감 등의 천을 다듬을 때에 밑에 받쳐 사용하는 것으로 돌로 만들어진 것도 있고 단단한 나무로 만들어진 것도 있다고 한다. 돌로는 화강암, 대리석 등의 석재를 사용했는데 필자는 나무로 만든 것을 보지 못했다. 그리고 다듬잇방망이는 박달나무, 느티나무 같은 단단한 나무로 만드는데 박달나무로 만든 방망이가 제일 좋다고 한다.

위에서 말했듯이 옷감을 다듬을 때 여인네들이 이 방망이질을 했다. 필자는 혼기를 앞둔 누나들이 직접 그 다듬이질하는 것을 보았다. 그때 옆에서 어머니께서 다듬이질하는 방법을 가르쳐주셨다. 다듬이질은 오른손과 왼손으로 각각 방망이를 잡고 한쪽 손의 방망이를 강하게 치면 다른 한 손의 방망이는 약하게 치는 것이라고 말씀하시고 방망이로 다듬잇돌의 모서리를 쳐서는 아니 한다고 하셨다.

그 이유는 옷감을 상하게 하기 때문이라고 설명하셨다. 두 사람이 방망이질을 할 때에는 다듬잇돌을 중심으로 마주 앉아 다듬이질하는데 상대방의 방망이에 얽히지 않도록 주의해야 하며 서로가 박자를 맞춰서 두들기라고 하셨다. 그리고 특히 주의할 것은 손 바느질한 혼 솔기를 뜯어서 세탁해야 하며 그렇지 않으면 특히 덜 마른 옷감을 다듬이질 할 때 그 혼 솔기가 잘 터지므로 주의해야 한다고 하셨다.

다듬이질은 필요에 따라서 수시로 하기도 하지만 여름 장마가 지나고 가을로 접어들면 추수도 하거니와 겨우살이를 위하여 여인네들은 빨래(세탁)하고 그 옷감을 다듬기 위하여 다듬이질하는데 일반적으로 낮이나 초저녁에 한다. 지금은 옷감에 푸새하는 일이 없으나 옛날에는 이불잇, 욧잇, 어른들의 두루마기, 바지저고리 그리고 여인네들의 옷 등에 푸새하여 완전히 건조한다. 그 건조된 옷감에 입으로 물을 뿜거나 손으로 골고루 물을 뿌려서 빨랫보에 싸서 물기가 옷감에 골고루 밴 다음에 솔기를 맞춰서 갠 후 다듬잇돌 위에 올려놓고 방망이로 두드려서 다듬었다.

그리고 푸새한 모시, 무명, 광목, 당목 등의 필목(疋木) 옷감은 홍두깨로 두들기면 구김살이 잘 펴진다. 그렇다고 해서 홍두깨틀이 집집마다 다 있는 것은 아니다.

일반적으로 큰 옷감을 혼자서 다듬이질하기는 버거워서 동서나 시누이와 함께 그리고 자매들이 같이 다듬이질했다. 다듬이질하는 방법은 위에서 말했듯이 양손의 방망이를 강약으로 리드미컬하게 두들긴다. 어느 때 누가 시켰는지는 모르지만, 전통적으로 그렇게 다듬이질을 해 왔다. 이때 그 방망이 소리가 듣기에 좋다. 그 강약의 리듬이 맑고 아름답게 들리며 가까이에서보다 멀리서 들려오는 리드미컬한 다듬이질 소리는 맑은 음악과 같았다. 지금 이 순간 옛날에 들었던 양지마을의 다듬질하는 소리가 들리는 듯하다.

그런가 하면 이 다듬잇방망이질은 시집살이로 쌓인 며느리들의 스트레스를 해소하는 데 한몫을 했다고 한다. 옛날 며느리들이 시집살이했던 시절에 그 스트레스를 자유롭게 풀 길이 없었다. 그 시절 어렵기만 한 시어머니께 바른말을 할 수도 없고 그렇다고 남편에게 함부로 말할 수도 없었다. 남편의 거중조정을 기대하고 말했다가 시어머니로부터 더 심한 시집살이를 받을 수도 있기 때문이다. 또 남편이 그 역할을 제대로 해내기가 심히 어려웠다. 그래서 마음 속에 서리고 얽힌 스트레스를 푸는 좋은 방법이 이 옷감을 다듬는 방망이질이었다고 한다.

위와 같은 애환이 서려 있는 다듬잇돌을 볼 때 우리나라 여성들의 힘들고 고달팠던 과거의 삶을 연상케 해 준다. 낮에 가을걷이에 피로했던 몸으로 저녁에 다듬이질하고 이렇게 다듬어진 옷감을 가지고 호롱불 밑에서 밤을 새우며 바느질을 하셨던 우리 어머니의 생각이 떠올랐다. 집안 어른들의 옷으로부터 어린아이들의 옷까지 꿰매 입히고 사셨다. 힘들고 고달프게 사셨던 분들이 어찌 우리 어머니뿐이리오. 생존해 계실 때 어머님의 은혜에 보답하지 못한 것을 생각하면서 감사의 맘과 죄송한 맘이 교차하는 가운데 다듬잇돌에 얽힌 애환을 그려보았다.

소중한 것 지키기

이 상 화

한국전쟁(1950~1953) 이후에 일어난 '박○수 사건'이 세상을 떠들썩하게 했다. 지금으로 말하면 섹스 스캔들 사건이다. 당시 박○수는 헌병대 대위로 제대한 사람인데 자기 애인의 배신으로 뭇 여성을 복수의 대상으로 삼았다고 한다. 수려한 외모에 춤 솜씨까지 갖춘 박○수는 카바레에서 만난 70여 명의 여자를 농락한 죄로 입건되었다. 그러나 재판 과정에서 입건 사유인 '혼인을 빙자한 간음'이 기각되어 무죄가 된다. 피해 여자들이 유흥비를 지급하는 등 '여성 자신이 택한 향락'으로 밝혀졌기 때문이다.

피고인은 기소한 검사와 판결할 판사가 있는 법정에서 나와 같이 논 여자의 이름을 말하면 여기 검사나 판사의 부인이 있을지도 모른다는 말을 했다는 소문이 떠돌았다. 필자도 그때 사춘기라서 이 사건에 관심이 많았던 것 같다.

검찰의 항소(抗訴)로 심판에서 '공무원 사칭'으로 1년 형을 받는 것만으로 재판이 끝났다. 당시 권○○ 판사의 판결문은 온 나라를 뒤흔들었다. 그 판결문의 요지는 '보호받을 가치가 없는 정조는 국가에서 보호할 의무가 없다.'는 것이다. 즉 자기 정조를 자기가 지켜야 하는데 그렇지 않은 정조는 국가에서도 보호할 의무가 없다는 것이다.

그 유명한 사건이 있었던 때로부터 60여 년이 지난 2015년 2월 26일 헌법재판소는 형법 제241조 간통죄에 관하여 "성적(性的) 자기 결정권 및 사생활의 비밀과 자유를 침해한다."는 이유로 위헌결정을 내렸다. 헌재 재판관들은 "사회에 끼치는 해악이 그다지 크지 않을 경우 국가 권력이 개입해서는 아니 된다."는 것이 현대 형법의 추세라며 "혼인과 가정의 유지는 당사자의 자유로운 애정과 자유에 맡겨야지 형법을 통해 자율적으로 강제할 수 없다."라고 판시했다. 이 판결은 법치의 범위와 한계에 대한 큰 문제점을 던져주었다.

헌재 재판관들은 가정이 국가의 초석이라는 것을 잊은 모양이다. 헌재 재판관들의 부인이나 남편이 간통하고 다닐 수도 있다는 것을 모르는 것 같다. 자기 남편이, 자기 아내가 간통한다는 것을 상상해 보라. 간통죄를 없애고 나니 최근에 "낙태죄를 폐지하라!"고 진보 여성계에서 목소리가 높아졌고 종교단체에선 이를 반대하고 있는데 여성가족부에서 "낙태죄를 폐지하여야 한다."고 의견을 제출했다고 한다. 그 다음에는 창남촌(娼男村)을 만들자는 말이 나올지도 모른다. 그것은 단순히 동물적인 사고에서 빚어진 자기만족의 무책임한 발언이라고 생각한다.

참으로 아이러니컬한 일이 있다. 간통죄 폐지와 관련하여 청와대 소통광장에 가정과 아이가 버림받고 있으니 '간통죄의 부활'을 호소하는 국민청원이 있다는 것을 기억하기 바란다.

사회를 떠들썩하게 한 '#미투(#Me Too)'란 것이 있는데 그 운동을 벌이는 사람들은 거의 다 여성들이다. '#미투'에서 이른바 "위계에 의한 간음"이라는 주장이 있다. 여기에서 형법상 '위계에 의한 간음' 이란 "업무, 고용 기타 관계로 인하여 자기의 보호 또는 감독을 받는 사람에 대하여 위계 또는 위력으로써 간음하는 것을 말하며 그러한 자는 5년 이하의 징역 또는 1500만 원 이하의 벌금에 처한다." 라고 규정하고 있다. 위계(僞計)는 거짓으로 계략을 꾸미는 것이며, 위력(威力)은 위엄 있는 강한 힘을 말한다. 위에서 말한 "위계에 의한 간음을 당했다."고 하는데 그것도 세 번이나 당했다고 한다. 한 번이라면 모르겠는데 세 빈이라니……. 그것은 이해할 수 없는 일이다. 영화감독이 모 여배우에게 주연을 시켜줄 터이니 하룻밤을 즐기자고 요구했는데 그 배우는 주연이고 무엇이고 나 그런 것 안 하겠다고 하면서 배우의 길을 접었다는 말이 있다. 그것이 정석이다.

우리나라 정정이 불안한데, 몇 년 전 트럼프 미국 대통령이 다음과 같은 요지의 메시지를 보냈다. 즉, 한반도 공산화 직전 트럼프 미국 대통령이 대한민국 국민에게 전하는 메시지이다. "이제 미국은 자유민주주의와 평화를 지킬 수 없는 국가를 대신해

무의미한 피를 흘리지 않을 것입니다. Freedom is not free." 이 메시지의 요지가 60여 년 전 권○○ 판사가 '보호받을 가치가 없는 정조는 국가에서 보호할 의무가 없다.'는 판결 요지와 그 의미가 똑 닮았다.

자기 정조를 자기가 지켜야 하는 것처럼 국가의 자유민주주의와 평화도 국민이 지켜야 한다. 우린 남의 나라에 의지하려는 의타심을 먼저 뿌리를 뽑아야 한다. 그 의타심으로 표현되는 사상이 사대주의이며 근세의 대표적인 사실(史實)이 바로 '아관파천(俄館播遷)'이다.

'매일보훈대상' 수상에 붙여

이 석 수

필자는 동족상잔의 6.25전쟁 발발 당시 18세 포항동지상업중학교 4학년 재학 중에 학도병으로 자원입대해 격전지였던 낙동강 전투를 비롯해 8개월간 참전했다. 대략적이지만 6.25전쟁에 참전한 학도병들은 3만여명에 달했고, 이중 2500여명이 전사했다고 한다. 이들이야말로 군번도 계급도 없이 풍전등화의 위기에 처한 조국을 구하기 위하여 포화 속으로 뛰어들었던 진정한 호국영웅들이었다.

미국 워싱턴의 한국전쟁참전용사추모공원 기념비에는 "자유는 거저 얻어지는 것이 아니다(Freedom is not free)"라는 글귀가 있다. 이렇듯 자유와 평화의 유지는 이를 지키기 위한 사람들의 고귀한 희생이 따랐기에 가능할 것이다. 오늘의 대한민국도 수많은 사람들의 희생과 헌신을 딛고 우뚝 서 있다. 국가와 국민은 이들의 공헌에 보답할 당연한 의무를 지닌다.

하지만 학도병들이 고귀한 목숨을 던져 구했던 대한민국은 아직도 이들 학도병에 대한 숫자는 물론 전상자에 대한 통계도 명확하지 못한 실정이다. 참으로 안타깝고 부끄러운 일이 아닐 수 없다. 필자는 학도의용군회 경북지부장을 맡아 그간 이들 학도병들에 대한 각종 증언, 학도병 추모비 건립, 학도병 참전 전승기념행사 등은 물론 몸이 불편한 회원과 무연고 회원들을 위한 위로 방문 및 전사자 신원 확인 지원 등에 많은 노력을 했다.

전쟁의 포화 속에서 운좋게 살아남은 필자는 진정한 호국영웅이었던 이들의 희생과 헌신을 기리는 각종 사업들을 추진했던 일들을 인정받아 호국보훈의 달이었던 지난 6월 22일 '2017 매일보훈대상 시상식'에서 "보훈대상"을 수상했다. 지역의 대표언론사인 매일신문이 주최하고 국가보훈처가 후원하는 이 상은 필자가 경상북도 초대 정무부지사로 재직할 때부터 있었던 30여년의 역사와 권위를 가진 상이어서 개인적으로 매우 영광스러운 일이었다.

특히 대구문화예술회관에서 열린 이날 시상식에는 피우진 국가보훈처장을 비롯해 지역의 각급 기관단체장들이 참석하여 보훈대상을 더욱 뜻깊게 만들었다. 이번 수상은 개인적으로 매우 영광스러운 일이었지만 한편으로는 그저 과분할 따름이었다. 그래서 이번 상은 포항지역 학도병들은 물론 경상북도 학도병들에게 그 영예를 돌리고, 이를 대신해 받은 상으로 여기고 있다. 군번도 명예도 없이 전장에서 산화한 꽃다운 학도병들의 희생을 진정으로 기리는 계기가 되기를 기대해본다.

지난 7월 2일에는 6.25전쟁과 관련해 포항에서 또다른 의미의 뜻깊은 일이 있었다. 이날 포항시 남구 장기면 양포교회에서는 '6.25 및 월남전 참전용사 초청 기념식 및 감사예배'가 열렸는데, 이 자리에는 한국전쟁 당시 UN군으로 참전하여 253전 전승의 신화를 남긴 에티오피아 '강뉴부대'의 노병 2명이 초청됐다. 이 행사는 17년째 이어져온 에티오피아 한국전쟁 참전용사 초청 행사로 혈맹의 우정을 나눈 뜻깊은 자리였다.

당시 UN군으로 참전했던 이들은 황실근위대 소속으로 '강뉴부대'에 소속돼 253전 전승의 신화를 만든 주역들이었다. 이들은 "이길 때까지, 죽을 때까지 싸워라!"는 황제의 명령에 따라 나라 이름조차 생소했던 최빈국 대한민국을 지키기 위해 지구 반바퀴를 돌아 참전했다. 에티오피아는 3518명이 참전하여 전사 121명, 부상 536명 등의 희생을 치른 우리의 혈맹이다. 필자도 이 뜻깊은 자리에 함께했고, 비록 작지만 이들의 희생에 보답하기 위해 최근 수상한 보훈대상 상금 전액을 격려금으로 전달했다.

국가안보는 한 나라의 흥망을 좌우하는 가장 기본적인 문제이다. 다시 말해 경제가 먹고 사는 문제라면 안보는 죽고 사는 문제라 할 수 있다. 보훈은 나라를 지킨 사람들의 희생과 공헌을 국가가 보상하고 예우하는 것이다. 나라를 위해 희생한 6.25 유공자는 물론 독립투사와 유가족, 경찰, 소방관, 군인 등에 대한 한층 두터운 보호와 지원이 국가안보를 더욱 튼실하게 하는 기반이 될 것이다. 이들의 희생과 공헌에 보훈하지 못하는 국가는 국민에게 애국을 말할 자격이 없다.

100세 건강 Tip

고혈압을 완화시키는 생활습관

류영창

- 탄수화물 줄이고, 소식하기
- 육류를 적당히 먹고, 야채, 버섯, 해조류 먹기
- 숨이 차는 운동하기
  - 심하지 않은 운동을 하여, 혈관 평활근의 탄력 증진

4. 잠을 충분히 자고, 숙면을 취할 것
   - 7시간 이상의 수면
5. 당독소(AGE) 줄이기
   - 노릿노릿하게 구운 식품 자제
6. 과일은 식전 30분이나, 식후 2시간 이후에 먹기
   - 식후에 먹으면 혈당 상승하여 혈액이 탁해짐
   (그러나, 쥬스 형태로 먹으면, 식이섬유가 적어 문제)
7. 양파차 끓여서 수시로 마시기
   - 퀘르세틴이 풍부하여, 고지혈증에 탁월한 효과
8. 물을 자주 마시기
9. 다이어트
10. 술과 담배 끊기

마음의 계단

김 영 빈

필자는 산책을 하면서 아파트 단지 안에 있는 돌계단 오르기를 좋아한다. 울툭불툭한 돌계단의 맨 위에 올라서면 깔끔하게 벽돌이 깔린 평탄한 마당을 만난다. 지나간 80평생을 되돌아 볼 때, 험난한 현실의 삶에 따라다니는 갖가지 마음의 시련을 겪으면서, 나의 안에 있는 모든 마음의 계단을 밟아 보았다. 그래서 이제는 세상과 참된 나 자신을 만나는 마음의 의미를 깨달아가고 있는 중이다.

우리 모두의 마음에는 계단이 있다. 누구나 사람의 마음에는 어떠한 현실의 환경에서 출발하든지 가장 높은데(Spirit:영성)까지 오를 수 있는 5차원의 계단이 있다. 우리는 하나 뿐인 소중한 인생을 보람되게 살기 위해서 돌계단을 오르듯이 마음의 계단을 정상까지 올라갈 필요가 있다고 생각된다. 그리하여 그 과정을 차근차근 밟아 가다가 보면 어떤 부귀영화도 가져다주지 못하는 풍요롭고 멋진 인생의 마무리를 할 수 있을 것이다. 그런 의미에서 우리 마음의 계단이 어떠한 과정으로 이뤄지는지에 대해서 살펴보기로 한다. 먼저 우리 마음의 계단은 언제(when), 어디(where)에서, 누구와 함께(with whom) 있느냐는 '환경'(environment)에서 출발한다.

① Behavior(행위) : 사람은 나면서부터 무의식적으로 어떠한 행위(Behavior : 단순한 동작)를 하거나, 의도적으로 다양한 행동(Action : 의지를 가지고 하는 실천)을 한다.

② Capabilities(능력) : 누구에게나 어떤 일을 할 수 있는 능력(Capabilities)과 자기 나름의 전략(Strategy)이 생긴다.

③ Values(가치관) : 모든 사람은 살아가면서 알게 모르게 경험하는 환경과 습관 등에 의해서 어떤 가치관(Values)이 형성되고, 그에 따라서 자기 나름의 신념(Beliefs)을 갖게 된다.

④ Identity(자아정체성(ego identity 자기정체성)) : 사람은 자신에 대해서 다양한 개념과 느낌을 가진다. 그것은 대개 남들과의 관계에서 나타난다. '나' 중심으로 사는 사람은 자기도취적 태도에 빠진다. 너무 남의 눈치를 보는 사람은 자기상실의 모습을 보인다. 가장 좋은 태도는 '너와 나는 우리'라는 조화의식을 가지는 것이다. 여기에 올바른 자아정체성이 형성되지만 그 과정에는 숱한 고뇌와 진통이 따른다. 자아(自我)의 의미는 글자 그대로 '나 자신(自)과 우리(我)가 하나'라는 뜻이므로 어디까지나 마음의

방향을 자기중심보다는 밖으로 돌려서 남들을 포용하면서 살아가는 자아의식을 갖는 것이 핵심이라 할 수 있다.

'나'와 자아정체성

세상에는 진정한 자신이 누구인지 잘 알지 못한 채 어둠 속을 헤매듯 살아가는 사람들이 많다. 자기중심의 감정으로 자기만을 생각하며 사는 사람은 자신의 참 모습을 보지 못하고 다른 사람들과의 관계성도 알지 못하기 때문이다. 한편으로는 '나는 누구인가?'를 자문하며 고민하고, 타인들과의 관계성도 생각하면서 자기 나름의 자아의식을 챙겨보려고 고민하는 사람들도 적지 않다.

이런 사람들은 세상살이의 경험과 가치관이 쌓이면서 자신의 존재가치는 타인과 세상과의 관계에서 의미와 보람이 있다는 것을 깨닫게 된다. 사람은 누구나 칭찬받기를 좋아하며, 다른 사람이 자신을 바라보는 짧은 호감의 눈빛에서 힘을 얻는 까닭도 여기에 있다.

우리가 인간으로서 보람되게 살아가려면 무엇보다도 자기 자신을 아는 것이 선결 문제이다. '나는 과연 어떤 사람인지, 무엇을 원하며, 무엇을 할 수 있는지?'를 진지하게 고민하며 자신의 이기적 성품과 치열한 싸움을 벌일 필요가 있다. 이런 노력은 나이가 들수록 더 필요하고 중요하게 된다.

사람은 욕망과 이기적 근성에서 벗어나지 못하는 자신의 본성을 스스로 잘 알기 때문에 늘 고민하면서 자신의 성품을 더 좋고 높은 차원으로 올리고 싶어 하는 본능적 욕구를 가지고 있다. 이는 모든 인간이 가지는 자존심이며 존엄성을 지키는 마지노선이라 할 수 있다. 그러므로 우리가 '진정한 자신을 안다'는 것은 '나는 착하고 잘났다'는 착각보다는 '나는 못되고 못났다'는 진실을 인정하고 반성하는데 더 큰 의미가 있다.

그리하여 자신의 이기적 성품과 미숙한 모습에 눈을 뜨게 될 때에, 우리는 좀 더 겸손해지고 덜 감정적이 되며 더 많은 선의를 가지고 사람들을 대하게 될 것이다. 이렇게 하면서 더욱 성숙된 자아정체성을 가지게 되는 사람은 자기중심의 삶에서 벗어나서 세상에 대한 어떤 소명의식(Mission)을 가지고, 이웃사랑과 나라사랑 등 헌신의 길에 나서게 된다. 이런 사람은 타인에게 베푸는 선의와 헌신이 궁극적으로 자기 자신에게 더 큰 보람과 기쁨으로 돌아온다는 이치를 경험하게 된다.

이는 본래부터 모든 인간에 잠재돼 있던 영혼의 힘이 내면에 살아나면서 '세속적 인간성'에서 '영성의 인간성'으로 상승하는 자기정체성이 확실하게 형성되기 때문이다.

⑤ Spirituality(영성) : 사람의 마음에는 심리학이 설명하지 못하는 영성과 인간성이라는 두 가지 상태가 있다. 일반적으로 세상

사람들은 인간성을 위주로 하여 살아간다. 영성은 창조주와 연결되는 영혼의 힘이 마음에 작용하는 초월적 느낌의 상태이며, 인간성은 육신과 세속적 필요성에 따르는 현실적 마음의 상태라 할 수 있다. '만물의 영장'이라고 자부하는 인간 안에는 창조주로부터 받은 영혼이 들어있다고 철학자나 종교인들은 말해왔다. 이는 생물학이나 뇌 과학적으로 증명이 안 되는 부분이다.

영혼과 영성

영혼이란 인간의 육체에 깃들어있는 정신적, 추상적 실체라고 정의된다. 기독교, 유대교, 이슬람교, 불교, 힌두교 등 여러 종교는 영혼불멸설을 내세운다. 이는 육신과 영혼은 별개이며 육신은 죽어도 영혼은 죽지 않아서 천당이나 지옥에 가거나 인간이나 동물로 환생한다는 사상이다.

특히 기독교에서는 창조주가 인간을 만들면서 그 코에 입김으로 생명을 불어 넣을 때, 보이지 않게 영혼을 심어 놓았다고 한다. 그래서 사람들이 누구든지 다급할 때 '하나님!'을 부르거나, 평소에 하나님을 믿고 의지하게 되면 잠재돼 있던 영혼이 살아나서 하나님과 소통이 이루어진다는 것이다.

인류의 기원에 관한 다윈의 진화론이 증명되지 않은 과학적 가설에 불과하다면, 인간에 대한 창조신화를 받아드리는 쪽이 훨씬 좋을 것 같다. 인간의 존재의미와 가치는 생물학적 분석보다는 생각하며 믿고 행하는데서 나오기 때문이다.

영혼 불멸설에 대한 필자의 소견으로는 영혼이 특정인의 육체 안에 각각 다르게 깃들어 있는 개성적 존재인 만큼 한사람이 죽을 때 그 영혼이 다른 곳으로 이동하거나 환생하는 것은 의미가 없다고 생각된다. 다만 죽는 사람의 마음속에 하나님에 대한 의식이 살아 있으면, 그 영혼이 하나님에게 연결되어 있으므로 몸은 죽어도, 영혼은 하나님 안에서 영생한다는 의미라고 해석할 수 있다. 누구든지 하나님과 함께 있을 수 있다고 생각하는 순간이 바로 천국이 되는 것이다.

우리는 생물적 인간으로서만 존재할 수 없는 영혼과 영성을 자신 안에 가지고 있다는 확고한 신념이 필요하다. 우리가 하나님과 다른 사람들에 대해서 좋은 관계를 가지는 일이 중요하다는 이치를 깨달아서, 남들과 사이좋게 살아가는데 큰 보람과 기쁨을 느낄 수 있을 때, 더 넓고 깊은 인간관과 세계관을 가지게 된다. 여기에서 우리 마음의 가장 높은 계단이라 할 수 있는 영성의 힘이 살아나게 된다.

그러면 왜 영성이 우리에게 그토록 중요할까? 인간의 정신에서 영성이 살아나면 감정의 충동적인 힘을 순화시켜서 이성과 선의의 힘으로 바꿔준다. 그렇게 되면 자신의 삶이 더 행복해 질뿐만 아니라 다른 사람들에게도 선의를 베풀어서 더 좋은 세상을 만드는데 도움이 될 수 있다. 자료에 의하면 영성의 효과는 여러 가지로 표현되지만 다음과 같이 정리할 수 있다.

1. 다른 사람들과 좋은 관계를 가지고 함께 살아가면서(공동체) 선의를 실천할 수 있는 사랑의 능력을 가진다.

2. 자신이 자연의 한 부분이라거나 소우주라고 생각하는 등 스스로의 존재의미와 가치를 더 커다란 실재 속에 경험하면서 각박한 생존경쟁의 틀을 넘어서는 넉넉한 성품을 가진다.

3. 사람은 태초에 하나님의 영혼(the Spirit, the Soul)을 받아서 창조됐으므로, 누구든지 하나님을 생각하는 사람은 영혼이 살아나서 그 마음에 영성(또는 神性)이 작용한다.

4. 영성은 간절히 바라는 마음에 영감을 주고 삶의 방향을 계시해 주기도 한다.

세상에는 이런 저런 신앙의 힘을 빌려 자신의 인간적 마음을 영성의 차원으로 높여서 험난한 삶의 고난을 이겨내고 좀 더 편안한 마음으로 행복한 삶을 누리려고 애쓰는 사람들이 많이 있다. 하지만 수동적으로 신앙에만 의존해서는 올바른 영성을 얻을 수가 없으므로 정확하고 확고한 자아정체성을 찾는 노력을 병행할 필요가 있다. 신앙이건 인간적 방법이건 열심히 자신의 마음을 수련하는 가운데, 분명한 자아의식을 형성하면서 조건 없는 무한의 선의를 실천할 수 있는 데까지 우리의 마음을 최대한도로 끌어올려 보는 것은 사람으로서 참으로 멋진 일이 아니겠는가?

100세 건강 Tip

면역력을 낮추는 4가지 습관

류영창

- **냉기**
  - 체온조절중추가 잘 작동되지 않아, 에너지 소모가 크고, 면역력 약화
  - 아랫 배가 차면, 소화 및 혈관계에 악영향
- **스트레스**
  - 스트레스 호르몬 분비로 양쪽 가슴 중앙의 전중혈의 통증
  - 밤에 잠을 잘 자지 못하고, 소화불량, 만성 두통, 신경계 질환 발생
  - 대상포진 등 각종 병 발생
- **수면 부족**
  - 잠이 보약…인생의 1/3 할애 필요, 잠을 잘 자야(7~9시간), 성장호르몬과 암세포를 죽이는 사이토카인 분비 가능
  - 바이러스 등 병원균을 공격하는 T-세포의 기능 약화
  - 뇌의 청소기능 약화로 치매 유발 위험
- **햇빛 피하기**
  - 국민의 80~90%가 햇빛 부족 상태
  - 우울증 예방, 꿀잠자게 하는 멜라토닌, 비타민 D 생성 저해

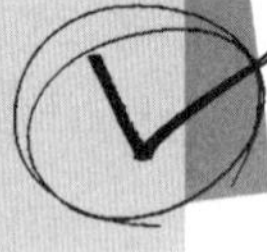

손자 이름 짓기

김 기 빈

언령(言靈), 이름이 곧 브랜드다

인류 문명사는 언어에 의하여 이루어졌다. 역사, 문화, 인간의 학문적 성과가 언어의 집합체이며 사람 이름, 지명이나 상호, 사물에 붙여진 모든 이름이 언어에 의하여 표현된다. 그것은 언어가 인간의 사상과 감정을 가장 잘 드러내는 조직적인 소리 체계이자 인간생활의 기본 요소이기 때문이다.

그러므로 동서양을 막론하고 언어는 영성(靈性)을 지닌 영적 존재로 보고 이를 언령(言靈)이라 하였으며, 헬라어의 로고스(Logos)나 기독교의 성령(聖靈)과도 통하는 것으로 이해되었다.

왜 인간의 언어가 영성을 지니게 될까? 우리 속담에도 "말이 씨가 된다."든지, "호랑이도 제 말하면 온다."고 한다. 무슨 말이든 여러 사람이 어떤 단어를 되풀이 사용하게 되면 그 말이 진언(眞言)이 되고, 언상일치(言象一致) 곧 그 말대로 이루어진다고 믿는 것이다.

그 예로서 성서에는 여호수아와 백성들의 함성에 의하여 여리고성이 무너졌다고 하였고, 또 신라의 수로부인이 바다의 용에게 납치되었는데, 백성들이 바닷가에 나가 일제히 "수로를 내 놓으라." 고 소리치자 용이 부인을 보내주었다고 한다. 우리가 설날에 서로 한 해의 복을 빌고 덕담을 나누는 것도 역시 이런 언령 관념에서 나온 것이다.

비슷한 경우로서 가수(歌手)의 생애가 자신이 부른 노래의 가사(歌詞)대로 이루어지는 예도 많다. 가령 「사(死)의 찬미」를 부른 윤○○이 현해탄 바다에서 자살한 경우라든지, 「산장의 여인」을 부른 권○○이 산장에 들어가서 암과 투병한 예, 「서른 즈음에」를 부른 김○○이 30대에 타계한 경우, 「수덕사 여승」을 부른 송○○가 평생 독신으로 지내면서 불교 포교사가 된 예, 「간다 간다 나는 간다」를 부른 김○○가 20대에 요절한 경우, 「글루미 선데이」(속칭 자살자의 노래)로 데뷔한 SG워너비의 채○○가 젊은 나이에 자살한 예, 「이별」을 부른 패○○이 그의 남편 길○○과 이혼한 경우 등 그 예는 상당히 많다.

언어에 언령이 있다면, 수많은 사람이 되풀이 하여 그 사람을 부르게 되는 이름, 성명에도 당연히 영성(靈性) 운명성이 내재될 것이다. 이것은 고대 로마 사람들의 "nomen est omen. 이름이 곧 운명이다."라는 사고방식과도 같은 맥락에서 이해된다.

모든 사람은 태어나면서 이름이 붙여진다. 그런데 한 번 붙여진 이름은 살아가면서 그 이름에 맞는 자기의 풍경 즉, 자기의 이미지를 형성하게 되고 그 이름으로 자신의 운명을 엮어나가게 된다.

어찌 사람 이름 뿐이겠는가? 오늘날 기업이나 상품의 명칭이나 브랜드에 있어서도 그 핵심이 바로 이름이기 때문이다. 이름은 곧 '나'라는 존재를 세상(사회)으로 이끌어내서 공인(公認)케 하는 표상이다.

얼마 전에 손자의 이름을 짓기 위하여 여러 가지 자료를 정리하다 보니 이름과 그 사람의 운명 또는 그의 행적이 신통하게 부합되는 경우가 많아서 그 중 10여 명을 뽑아서 요약해 보았다.

• 강유일 – 1980년대 후반에 승객 39명을 태운 버스가 금강 상류(영동 심천)에서 추락하여 38명이 죽었으며, 그 때 유일한 생존자가 이름 그대로의 '강유일'씨이다.

• 김완주 – 2014년도 전라북도지사. 그 이름대로 처음에는 완주군수를 지냈으며, 뒤에 전주시장도 역임하였다.

• 강진원 – 2014년도 전라남도 강진군수. 그 이름대로 강진군수가 되었는데, 강진원의 '원'은 조선시대 고을 사또를 뜻하는 것으로도 풀이 할 수 있다.

• 임종국(林種國) – 1957년부터 전남 장성 축령산에 조림사업(편백

나무숲)을 시작하여 마침내 국내 제일의 숲을 조성하였고, 그 공로로 5.16민족상을 받았다. 그 이름대로 국내(國) 굴지의 숲(林)을 조성하는 씨앗(種)이 되었으며, 그의 묘소 역시 그 숲 속에 수목장으로 조성되어 있었다.

• 이천우(李天雨) – 2002년 한일 월드컵 당시 기상청 예보국장으로 재직하였다. '일기예보 = 천우(天雨)'라는 이름과 서로 통한다.

• 라음파(羅音波) – 유명한 작곡가로서 1990년대 후반 한국작곡가협회 회장을 지냈다. '라'(가나다라)와 '파'(도레미파)는 모두 음계명에 해당되니 이름만 들어도 음악가인 줄 알겠다.

• 손열음 – 차이콥스키의 국제음악콩쿠르에서 2위를 한 후 국제적으로 널리 알려진 여류피아니스트이다. 세계 각국 연주행사로 바쁜데, 손으로 두드려 환상의 소리(음)를 열지 않는가?

• 이세돌 – 우리나라 바둑계를 주름잡았던 최강자 중의 한 사람. '돌 = 바둑'으로 풀이해 보면 그는 바둑이 셀 수밖에 없겠다.

• 도재건(都再建) – 2000년대 초에 79세의 나이로 이미 절도전과 12범이 되었다. 타고난 도벽(盜癖) 때문에 출소한 후 다시 절도죄로 수감되었다고 한다. 그 이름대로라면 재건축 조합장 쯤이 어울리는 이름인데 '도'가 '도(盜)'로 유감(有感)되고, '재(再)' 자가 전과를 암시하는 것 같다.

• 적우 – 요즈음 활동 중인 젊은 여자 가수이다. 2014년 3월 SBS 방송 '도전 1000곡'에 출연하였는데, 자기의 예명이 '비 우(雨)' 자가 들어가서 그런지 꼭 무슨 일을 하려면 비가 내리므로 이를 '깃 우(羽)' 자로 바꾸었다고 하였다.

그런데 우리 후손들의 이름은 어떻게 지어야 할까? 필자도 친인척 후손들 이름을 지어 보았는데, 그 경험을 간단히 정리해 본다. 대개 한문글자의 뜻이나 오행설, 항렬 등을 따르게 되는데, 그렇더라도 우리말로 불렀을 때 부르기 쉽거나 느낌이 밝은 소리가 되도록 작명하는 것이 좋다는 점이다. 그것은 이름이 곧 그 아이 성장 후 그의 브랜드와 같다는 점에서, 그 아이의 이름을 불러줄(호명할) 주변 사람들, 혹은 그 이름을 들을 사람들에게 어떤 이미지가 전달될 것인지를 고려하라는 것이다.

제행무상(諸行無常)이라는 말이 있다. 우리 인생의 끊임없는 변이(變移)와 일체 만물이 잠시도 머물러 있지 않는 무상(無常), 곧 주역(周易-만변)의 진리 앞에서 이름과 운명의 부합이란 어찌 보면 말장난에 불과할 수도 있다.

바로 그런 점 때문에 노자(老子)는 「도덕경」에 "명가명(名可名) 비상명(非常名)"이라는 한 구절을 예비해 놓았던 것 같기도 하다. 우리 인생의 덧없음에 비추어 볼 때 이름 또한 덧없는 것임을 알지만, 현실 속에서는 명리(名利)가 맨 선두를 지키고 있는 것이다.

100세 건강 Tip

노년을 위한 건강습관 10가지

류영창

- **근육운동**
  아령 등을 이용한 근육 운동으로 낙상 위험 축소
- **걷기 운동**
  주 3회, 1회 30분간 햇빛받으며 걷기
  한국인에게 가장 부족한 비타민D 생성
- **금연**
- **색깔별 영양분 섭취**
- **비타민과 항산화제 섭취**
- **체중 조절**
  저지방, 저탄수화물 식단
- **적절한 수면**
  7~9시간, 밤 11시 - 2시에는 잠든 상태 유지
- **꾸준한 두뇌 자극**
  외국어 공부, 두뇌를 자극하는 책
- **음악 감상/악기연주/댄스**
- **신앙 생활**

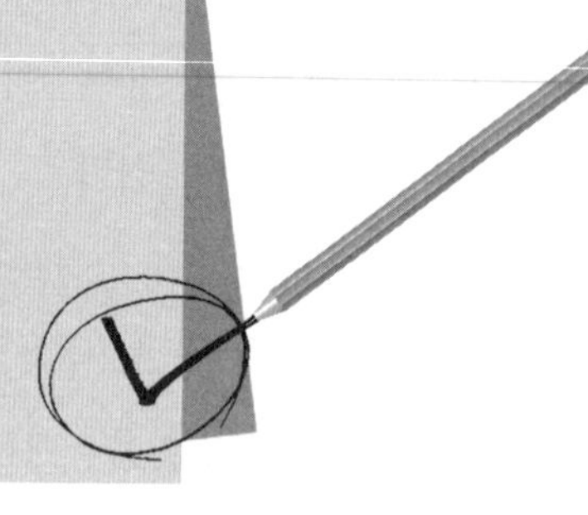

인생은 혼자라지만

이 진 영

사람이 태어나서 죽을 때까지 사는 삶을 인생이라고 하는데 인생은 혼자 태어나서 혼자 살다 혼자 간다.

그렇지만 나를 따르는 그림자와 마음속 깊이 종교적 믿음의 신인 하느님, 부처님, 조상신 등이 동반(同伴)한다. 이와 같은 인생에는 혈연관계의 부모형제가 있고, 부부가 있으며, 촌수로 따지면 부부는 무촌(無寸)이고 부자간은 1촌이며 형제간은 2촌이다. 무촌과 1촌의 관계에 사는 사람은 법적으로 서로 부양의 의무가 있으면서 산다. 이처럼 혈연관계는 가까운 관계를 말하고 있는데 실제로 가장 가까운 것은 무촌인 부부간이다.

부부는 그림자처럼 가까이서 무촌으로 살지만 언젠가는 누가 먼저 죽을지 모르는 미래에는 혼자 살게 되어 있다. 혼자 사는 인생은 많은 주변 사람들과 더불어 살면서 가진 것들을 주고받으면서 상부상조하며 어울려 산다. 혼자 사는 인생은 가진 자가 되기 위해 부단한 노력을 하여 가진 자가 되고 보람을 느끼며 살다가 인생 말년에는 가진 것을 베푸는 즐거움에 살다가 마지막 죽음에서는 아무것도 가진 것이 없는 빈손으로 간다.

죽음에서 빈손인 것은 누구나 공통적이다. 빈손으로 혼자 태어난 인생이지만 지식정보기능을 배우고 익혀 가진 자가 되고 돈을 벌고 모아 가진 자가 되고 많은 사람과 접촉하여 사람을 많이 아는 가진 자로 살게 된다.

인생의 노년에는 일반적으로 고독이라는 인생 본연의 현상을 느끼며 살게 된다. 그 많던 친구들도 거리가 멀어져 없어지고 전화 한 통화 할 수 있는 친구도, 만날 수 있는 친구도 날이 갈수록 줄어들어 혼자인 나를 발견하게 된다. 그러나 우리 건설진흥회 회원들은 좀 다른 삶을 살아가고 있는 것 같다.

대한건설진흥회 구성에 아이디어를 제공하고 힘을 모아 본회가 발전하고 있는 것은 참으로 고맙고 감사한 일이다. 이 조직의 바탕은 공직에 몸담아 국가에 청춘을 바쳤던 연유로 친목 도모를 위한 대한건설진흥회가 조직되었다. 하나의 사례로 본회로부터 2019년 11월 21일 원로회원 오찬모임 초청장이 접수되었다. 이제 우리가 살면 얼마나 더 살겠느냐 자주 오라고 뜻이 담겨있다. 소원했던 서로의 소식도 주고받으면서 옛 정을 되새길 기회를 놓치지 않는 것이 좋겠다. 지난 10월 23일 국토순례 행사 때에도 월정사 및 전나무숲길, 허브농장 방문 등 멋진 코스를 준비했다고 들었다. 회원의 많은 참석을 독려하고 싶다.

젊은이들은 돈을 벌기 위해 출근하지만, 노년의 늙은이는 사람을 만나기 위해 만남의 광장으로 나가 사람을 만나고 즐기는 시간을 많이 가져야 한다. 만남이 없는 곳은 무덤 속이다. 살아있으면서 무덤 속에 살아서는 안 된다. 죽기 전에 사람과의 만남, 새로운 지식정보와의 만남을 위해 주어진 시간을 보람 있게 써야 한다.

억만장자 오나시스도 "인생의 마지막 죽음의 순간에 많이 가진 것이 결코 행복하지 못했음을 후회했다." 하면서 결국은 모든 것을 버리고 가는 혼자인 인생을 후회하며 71세의 나이로 세상을 떠났다. 빌 게이츠는 가진 것을 사회에 환원하는 즐거움에 산다고 한다.

혼자 왔다가 혼자 살고 혼자 가는 우리 인생을 보람 있고 후회 없이 살다 가려고 노력해야 한다. 혼자 사는 인생이지만 혼자가 아니라는 생각을 하며 사는 사람은 항상 두려움이 없이 전진하는데 이것은 혼자이지만 의지하며 같이 가는 긍정의 지팡이가 있고 믿음의 신과 같이 가고 있다.

우리는 혼자라고 생각하면 연약하고 무력한 인생이지만 나를 도와주는 같이 가는 분이 있다는 믿음이 있을 때 용기가 나고 힘이 솟는 것이다. 이는 실제로 필자가 체험한 심적 과정이다.

그래 거울 속의 내가 웃도록 항상 웃으며 살자.

100세 건강 Tip

걷기 운동의 10가지 효과

류영창

일본에서 65세 이상의 노인의 하루 걷는 걸음수와 운동효과를 측정한 결과,

- 4,000보 : 우울증 없어지고
- 5,000보 : 치매, 심장질환, 뇌졸중 예방
- 7,000보 : 골다공증, 암 예방
- 8,000보 이상 : 고혈압, 당뇨 등 대사증후군 예방

- **심장마비 예방**
- **스트레스 해소**
- **치매 예방**

  하루 30분 이상 걸으면, 발병확률 40% 이상 저하
- **녹내장 예방**
- **하체 근육 발달**

  균형감각발달로 넘어짐 방지, 고혈압 예방
- **소화기관 개선**
- **뼈 건강 : 골밀도 높아짐**
- **폐 기능 개선**
- **다이어트**
- **당뇨 예방**

  근육과 지방 세포들의 인슐린 작용 활성화

아름다운 귀향

육 정 균

창 밖에 걸린

단풍나무 수줍게 물든

세월사이

만월을 보면

내 고향 마을

아늑한 대나무숲

초가을 이슬 맺히고

초가지붕 위엔

하얀 달빛 머금은

벌거벗은 숫처녀 엉덩이 하나

반 석(盤石)

육 정 균

반석은 언제나 사람들의 짓밟힘 속에서도
자기 자리에 묵묵히 누워있다.

그리고 다시 짓밟히고, 또 짓밟혀도 언제나 사람들에게 더 짓밟히려
제 자리에 몸을 사리지 않고 불평 한마디 없이
그것도 아주 평정심을 잃지 않고 편안하게 누워있다.

때론 지나가는 뱀의 긴 배비늘 행렬이 안전하게 지나가도록,
어느 땐 잠깐 벌레를 잡아먹는 까치의 깡총 걸음까지도
소리 없는 생명으로 이어지도록 묵묵히 누워서 자기 책무를 다한다.

세상 어느 구석마다 이처럼 보이지 않는 곳에서
묵묵히 자기 소임을 다함으로써 하느님의 평화가 세상 곳곳마다
쉼 없이 번지도록 오늘도 낮은 곳에서 사랑을 실천하는 그대들.
민초(民草)라는 반석(盤石)들이 있다.

어 느 새

육 정 균

그녀는 어디로 사라진 걸까?
그녀가 사라진 도시는 화석처럼 굳어진 채
억만겹 잔설만 쌓이고 있었다.
다시는 오지 않을 과거처럼 겹겹이 쌓여만 가던
안개와 먼지 같은 세월 속으로 그녀는 정말 어디로 침잠한 걸까?
그녀가 남긴 그리움은 전설처럼 안개 속으로 내려앉을 뿐
그녀가 다시 오리란 기별은 정말 어디에도 없었다.

어느새
그 춥고 고단한 겨울 지나 장미꽃 만발하고
무심코 숱하게 쌓인 먼지 같은 그리움 툭툭 털어내며
빨간 장미꽃을 머리에 인 빨간 우체통을 서슴없이 열었을 때,

푸드득,
우체통안 새집 하나, 작고 아리따운
안개깃털 포근히 모아 지어놓고 한쌍 알을 품던

어느새
푸드득 저녁노을 검붉게 찢어진 어둠 저편으로
그녀는 날아가고 말았다.

어느새.....

인연(因緣)의 끈

이 승 재

인연의 끈이 이토록 짧은 줄 몰랐다.

멀쩡하던 사람이 하루아침에
천길 나락으로 떨어지고 나니
심장이 터지는 고통에 입을 닫는다.

항암(抗癌) 치료나 복수(腹水)를 빼낼 때에도
체념한 모습으로 눈을 감고 있던 당신
무슨 말이 하고 싶었는지
어떤 생각이 가슴을 찢고 있었는지
바라볼수록 안타깝고 가련하기만 하다.

병을 낫게만 할 수 있다면
내 심장이라도 빼 주고 싶지만
무엇을 어떻게 해야 할지 모르겠다.

소용없는 몸부림은 상처만 깊게 하고
보낼 수밖에 없는 인간의 나약함 앞에서
끊어지는 인연의 끈이
텅 빈 침실을 갈기갈기 찢어 놓고 있다.

멋진 70代를

채 남 희

이 여름

후덥지근한 마파람 몰아내는

건듯 부는 동부새에 흔들리는 것이

어디 수양버들 가지뿐이랴

어디 저 탄천의 습지에 핀 갈잎뿐이랴

어디 저 땡볕에 의해 축 늘어진 가녀린 풀잎뿐이랴

70代가 흔들리는 것은

마음이 여유로워져서이지 어디 동부새 때문이런가

서녘 하늘로 퍼지는 붉은 노을이 이리도 정겨울까

봄여름 가을 겨울이 일흔 번이나 지나가는 동안

몇 번이나 저 노을을 바라보는 한가로움이 있었던가

건듯 불어주는 동부새처럼
이제 인생의 영욕 다 떨치고 황혼기를 만끽할 수 있는
그 무엇이 다가오고 있음직하다.

아름다운 노을이 펼쳐지려 한다.
자! 시작이다!
즐기자, 멋진 70代를!

눈물이 나도록 살자

전 재 욱

아직도, 어디서 와서 어디로 가는지
가면 언제 다시 올지를 모르고 산다.

기린은 선체로 새끼를 낳기 때문에
수직으로 떨어져 일격을 당한다고
간신히, 정신을 차리는 순간 세게 걷어차이고
또, 정신을 차릴 때쯤 처음보다 더 아프게 힘껏 차인다.
머리를 흔들어대는 새끼 기린
움직이지 않고 있다가는 걷어차인다는 것을
가늘고 긴 다리로 비틀거리며 기우뚱 일어날 때
한 번 더 엉덩이를 세게 걷어차인다.

충격에 쓰러졌다. 벌떡 일어난 새끼 기린은
달리기 시작한다. 그제야
어미 기린이 달려와 아기 기린을 핥아 준다.
하이에나와 사자들의 먹잇감이 되지 않기 위해서지
일어나서 달리는 법을 배우라는 자비심이다.

그래서
'알베르 카뮈'*는 "눈물이 나도록 살라" 했다.
'백 년 동안의 고독을 쓴 마르케스'*는
인간은 세상에 태어나는 것이 아니라 인간에게
"태어남을 강요하는 것은 삶"이라고

우리 인생도 기린과 같지 않을까?

불생불멸(不生不滅) 인과응보(因果應報)의
진리를 깨치지 못하면
하이에나와 사자에게 잡아먹힐
기린 새끼 신세인 것을!

편집자 註

* 알베르 카뮈 : 프랑스의 피에누아르 작가, 저널리스트, 찰학자, 노벨문학상
[저서] 페스트, 시지프 신화, 이방인, 반항하는 인간
* 마르케스 : 콜롬비아 소설가, 저널리스트이자 정치 운동가,
생의 대부분을 멕시코·유럽에서 보냄
[저서] 백년동안의 고독

인연(因緣) 1

전 재 욱

마음대로 내려놓고
손 헤며 기다리는 그리움
가끔은 눈물 나도록 보고도 싶지

바람이 데려 오 가는 초록의 만찬
거닐던 오늘과 내일
생겨나고 없어지고
시공(時空) 따라 교직(交織) 되고 수(繡)를 놓으며
생멸(生滅) 없이 영원히 돌아간다.

처칠과 플레밍*의 만남에서
가는 것이 오는 것이고
오는 것이 가는 것은
만고(萬古)에 변함없는 상도로

걸림돌도 디딤돌도
모든 것은 인연으로 ....

편집자 註

* 처칠과 플레밍의 인연 : 수영 중 익사 위기에 처한 처칠은 플레밍의 도움으로 생명을 구하고, 플레밍은 처칠의 도움으로 의과대학에 진학하게 되고 의사가 되었으며, 훗날 페니실린을 발견하였음. 제2차 세계대전 중 폐렴에 걸려 사경(死境)을 헤매던 처칠의 생명을 구한 것은 플레밍이 발견한 페니실린이었다.

행 복

전 경 우

행복은 선이다.

선은 점의 연속이다.

하루하루 잘 지내면

365일 행운

해마다 잘지내면

영원한 행복이 아닌가.

PART 7

역사·문화

1. 우리를 둘러싼 이웃 나라 | 이종호
2. 아! 우리 대한민국 임시정부 | 이종호
3. 북경의 독립투사들 | 이종호
4. 요한 바오로 2세 교황 알현기 | 이종호
5. 지구 반대편의 이웃, 우루과이 | 최연충
6. 세상에서 가장 가난한 대통령, 무히까 | 최연충

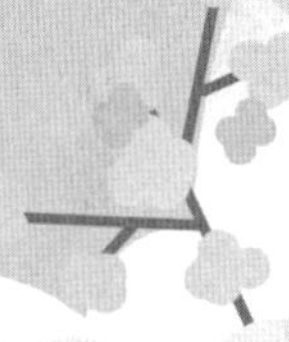

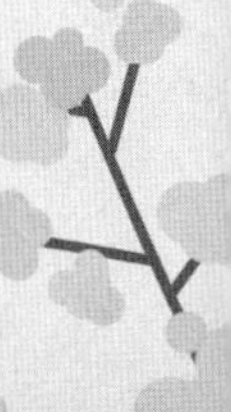

이 종 호

건설부 해외협력관
주 리비아대사관 건설관
건설기술교육원 부원장

최 연 충

중앙토지수용위원회 상임위원
주 우루과이 대사
울산도시공사 사장

100세 건강 Tip

약과 맞지 않는 식품

류영창

• 일반적인 주의 사항

- 불가피하게 약 복용 시, 식전, 식후 등 복용 시기 확인
- 커피나 우유, 주스로 약 복용 금지
- 약 복용 후, 30분 이내 누우면, 식도로 역류할 위험

• 종합감기약 + 녹차 또는 커피

종합 감기약에는 졸음을 유발하는 항히스타민제가 들어 있어서 졸음을 막기 위해 카페인을 함께 배합하므로, 감기약을 커피, 녹차와 함께 섭취하면 카페인의 양이 많아져 불면증, 구토, 구역질, 부정맥 위험

• 항생제 + 우유

일부 항생제는 우유와 함께 복용하면 우유의 칼슘과 화학반응을 일으켜 항생물질의 체내 흡수를 방해한다.

• 천식약(테오필린) + 초콜릿

천식약 복용 직후 초콜릿을 먹으면 초콜릿 성분으로 인해 약효가 두 배로 작용한다. 발진, 가려움, 불면증, 두통, 현기증, 구토 등의 부작용 위험

우리를 둘러싼 이웃 나라

이 종 호

중국의 시진핑(習近平)주석은 2016년 가을의 G20항주수뇌회담(抗州首腦會談), 2017년 1월 다보스 경제포럼, 4월 미중 정상회담 그리고 지난 5월 주최한 실크로드경제권구상회의(經濟圈構想會議) 등을 통해 세계를 향하여 '호혜(互惠)WIN WIN', '평등(平等)', '환경보호', '사회의 공평과 정의와 평화'를 제창하면서 어디까지나 자신은 자유무역과 글로벌리즘(Globalism, 地球村一體主義)의 옹호자임을 천명하였다. 특히 중국의 장차 먹거리 개척을 위한 일대일로(一帶一路) 건설 동참을 권유하려는 목적으로 개최한 실크로드회의에서 "중국은 사회제도나 발전모델을 타국에 수출하거나 이를 강요하지 않을 것이며 타국의 내정에 간섭하지 않을 뿐 아니라 과거의 지정학(地政學)적 게임 같은 낡은 방식도 되풀이하지 않을 것이다." 라고 하면서 "중국을 일으켜 세우는데는 '전마(戰馬)와 장창(長槍)'이 아니라 '낙타와 캬라반과 선의(善意)'이며 우리가 의존한 것은 '함정과 대포'가 아니라 '보물선과 우정(友情)'이었다"고 하여 모두를 어리둥절하게 하였다.

사실 중국은 1년 전 까지만 해도 국제사회로부터 단순한 협조 요청에 대하여도 저들의 국가이익이 침해당한 것처럼 강하게 반발하여 남중국해에서 대형경비정으로 베트남이나 필리핀의 소형 어선을 추격하는 등, "절대 양보할 수 없는 권리"란 뜻의 '핵심적 이익(核心的利益)'이란 말로 타국을 견제하였었다. 2016년 워싱턴에서 열린 미중정상회담에서도 "항행의 자유를 구실로 중국의 주권과 안전보장상의 이익에 손상을 끼치는 어떤 행위에 대하여서도 이를 용납할 수 없다"고 말하여 세계를 놀라게 했다. 이 말의 배경은 "중화민족의 위대한 부활" "중국의 꿈(中國夢)"이란 다분히 시대착오적인 시진핑정권의 슬로건을 암시하는 것이었다. "드디어 야심을 들어내는군" 하는 것이 당시 미국의 여론이었으며 오바마 대통령은 이를 묵살하여 이후 중국은 더욱 강편일변도로 나갔다.

그러던 중국이 왜 유화적으로 변하였을까.

결정적인 계기는 2016년 남중국해 자유통행문제에 대하여 헤이그의 상설해사중재재판소가 내린 중국 패소 결정으로 동남아 여러나라에 대한 중국의 이미지에 상처를 입게 되고 미국과도 정면 대결사태에까지 이르는 등 외교적 스트레스가 있다. 또한 국내적으로는 생활고, 먹거리 문제로 인해 국민 대부분 빈곤층인 젊은이의 불만 분출과 티벳 위구르 지역의 계속되는 민중봉기, 핵(核)보유국 인도와의 일촉즉발의 국경분쟁, 특권층의 부패가 있다. 특히 미국과는 북한문제나 남중국해문제 외에, 애써 추진해오던 투자협정

체결문제가 트럼프 정부가 들어서자 강 건너 불이 되고, 오히려 과도한 대미 무역흑자로 트럼프에 발목 잡힌 꼴이 되어있다. 세상에는 잘 안 알려졌지만 지난 4월 미중정상회담에서 시진핑이 적극적으로 트럼프에 구애한 것은 통상분야에서의 우호증진요청이었다고 전해진다. 2016년도 미국의 각 국별 무역수지적자는 한국이 276억불, 일본이 688억불인데 비해 중국은 3470억불이었다.

북한문제는 미중 두 나라의 두통거리이기도 하지만 어떤 면에서는 "필요악(必要惡)"이기도 하다. 한반도를 두 개의 나라로 계속 분단상태에 두는 것은 중국 측으로서는 미국과의 사이에 완충지대를 유지한다는 의미 말고도 "인접국은 작고 약한 나라로 있는 것이 좋다"는 깊은 속셈이 있는 것이다. 통일한국이 탄생하면 지금보다는 더 골치 아픈 존재가 될 것이니까.

미국은 북한이라는 위협적 존재가 있으므로 한일 양국에 미군주둔이라는 명분이 있으며 미국의 금후(今後) 세계전략(世界戰略)에 필요한 체제를 유지할 수 있고, 북한의 위협이 계속되는 한, 일본이나 한국이란 돈 많은 나라가 고가(高價)의 미국산 최신 무기를 계속 사가는 최고의 고객이 될 것이므로 장차 미국의 중요한 먹거리시장인 동북아시아를 절대 포기하지 않으려 할 것이다.

한편 중국은 주변국에 대한 주도권행사와 세확장(勢擴張)이라는 장기전략 추진을 "인접소국"인 한국이 미국과 동맹하여 가로막고 있는 것이 못마땅하여 한국의 사드(THAAD, 고고도 미사일 방어체계) 배치를 때 쓰듯이 막무가내로 막으려 하고 있다. 이는 한국과 미국의 동맹을 어떻게든 와해시키려는 명분 없는 휼계(譎計)인 것이다(이에 대해 스탠포드대학의 Larry Diamond교수는 지난 8월 8일 토론회에서 한국은 중국에 대해 핵무장을 하겠다고 맞서도록 충고하였다.).

미합중국(美合衆國)은 2차 세계대전 이후 자유민주주의 이념에 철저한 새로운 LIO(Liberal International Order)란 국제질서를 창설하고, 이를 선도하면서 일사분란하게 주도하여 왔다. 2017년 1월, 그러나 트럼프 대통령이 취임하면서 이 '자유민주주의에 입각한 국제간 협조질서'인, LIO를 미국 스스로가 무너뜨리려 하고 있다.

NAFTA(北美自由貿易協定: North America Free Trade Agreement)가입국인 캐나다와 멕시코를 윽박질러 2017년 8월 6일부터 재협상에 들어갔으며, TPP(環太平洋經濟同伴者協定: Trans-Pacific Partnership)를 공식적으로 탈퇴한다고 선언하였다. 한국에 대하여도 2007년 체결 발효된 FTA(自由貿易協定: Free Trade Agreement)를 재협상하자고 통고하여 왔다. 지난 달 독일에서 개최된 G20회의에 참석하여서는 공동성명에 "보호주의무역체제를 반대한다."는 조항삽입에 반대하고 "국제간 무역은 교역국 두 나라만의 교섭을 원칙으로 한다"고 천명하면서 다자간 교섭은 철저하게 외면하고 있다.

트럼프는 이제 유럽은 대부분 국가가 높은 실업률, 밀려드는 난민, 끊임없이 일어나는 테러에 시달리고 있는 별 볼일 없는, 말만 많은 노쇠국가들이라고 생각하면서 이제까지 미국이 대외정책이념으로 추진하던 글로벌리즘(Globalism, 世界化政策)을 배격하고 오직 America First(美國利益優先主義)의 깃발만을 흔들고 있다. 이제 LIO의 리더는 사라진 것이다. 이에 따라 세계는 유럽은 유럽대로 아시아는 아시아대로 블록별 지역질서형성(地域秩序形成)방향으로 나아가고 있다.

지난 8월 5일 UN안전보장이사회는 근래 계속하여 미사일과 ICBM(大陸間彈道彈)개발시험을 자행하고 있는 북한에 대하여 강도 높은 제재안을 만장일치로 가결하였다. 북한으로 들어가는 자금줄을 끊어 놓자는 것이었다. 러시아와 중국도 거부권을 행사하지 않았다. 북한에게는 치명적인 원유수출중단은 제외되어 무역제재로 인한 북한의 무역축소액은 30%정도여서 별 효과가 없는 내용이었다. 사실 북한은 어떻게 보면 돈방석 위에 앉아 있는 격이다. 저들은 아직 손도 대지않은 7조불(약 8,050조원) 상당의 지하광물을 가지고 있으며 이 금액은 70억 세계인구 1인당 1000불씩 나누어 주고도 남는 금액이다. 금, 은, 아연, 구리, 철, 흑연 등 200여 종의 매장 광물로서 이중에는 스마트폰과 여러 첨단기술제품에 쓰이는 희토류(稀土類) 금속도 다량 포함되어 있다. 북한의 전력사정과 부실한 광산시설로 채굴이 부진한 상태이고, 희토류 수출은 중국이 독점하고 있어 어려움이 있지만 군비확충자금이 달리면 무슨 수를 써서라도 이를 채굴하여 비밀리 세계로 수출, 자금을 확보할 것이다.

최근 중국은 트럼프가 말만 요란할 뿐 실행은 주춤거리고 있음을 보고, 북핵문제는 대화로 풀어야 한다고 앵무새처럼 되뇌이고 있는 푸틴 러시아 대통령과 연대하여, 다시 세계의 스트롱맨(Strong Man)으로 행세하려 하고 있다. 러시아는 2017년에만도 북한에 대하여 미사일부품을 포함한 원유를 수출, 2016년보다 2배인 5000만불의 실적을 올렸다. 최근에는 지구를 반 바퀴나 돌아 발트해까지 찾아온 중국함대와 합동훈련까지 하였다.

8월 7일 북한은 이번 UN결의안에 반발하여 미국과 한국을 불바다로 만들겠다고 협박하고 나섰다. 미군주둔기지인 괌도를 포위공격하겠다고까지 하였다. 이에 대해 트럼프 대통령은 "북한은 화염과 분노(fire and fury)를 맞게 될 것"이라고 하면서 선제공격인 예방전쟁(豫防戰爭)까지 언급하며, 북한을 전쟁이냐 대화(對話)냐 하며 연일 몰아붙이고 있다. 탄핵위기에 몰려 고전중인 트럼프는 이 기회를 자신의 국면전환용으로 생각하는 것일까. 시진핑에게까지 전화를 걸어 북한제재에 동참하지 않으면 3400억불 무역역조 현상과 지적재산권 도용 천국인 중국기업들까지 문제 삼겠다고 다시 으름장을 놓았다. 그러나 핵시설을 포함한 북한 전역에 감추어진 미사일 발사장치 소재도 잘 모를 뿐 아니라, 이를 찾아 공격섬멸하려면 3개 항공모함전단이 동원되어야 하는데 이런 움직임을 북한도 사전에 감지할 것이므로 선불리 결단 할 수도 없을 것이다. 북한 자신도 전쟁이 일어나면 북한전역이 초토화될 것이라는 것을 알고 있기에 궁극적으로 어떤 형태로든 미 북한회담이 언젠가는 이루어 질 것이 예상되지만, 최근 키신저나 일부 언론들이 미군 철수 등을 거론하고 있는 점 등을 감안할 때, 우리 풍요로운 자유대한은 다시 한 번 고난(苦難)의 시기를 맞게 될지도 모르는 초불확실성(超不確實性) 미래에, 우리들 안락세대(安樂世代)는 위기오불관(危機吾不關)의 미몽(迷夢)에 사로잡힌 일부계층 및 청소년세대를 안보강국(安保强國)으로 정신무장토록 여력(餘力: 남은 여생의 힘)을 다 하는 것이 국록(國祿)을 먹은 지식인의 도리가 아닐까 생각하는 것이다.

100세 건강 Tip

한의학의 건강 10계명

류영창

- 소육다채(小肉多菜) - 고기 적게, 야채 많이 먹기
- 소당다과(小糖多果) - 설탕 적게, 과일 많이 먹기
- 소식다작(小食多嚼) - 조금 먹고, 많이 씹기
- 소염다초(小鹽多醋) - 소금 적게, 식초 많이
- 소의다욕(小衣多浴) - 옷은 조금 입고, 목욕은 많이
- 소번다면(小煩多眠) - 번민 적게하고, 잠을 많이 자라
- 소언다행(小言多行) - 말은 적고, 행동은 많이
- 소욕다시(小慾多施) - 욕심은 적고, 많이 베풀라
- 소노다소(小怒多笑) - 화를 적게 내고, 많이 웃기
- 소차다보(小車多步) - 차 적게 타고, 많이 걷기

아! 우리 대한민국 임시정부

이 종 호

임시정부 비사(臨時政府 祕史)

1944년 11월 21일 임천(臨泉)을 출발한 장준하 등 일행이 호북성 남양(南陽)을 거쳐 노하구(老河口)에 도착한 것은 12월 20일이었다. 겨울이 되어 추운 날씨에, 다행히 국민군 5전구사령관 이종인(李宗仁 : 나중 국민정부 총리 역임)장군의 호의로 동복과 노하구까지 가는데 필요한 식량과 노자까지 지급받아 큰 도움이 되었다. 노하구에는 15명의 우리 광복군 전방 파견지대가 있어 일행을 크게 환영해 주었지만 노하구에서 2주정도 체류하는 동안 일본공군기의 공습을 여러 차례 받았다.

이듬해인 1945년 1월 6일 노하구를 출발했다. 중경임시정부로 가는 학도병은 노하구파견대장의 잔류 요청으로 23명만이 일행에 합류했다. 노하구에서 다음 목적지인 사천성 경계에 위치한 파동(巴東)까지 가려면 중간에 3000미터 높이의 대파산(大巴山)을 낀 파촉령(巴蜀嶺)을 넘어야 했다. 식사라고는 산중 오두막에서 파는 두부탕 만을 사 먹을 수밖에 없었다. 눈보라 속을 뚫고 한밤중에 파촉령을 넘을 때는 호랑이를 만나기도 했다. 석벽에 붙어 간 탓이었을까 호랑이는 2, 3명씩 분산하여 넘어가는 일행을 보지 못했는지 휙 소리를 내면서 깊은 골짜기 아래로 사라졌다. 피로에 지친 일행은 눈보라 속에서 노숙을 했다. 장준하와 김준엽 두 사람은 서로 부둥켜 안고 밤을 새웠다. 잠들면 곧 동사할 것이므로.

1월 20일 파동에 도착했다. 파촉령을 넘는데 14일이 걸렸으니 그 신산고초를 어떻게 다 말로 할까. 1월 23일 파동을 출발했다. 다행히 500톤 군용선을 타고 거친 물살이 출렁이는 장강(長江 : 揚子江 상류)을 거슬러 1월 31일 그토록 애타게 그리던 중경에 도착했다. 파동에서 장강을 거슬러 오는데 8일간이나 걸렸다. 강안에 내려 임시정부를 향하여 시내를 통과할 때 학도병들은 중국군 복장이나마 단정히 한 후, 가슴에는 한반도에다 태극을 그린 임시 광복군 표지를 달고 보무도 당당하게 2열종대로 행진하였다.

옥상에서 펄럭인 '아 우리 태극기!'

저 멀리 5층 높이의 당당한, 옥상에 태극기가 펄렁이는 임시정부 청사가 보였다. '아, 우리 태극기!' 모두가 눈물을 글썽이며 부동자세로 경례를 올렸다. 가슴으로 가만히 애국가를 외우면서. 얼마 후 임시정부 앞마당에 도열하였다. 곧 광복군총사령 이청천(李靑天)장군이 나타났다. 일행을 인솔하고 온 교관이 "일동 차렷, 총사령관님께 경롓!" 하고 떨리는 목소리로 구령했다.

처음 들어 보는 우리말 구령에 감격하면서 학도병들은 한껏 가슴을 펴고 사열을 받았다. 이청천장군은 노쇠한 모습이었지만 불타는 눈매로 앞에 도열한 젊은이들을 한사람씩 쏘아보면서 사열한 후 간단한 환영의 말을 했다. 건물 안으로부터 푸른 장삼(長衫)을 입은 거구의 김구 주석이 여러 각료들과 함께 내려왔다. 처음 보아도 저 분이 바로 민족의 영도자 김구 선생임을 알 수 있었다.

김구 주석의 짤막하지만 감격에 어린 환영인사말이 있은 다음 여러 각료들을 한사람씩 소개했다. 김규식(金奎植)부주석, 조소앙(趙素昂)외무, 신익희(申翼熙)내무, 김원봉(金元鳳)군무, 조완구(趙琬九)재무, 엄항섭(嚴恒燮)선전, 차이석(車利錫)비서장, 이시영(李始榮)무임소, 조성환(曺成煥)무임소, 박찬익(朴贊翊)무임소 등 여러 원로 지사들이었다. 이어 신익희내무부장이 일행을 내무반으로 안내한 후 일행에게 우선 목욕과 이발을 하도록 했다.

고향을 떠나 처음 이발을 하고 내무반에 들어와 이가 득실거리는 넝마같은 중국군복을 벗어던지고 새로 지급된 새 광복군 군복으로 갈아 입었다. 마치 그리던 고향에 돌아온, 날아 갈듯한 기분이었다. 자세히 살펴보니 정부청사는 언덕 비탈에 단층으로 연계하여 지어 멀리서만 5층으로 보였었다. 임시정부 주최 환영 만찬이 밤 9시에 강당에서 열렸다. 만찬이라야 막과자와 백건아(白健兒: 빼갈) 밖에 없었다.

당시 53세였지만 백발이 성성한 신익희내무총장의 인사말이 있은 후, 김구 주석은 "여러분이 바로 살아있는 숭고한 조국의 혼"이라는 격려사를 하였다. 이어 장준하의 "김구 주석을 처음 대하고 진정한 조국의 이미지로서 이제 우리가 목숨 바칠 곳을 찾았다"는 취지의 답사를 하는 도중, 모든 참석한 이들의 흐느끼는 소리가 김구 주석의 '흑!' 하는 산울음 같은 호곡으로 실내는 삽시간에 감격과 찬탄의 울음바다로 변했다.

반도 침공 작전

학도병들은 4월 29일 광복군으로서 서안(西安)에 주둔하고 있던 광복군 제1지대에 배치되었다. 그리고는 곧 쿤밍(昆明)에 주둔중인 미군 OSS(Offise of Strategic Service, 부대장 도노반 장군)와 연합작전으로 조선반도상륙을 감행하기 위한 광복군의 특별훈련을 위해 서안(西安)과 푸양(阜陽)에 광복군 특별훈련반을 설치, 훈련에 들어가 8월 1일에 1차로 훈련을 완료하고 반도침공을 위한 최종준비에 들어갔다.

김구 주석은 미국의 중국전구(中國戰區)사령관인 웨드마이어장군에게 미군이 제주도를 점령해주면 임시정부가 들어가 한국인을 영도하여 미군 작전을 돕겠다고 하였다. 중국과 연해주에서 활동중인 독립군들과 연계하여 압록강을 건너 진격한다는 계획을 세우고는 임정 국무위원 한 사람을 연안(延安)에 파견하기도 하였다. 특수훈련을 마친 광복군은 비밀무기와 무전기를 휴대하고 산동

반도에서 미군 잠수함으로 한반도에 분산 상륙하여 후방교란작전을 전개한다는 구체적인 계획이 실행단계로 들어가 미군 측의 작전 개시 명령만을 기다리는 상태였다.

"일본이 항복하였답니다"

8월 7일 김구 주석은 이청천 광복군총사령과 함께 서안으로 가서 광복군대장 이범석(李範奭)장군과 대원들을 격려하고 8월 10일 저녁 사천성정부 주석의 초대만찬에 참석하였는데, 만찬이 끝나 객실에서 담소하는 중 갑자기 성정부(省政府) 주석이 어디에선가 걸려온 전화를 받더니 김구 주석에게 "일본이 항복하였답니다" 하였다. 순간 김구 주석은 희소식이기보다는 하늘이 무너지는 듯 하였다. 수년간 계획하여온 참전국으로서의 당당한 자격으로 전후 처리에 참여하려던 계획이 이렇게 최후순간에 허망하게 끝나다니. 순간 머리에 떠오르는 것은 해방 후 통일조국건설이 결코 순탄치 않을 것 같은 예감으로 심장이 조여 오는 듯 했다.

그러나 돌이켜 보면 세계사에서 국권이 강탈당한 순간부터, 광복할 때까지 외국에서나마 정부를 수립하여 27년간이나 주권을 지킨 나라는 우리 임시정부 밖에 없다. 인도나 필리핀의 예가 있지만 모두 2, 3년 만에 무너졌었다.

1945년 11월 23일 김구 주석과 임시정부요원 제1진이 여의도 공항을 통하여 환국하고 12월 1일 제2진이 옥구비행장을 통하여 귀국했다.

김구 주석은 당신이 머물던 경교장(京橋莊:현 종로구 새문안로 소재. 2005년 國家史蹟지정 제465호. 2013년 옛 모습대로 건물 복원 일반공개. 지하철 5호선 서대문역 4번 출구)에서 다섯 차례나 임시정부 국무회의를 개최하였다. 1948년 4월 19일에는 남북협상 차 북행길에 올랐다. 38선을 넘자 북한병사가 "갓이 하나요, 오이는 둘이요" 하고 북측에 연락하였다. 갓은 김구 주석이고 오이는 수행원이란 뜻이었다. 그리고는 몇 시간을 기다리게 했다. 그러자 김구 주석이 갑자기 큰소리로 호통을 쳤다. "이놈들아! 내가 총칼을 들고 온 것도 아니고 국사를 논의하러 왔는데 이렇게 대접하느냐" 라고. 평양에 가서는 회의석상에서 김일성(본명은 金成柱 : 독립운동가 金日成이 아님)에게 "임자"라고 호칭하면서 통일정부 수립을 위해 부심하였지만 이미 구소련의 앞잡이가 된 북한측과는 이야기가 통하지 않았다.

돌아와 마지막에 광풍으로 지시오니...

1949년 6월 26일 김구 주석은 평소처럼 새벽 5시에 기상하여 「중국시선(中國詩選)」을 읽고 교회에 가려고 하였으나 마침 차가 다른 곳에 가고 없어서, 그때 상해에서 귀국한 아들 김신의 장인 장모가 와있어서 그냥 집에 있었다. 낮 11시 30분 안두희라는 포병소위가 김구 주석을 뵙겠다고 찾아와서 비서 선우진이 이층으로 안내하고 그는 점심 준비 차 지하식당으로 내려갔다. 갑자기 이층이 소란하여 뛰어 올라갔더니 안두희가 권총을 쥔 채로 "내가 김구 선생을 죽였어"하고 내려왔다. 김구 주석은 조국 땅에 돌아와 이렇게 너무도 허망하게 돌아가셨다. 하늘나라로. 향년 73세.

떠돌아 70년을 비바람 세옵더니
돌아와 마지막에 광풍으로 지시오니
열매를 맺으려고 지는 꽃 어이리까
뿜으신 피의 값이 헛되지 않으리다, 헛되지 않으리다.

시인 이은상(李殷相)이 영전에 받힌 헌시(獻詩)이다.

온 국민의 허탈과 통곡 속에 장례가 끝나자 세상의 인심 또한 달라졌다. 경교장 원주인인 최창학이 마음을 바꾸어 경교장을 반환해 가서 김구 주석의 영정을 모실 집조차 없게 되었다. 보다 못한 주한 중국대사가 귀국하면서 그가 살던 충정로2가 집을 양도하여 겨우 영정이나마 자리를 잡았다. 1945년부터 김구 주석의 비서로서 남북회담 때도 수행하였던 선우진은 그날 저격 사건이 자신의 소홀한 불찰 때문임을 자책하여, 이후 평생을 김구 주석 기리는 일에 바치다가 88세를 일기로 세상을 떠났다.

범인 안두희는 헌병대로 잡혀 간 후, 오히려 담당자가 담배를 권하며 감방 말고 의무실에 보호조치한 일, 임정계열인 헌병사령관을 이튿날 춘천지구로 전격발령한 일, 특무대로 넘겨진 범인을 김창룡이 "안 의사, 수고 했어" 라고 격려한 일, 사형선고를 받은 안이 6.25와 함께 특사되어 육군중령으로 현역 복귀된 일 등 사실을 국민들은 알고 있지만 아직까지 그 배후는 공식적으로 밝혀지지 않았다.

중경 임시정부(1940.9-1945.11)

임시정부는 상해에서 절강성의 항주(抗州), 강소성의 진강(鎭江), 호남성의 장사(長沙), 광동성의 광주(廣州), 광서장족자치구의 유주(柳州), 중경시의 기강(綦江)을 거쳐 7번만에 중경으로 옮긴 후 해방을 맞아 서울로 환국할 때까지 이곳에서 정착했다. 중경에서도 정부 청사를 4번이나 옮겼다. 첫 번째가 양류가(楊柳街), 두 번째가 석판가(石版街)였다. 그러나 일본 공군기의 폭격으로 두 곳 모두 불타 버리자 세 번째로 오사야항(吳師爺港)으로 이전하였다. 이곳에서는 1945년 1월까지 있다가 중국정부의 주선으로 연화지(蓮花池) 1호로 옮겼는데 비교적 안전하고 넓어서 정부가 서울로 돌아가기까지 이곳에 머물렀다.

임시정부는 9월 17일 한국광복군을 창설하였다. 1907년 대한제국군대가 해산된지 실로 33년만이었다. 당일 중경 가릉빈관(嘉陵賓館)에서 한중(韓中) 고위 인사 그리고 중경에 주재하던 프랑스, 터키, 체코 등 여러나라 대사와 공사를 포함하여 200여명이 모인 가운데 성대한 창설 기념식도 가졌다. 광복군총사령에 이청천(李青天) 장군, 참모장에 이범석(李範奭)장군을 임명하고 이듬해인 1941년 12월 10일 일본에 대하여 선전포고하였다. (大韓民國臨時政府主席 金九, 外交部長 趙素昂 명의로 된, 국한문 병용의 이 대일선전포고문 원본은 대만정부가 보관 중인 것을 1986년 독립기념관이 발족하면서 그 사본만을 송부받았을 뿐 원본은 아직 대만정부가 가지고 있다.)

이 무렵 장개석부인 송미령(宋美齡)여사가 주도하던「婦女慰勞總會」에서 한국광복군에 대한 위로금으로 10만원(元)을 보내오기도 하였다. 1942년 7월에는 조선의용대를 광복군 제1지대에 편입하고 김원봉(金元鳳)을 부사령에 임명하였다. 1943년 7월, 김구 주석은 장개석장군을 면담, 카이로회담에서 종전 후 한국의 완전독립을 관철토록 요청하였다. 8월에는 광복군을 인도, 버마에 파견, 영국군과 함께 대일전선에 참전토록 하였다. 1944년 벽두 프랑스와 폴란드가 우리 임시정부승인을 중국대사관을 통해 통보하여왔다. 4월부터는 임시정부 선전부에서 중경방송국을 통하여 임시정부 활동현황 등을 우리말로 방송하기 시작했다.

임시정부 찾아 6,000리

1918년 평북 의주에서 목사의 아들로 태어난 장준하(張俊河 전「思想界」발행인)는 일본 동경으로 유학, 신학대학을 다니다가 1944년 1월 학도병으로 입대, 중국 황해 연안의 강소성(江蘇省) 서주(徐州)의 일본군 경비중대에 배속받아 근무하다가 7월 야반을 이용, 같은 한국학도병 세 사람과 함께 철조망을 타고 넘어 탈주에 성공했다. 목적은 오직 중경의 임시정부를 찾아가 광복군에 입대한다는 일념이었다. 탈주 후 동서남북 방향도 모르는 채 3일 동안을 굶으며 인적없는 옥수수밭을 헤맨 끝에 결국 중국군 유격대에 붙잡혀 그들 사령부로 끌려갔다. 굶주림에 지친 이들을 현관에서 맞이한 것은 중국군복을 입은 홍안의 미소년, “한국분들이죠?” 하며 웃음띤 얼굴의 김준엽이었다. 그도 5개월 전에 이들과 같은 부대에서 탈출한 탈출학도병 1호였다. 장준하가 부대에 있을 때 일군장교는 학도병 하나가 탈출하였는데 그는 곧 중국군에 붙잡혀 총살당한 후 그 시체가 철조망에 걸려 있었으니 너희들 탈출은 꿈도 꾸지말라고 훈시했던 바로 그 장본인이었다.

김준엽(金俊燁 전 고려대총장)은 1920년 평북 압록강 안쪽인 강계(江界)에서 태어나 신의주고보를 마치고 동경 경응대학(京應大學)에서 1943년 10월까지 4년여를 공부하다가, 1944년 2월 학도병으로 입대, 중국 서주(徐州)의 일본군경비중대에 배속받았다. 그는 고보시절부터 중국 우리 임시정부로 가서 독립운동에 일생을 바칠 것을 인생의 목표로 삼았다. 학도병에 지원한 것도 중국으로 가기 위한 방편으로 생각하고 나침반, 중국지도, 중국어 회화책을 사서 공부하는 등 준비에 철저하였다. 그는 배속 즉시 바로 탈출기회를 엿보다가 3월 29일 밤 탈출에 성공, 나침반을 이용하여 밤새 죽으라고 뛰어 미리 지도로 확인해 두었던 중국군유격대 사령부에 아침에 도착했다. 곧 유격대사령관을 만나 필담으로 자신이 한국인 탈출학도병임을 밝히니 사령관은 그를 열렬히 환영해 주었다. 이후 그는 중국군 유격대원이 되어 몇 번이나 전투에 참가하고 일어로 선전삐라를 만들어 뿌리는 등 선무공작을 하면서도 틈틈이 중국어를 열심히 공부하여 7월 9일, 장준하 일행을 맞이하였을 때는 유격대사령관의 통역을 담당할 정도로 중국어를 구사할 수 있게 되었다. 이때 처음 만나는 순간 꽉 껴안은 두 사람 장준하와 김준엽은 1975년 8월 장준하가 유명을 달리할 때까지

연인과 같은 형제로 지냈다. 곧 김준엽은 유격대사령관에게 간청하여 장준하 그리고 같이 탈출한 3명의 학도병과 5명이 함께 유격대사령부를 떠나 중경 임시정부를 찾아가는 중국대륙횡단의 대장정에 올랐다. 강소성의 서주(徐州)구역을 출발하여 부양(阜陽), 안휘성(安徽省)의 임천(臨泉), 호북성(湖北省)의 남양(南陽), 사천성(四川省) 경계의 노하구(老河口), 파동(巴東) 그리고 목적지 사천성의 중경에 이르는 6000리길 대장정이었다. 출발 당시 유격대사령부에서 발행한 신분보장증과 각 통과지역 유격대장에게 이들을 릴레이식으로 동행 안내하도록 하는 통첩문이 있어 행로 방향이나, 어느 정도의 안전은 보장되었으나 추위와 허기 그리고 헛간에서 잠을 자거나 노숙 등으로 고난은 극에 달하였다.

서로 얼싸안고 눈물을 흘렸다

어떤 때는 산중에서 산적들에게 체포된 적도 있었다. 천행으로 한국인임을 확인하고 석방되기는 하였지만. 무엇보다도 누더기 옷에는 이가 들끓어 행군 중 잠시 쉴 때마다 옷을 벗어 털어 내곤 하니 행색이 차마 목불인견이었다. 9월 10일 임천(臨泉)에 도착하여서는 뜻밖에도 그곳 중국군관학교에서 훈련중인 한국광복군 78명을 만나 서로 얼싸안고 눈물을 흘렸다. 그중에는 학도병 출신도 33명이나 있었다. 장준하 일행을 맞이한 날 저녁 광복군훈련생들이 환영만찬을 베풀어 주었는데 모두가 백건아(白乾兒 : 빼갈) 한 잔씩을 마시고 목이 터져라 광복군 용진가(勇進歌)를 불렀다.

요동만주 넓은 벌을 쳐서 파하고
여진국을 토멸하고 개국하옵신
동명왕과 이지란의 용진법대로
우리들도 그와 같이 원수 쳐보세

(후렴) 나가세 전쟁장으로 나가세 전쟁장으로
검수도산(劍樹刀山) 무릅쓰고 나아갈 때에
광복군아 용감력을 더욱 분발해
삼천만번 죽더라도 나아갑시다

횡빈(橫濱) 대판(大阪)무찌르고 동경(東京)드리쳐
동에 갔다 서에 번쩍 모두 한칼로
국권을 회복하는 우리 독립군

승전고와 만세소리 천지 진동해

그곳에서 같이 3개월 훈련을 받고 장개석(蔣介石) 교장명의의 졸업장과 중국 육군소위로의 임명장도 받았다. 11월 21일 장준하 일행은 그곳 학도병출신을 포함하여 53명이 중경을 향하여 길을 떠났다.

북경 전쟁기념관에 마련된 한반도 자료

지금 북경 남서쪽 20㎞ 지점의 노구교(盧溝橋) 동편인 북경시 풍대구(豊臺區) 노구교 완평성내가(宛平城內街) 101호에는 1937년 중일전쟁이 이곳에서 발발, 일본군에 의거 처음 점령당한 완평성(宛平城)이 있는데 그 안에는 중국인민항일전쟁기념관(中國人民抗日戰爭紀念館)이 설립되어 있다.

최근 이 기념관을 새로 단장하여 개관하면서 한반도 코너도 마련되었는데 그곳에 진열된 우리 임시정부 관련자료 중에는 오른쪽에 김구 주석의 초상과 「우리는 민족과 국가를 위해 살신한다」라는 강령 등이 있고, 왼쪽에는 상세한 인적사항(李時興 : 독립운동가)이 기록되어 있는 「광복군 대원증」과 「대한민국임시정부」라 새겨진 광복군 뱃지, 광복군 총사령부에서 발행한 「光復」 창간호 등도 진열되어 있어 너무나 감회롭다.

이 기념관은 북경시 남편에 있는 육리차오 장투치즈짠(六里橋長距里버스터미널)에서 309번, 339번 버스를 타고 노구신교(盧溝新橋)에서 하차하면 바로 북편에 있는데, 1192년 금(金)나라 때 건설된 석교(石橋)인 전장 260미터의 유명한 노구교와 기념관을 동시에 볼 수 있다. 버스비는 20유엔이다.

100세 건강 Tip

장에 좋은 식품

류영창

- **파프리카**

비타민, 식이섬유, 수분 풍부, 사과1개 + 파프리카 1개 녹즙 효과적

- **고구마, 바나나, 팥**

식이섬유와 섬유소가 풍부하여 변비에 효과

- **요구르트**

- **사과**

팩틴 성분이 장운동을 도움, 식전에 껍질째 먹는 것이 좋음

- **당근**

비피더스균을 활성화하고 장운동 효과

- **청국장**

요구르트보다 발효균 100배 이상 함유

- **다시마**

- **블루베리**

바나나의 2.5배의 식물유지 함유, 장내 유해 물질을 차단해 변비, 대장암, 장운동 효과

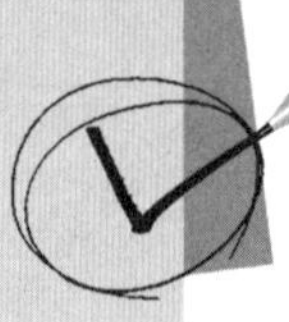

북경의 독립투사들

이 종 호

지금 북경의 왕푸징(王府井)거리는 자금성(紫禁城) 동편의 동안문대가(東安門大街)와 금어(金魚)후통(胡同 : 중국전통가옥마을)의 교차점에서 남쪽으로 보행자 천국을 이루고 있지만, 1910년대는 금어후통이 중심부였다. 1919년 우당(友堂) 이회영(李會榮)이 만주에서 북경으로 돌아와 한 때 금어후통 후고루원(後鼓樓苑) 소경창에서 어렵게 거처하고 있었는데 그때도 우당의 집은 모든 독립지사들의 임시거처였다.

소설 「상록수」(常綠樹)를 쓴 작가 심훈(沈熏 : 본명 심대섭)도 20대에 북경에 와서 우당 집에서 월여(月餘)를 기거했다. 그가 나중 쓴 회상기(回想記)에 "만두 한 조각 얻어먹고 긴긴 밤을 달달 떠는데 고루에 북이 운다. 뎅뎅 종이 운다."라고 썼다. 우당은 이런 생활을 하면서도 그를 찾아오는 모든 독립운동지사들을 극진히 대접코자 애를 썼다. 소위 북경삼걸(北京三傑)이라는 예관(睨觀) 신규식(申圭植), 단재(丹齋) 신채호(申采浩), 심산(心山) 김창숙(金昌淑) 세 분도 매일같이 이곳에 모여 민족의 활로 마련을 위한 토론으로 날을 보냈다.

단재 신채호

단재(丹齋) 신채호(申采浩 1880-1936)는 충북 청주 출신으로, 26세에 성균관(成均館) 박사가 되어 황성신문 등 일간지의 논설기자가 된 후 일제의 침략야욕을 통렬히 비판하는 한편, 민족주의사관으로 「이순신전」 등 많은 위인전기를 저술하여 청소년들의 민족의식 고취에 진력하다가 1910년 안창호(安昌浩) 등과 중국으로 망명, 1919년 4월 상해에서 임시정부수립에 참여, 의정원 의원이 되었으나 임정 초대 대통령이던 이승만 박사가 윌슨 미대통령에게 한국을 위임통치 하도록 청원한 사실에 분개하여 임정을 탈퇴했다. 이후 북경 등지에서 조선상고사 연구에 몰두하다가 외국위채(爲債)를 이용, 독립자금을 조달하려고 대만으로 도항하던 중에 기륭(基隆)항에서 일경에 체포되어, 10년형을 선고받고 여순감옥에서 복역 중 1936년 옥사 순국했다. 그는 일세를 풍미한 언론인이요, 사학자이며 독립투사였다.

필자가 몇 년 전 여순감옥을 방문하였을 당시 단재(丹齋)가 순국한 감방을 찾았는데 그 감방 문 위에는 그의 사진과 이력사항이 중국어로 기록 표시되어 있었다. 광복 후 그의 유해는 청주시 남정면 귀래길 그가 유년시절을 보낸 옛 집터에 안장되었다. 「正氣門」 현판이 걸린 사당 정문을 지나면 단재의 영정을 모신 「丹齋影閣」이 있고, 영각 담장 뒷편으로 조금 올라간 곳에 그의 묘소가 자리하고 있다. 호석이 없는 조촐한 봉분 앞에는 오세창, 한용운 등이 세운 묘표와 상석이 놓여 있고 봉분 앞 오른편에는 그의 일생을 기록한 사적비(史蹟碑)가 세워져 있다. 사당 왼편으로 조금 떨어진 곳에는 화강암 석주에 걸린 태극기 아래 석단에 걸터앉아 책을 읽고 있는 단재의 동상(銅像)이 조성되어 있다.

단재의 묘소구역 입구에는 그의 한 맺힌 애국혼을 노래한 자작시 「天鼓頌」 전문을 새긴 석비 뒤에 단재의 유품 등을 전시하고 있는 기념관이 있다. 단재가 성장하여 수학할 때까지 거주한 대전시 중구 어남동, 지금은 인가 하나없이 허허한 초원 푸른 솔이 우거진 동산 앞에는 그의 집 「丹齋精舍」가 복원되어 있고 건너편 낮은 둔덕에는 두루마기 차림의 훌륭한 단재 입상(立像)이 건립되어 있다. 그는 평생 기개 높은 선비정신으로 세수할 때도 고개를 숙이지 않아 온 옷이 물투성이가 되곤 하였다고.

단재는 북경 시절 박자혜 여사와 재혼하여 초두(草頭)후통에서 아들 낳고 살 때가 일생에 가장 행복한 시절이 아니었을까 하고 필자는 북경 후통 골목길을 걸으면서 생각하곤 했다. 1962년 건국훈장 대통령장이 수여되었다.

심산 김창숙

북경 삼걸의 또 한 분인 심산(心山) 김창숙(金昌淑 1879-1962)선생은 경북 성주(星州)출신으로 일찍이 민족문제에 눈을 뜬 한학자로서 1905년 을사늑약이 체결되자 임금에게 조약에 관여한 오적(五賊)을 참하라는 「斬五賊疏」를 올리고 1909년에는 일진회(一進會)를 규탄

하는 성토문을 발표하여 체포되어, 옥고를 치렀다. 3.1운동 때는 모친 병중으로 33인 발기인에서 빠졌으나, 곧 전국 유림대표 137인 연명으로 독립을 청원하는 「파리장서」(巴里長書)를 작성하고 1919년 상해로 건너가 이를 영문으로 번역해 파리강화회의에 송부했다. 그리고는 이를 상해 주재 각국 대사관과 영사관, 중국 각계원로와 해외 각지의 한인동포 등 온 세계에 배포했다. 이후 상해임시정부 수립에 참여하여 의정원 경북대표의원이 되고 광동성 광주(廣州)로 내려가 손문(孫文)과도 교류하면서 중국명사들과 한국독립후원회를 조직 활동했다.

1924년에는 북경에서 이회영과 회동해 당시 국민군의 풍옥상(馮玉祥) 장군이 관할하던 만몽(滿蒙)접경지역의 토지 3만정보의 사용권을 얻어 독립운동기지로 사용할 계획을 추진했다. 한편 국내의 독립운동을 고취시키고자 임시정부 수위였던 나석주를 국내로 잠입시켜 조선식산은행 등 조선수탈기관에 폭탄을 투척하는 쾌거를 기획했다. 1926년 임시정부 의정원 의장에 취임, 이듬해 신병으로 영국인이 운영하던 공제의원에 입원했다가 일경에 체포되고 국내로 압송되어 대구경찰서에서 혹독한 고문을 받았으나 끝까지 굴복하지 않고 자기는 나라가 없어 본 적도 없다고 변호나 재판을 거부, 14년 징역을 언도받고 복역 중 1934년 형집행정지로 출옥했지만 심한 고문과 오랜 수감생활로 다리를 못 쓰게 되어 이후 호를 벽옹(躄翁 : 절름바리)으로 썼다.

광복 후 성균관대학교 총장에 취임하고 6.25 후에는 이승만 대통령 하야권고문을 발표하여 40일간 옥고를 치르기도 했다. 1962년 중앙의료원에서 84세를 일기로 운명, 강북구 수유리 북한산 아래 독립열사묘역에 안장되었다. 저서로 「心山漫草」, 「心山遺稿」 등이 전한다. 건국훈장대통령장이 수여되었다.

우당(友堂)과 예관(睨觀) 그밖에 여러 우리 독립지사들이 북경대학의 루쉰(魯迅) 진독수(陳獨秀) 등 개화파교수들과 친교를 맺고 자주 출입하던 북경대학(北京大學)홍루(紅樓)는 북경대학이 1952년 현재의 해정구(海淀區) 중관촌으로 이전하기 전으로, 당시는 동성구(東城區) 54대가(大街)에 있었는데 옛 건물인 4층 붉은 벽돌집양관이 지금도 옛 모습 그대로 잘 보전되어 있다. 건물 입구에는 「北京大學紅樓」란 간판이 걸려 있지만 일제강점 말기에는 일군 헌병대 감옥소로 사용되었었다.

이육사(李陸史) 이야기

독립투사이자 민족애국시인인 이육사도 북경에서 순국했다.

우리에게 이육사(李陸史)로 더 익숙하지만 그의 본명은 이원록(李源祿 1904-1944)으로 경북 안동 도산(陶山)에서 태어났다. 대구 교남학교(현 대륜고교)에서 수학하다가 1923년 일본으로 건너가 동경대학에 입학하였지만 1925년에 귀국, 중외일보기자가 되었다가 다시 일본 경유 북경으로 가서 중국군사관학교에 입학했다. 이듬해 다시 귀국 군자금을 모아 상해임시정부로 송금하는 일에 열중했다.

1927년 조선은행대구지점 폭파사건에 연루되었다는 혐의로 체포되어 혹독한 고문을 당한 후 3년형을 선고받고 2년 4개월을 복역하다가 1929년에 출옥했다. 수감 당시 그의 수인번호가 264번이었는데 그는 이 숫자 발음을 따라 이후 호를 「李陸史」로 썼다.

잠시도 그냥 있지 못하는 혈기에 찬 그는 그 해에 다시 북경으로 가서 북경대학 사회과학과에서 수학하면서 루쉰(魯迅) 등과 친교를 맺었다. 1932년 국민정부 산하 김원봉이 교장으로 있던 조선군관학교 간부훈련반에 입교, 1기생으로 졸업 후 6개월간 게릴라 훈련을 받기도 했다.

그리고는 의열단의 밀명을 띄고 귀국, 독립운동을 하면서도 시작활동에도 몰두, 시(詩)를 통해 민족적 비운에 따른 지식인의 저항과 소망을 노래로 표현코자 하였다. 1943년 다시 북경으로 갔다가 귀국하면서 국내독립군의 활동을 위해 무기반입을 시도하다 일경에 체포되어 북경으로 이송, 왕부징(王府井)소재 일본헌병대 지하감옥에 수감 중 1944년 1월 16일 새벽 5시 옥사 순국했다. 향년 40세, 그는 일생에 17번이나 일제에 체포되어 심한 고문과 옥고를 치르면서 쇠약해진 육신이었지만, 끊임없는 독립운동과 혼신의 정열을 쏟아 민족정신 고취를 위한 논설과 시작(詩作)활동으로 온 몸을 조국에 바친 불굴의 애국혼이었다. 영문도 모르는 가족들이 통보를 받고 동생 원창이 북경에 갔을 때는 그는 이미 화장되어 한 줌의 재가 되어 있었다. 비탄과 울분 속 동생의 가슴에 안겨 환국, 미아리묘지에 매장되었다가 1960년 고향인 안동 도산 낙동강변에 안장되었다. 1990년 건국훈장 애족장에 추서되었다. 그는 평생 36편의 시작(詩作)을 남겨 1946년 「陸史詩集」이 발간되었다.

까마득한 날에
하늘이 처음 열리고
어데 닭 우는 소리 들렸으랴

모든 산맥들이
바다로 향해 연모해 휘달릴 때도
차마 이곳을 범하진 못하였으리라

끊임없는 光陰을 부지런한 계절이 되어선 지고
큰 강물이 비로소 길을 열었다

다시 千古의 뒤에
白馬타고 오는 超人이 있어
이 曠野에서 목 놓아 부르게 하리라

1968년, 낙동강변 그의 묘소에 세워진 陸史詩碑에 새긴 그의 절명시 「曠野」의 전문이다. 그의 유일한 혈육인 무남독녀 이옥비(李沃非 76세) 여사는 이육사추모사업협회 이사가 되어 서울을 떠나

안동 도산 육사생가 옆 목제고택(穆齊古宅)에 살면서 「이육사문학관」을 지키고 있다. 「沃非」란 이름은 생전의 육사(陸史)가 "기름지고 비옥하게 살지 말고 소박하고 검소하게 살라"고 지어준 이름이라 하였다.

필자는 몇 해전 북경에 체류할 때 몇 번이나 왕부징일대를 돌아다니곤 하였다. 그러나 울창한 빌딩 숲으로 변한 광막한 왕부징거리 어디에서 지난 날 우리 독립선열들의 피어린 자취를 찾는단 말인가. 홀로 자금성 서편 너머로 붉게 물든 노을만을 바라보면서 망연자실 할 뿐이었다.

요한 바오로 2세 교황 알현기

이 종 호

1980년 전두환 보안사령관이 대통령 자리를 차지하자 로마 바티칸 교황청의 서울 주재 대사가 항의의 뜻으로 로마 교황청으로 돌아가 버렸다. 전 세계 12억 카톨릭 신자들의 정신적 지주인 교황이. 모든 주권을 행사하는 독립국인 바티칸 시국(市國)과 우리나라는 1966년 외교관계를 수립하고 서로 대사를 교환 상주시키고 있었다. 이 일은 당시 언론통제로 국내에는 알려지지 않았지만 신군부는 크게 당황하였다. 만약 교황청에서 한국의 정부 체제를 비난하는 성명이라도 발표하면 어쩐단 말인가.

그 해 12월 정부는 부랴부랴 대통령특사를 임명하여 교황청에 파견하기로 결정하였는데 그 수행원의 한 사람으로 당시 해외정책과장이던 필자가 지명되었다. 대통령특사에는 그때 민간 추기경(樞機卿) 격인 카톨릭 전국 신도회장으로 체신부장관이 된지 얼마 안 된 故 김기철 장관이 맡았다. 김 장관은 31세 때 제헌국회의원에 당선, 신익희 국회의장의 비서역을 수행한 분으로 그때 63세였지만 키가 훤칠한 건장하고 성격이 아주 원만한 분이었다. 그는 전국 우체부에게 겨울 외투와 오토바이 한 대 씩을 사주어야 한다는 조건으로 장관직을 수락했었다.

특사에게는 이 임무 외에 또 한 가지 임무가 추가되었다. 아시아, 중동 그리고 아프리카 지역의 비동맹국가 중 한국과 외교관계가 있는 나라를 순방하여 이듬해인 1981년 2월에 인도의 뉴델리에서 열릴 예정인 비동맹회의에서 북한의 발언을 가급적 봉쇄하거나 동조하지 않도록 설득하라는 것이었다.

UN에서 막강한 그룹 파워를 가진 이 비동맹회의에 한국은 가입 자격이 없고, 북한은 이사국(理事國)으로서 매년 이 회의가 열렸다 하면 활개를 치고 설쳐댔다. 특사 수행원에는 당시 영국대사관에 공사로 있던 유종하 씨(외무장관, 적십자총재 역임)도 현지에서 합류하였다.

특사 일행은 1980년 12월 31일 김포공항을 출발해 태국, 방글라데시, 요르단, 아랍에미레이트, 예멘을 순방하고 곧 아프리카로 건너가 튀니지, 모로코, 모리타니, 세네갈, 소말리아를 차례로 방문한 후 파리를 경유해 1981년 1월 24일 로마에 도착하였다.

교황청에서의 요한 바오로 2세 교황 알현은 이튿날 아침 10시에 예정되어 있었다. 아침 일찍 일행은 교황청의 원주(圓柱)로 둘러싸인 넓은 성 피에트로 광장에 도착하여 웅장한 대성당 본관 오른편 입구로 들어가 붉은 카펫이 깔린 이층복도를 서편으로 한참 걸어갔다. 방이 1400개나 되며 세계에서 가장 아름답다는 교황청 궁전에는 복도 옆 방마다 신부들, 수녀들 그리고 여러 복장을 한 신도들로 꽉 차 있었는데 모두가 1년 전에 예약한 세계 각 나라에서 교황을 알현하러 온 사람들이라 하였다.

이들을 제치고 계속 나아가 복도 맨 끝 방에 이르렀는데 바로 교황의 서재 겸 집무실이었다. 화려한 제복의 키 큰 사제가 문을 열었다. 붉은 장밋빛 카펫을 깐 조금은 넓은 방 한가운데 눈부시게 흰 사제복의 교황 성하(聖下)는 마치 하늘나라 사람인 듯 장엄하고 고결한 자세로, 그러나 만면에 인자한 미소를 띠고 우리 일행과 일일이 악수를 하며 맞아 주었다.

필자와 악수를 하면서는 한 손으로 필자의 어깨를 가볍게 안고 "God bless Korea(하느님의 축복이 있기를)!"라고 했다. 악수를 한 교황의 오른손은 손마디가 굵고 우람하여 내 손으로는 다 감싸지지 않았다. 젊을 때 폴란드 시골에서 막노동을 할 때 굳어진 탓이리라. 접견 대담은 아주 잘 끝났다. 곧 일행과의 기념사진촬영이 있었는데 제복을 입은 두 명의 사진사는 처음부터 주위를 돌며 여러 장의 사진을 찍었다.

이튿날 귀국 차 레오나르도 공항으로 가기 위해 아침 10시 호텔을 체크아웃 하였는데 필자가 프런트 데스크에 들렀을 때 필자의 방 키박스에 노란색 대봉투 하나가 들어있었다. 봉투는 교황청에서 보내 온 것으로, 놀랍게도 그 안에는 중판으로 확대한 필자가 교황과 악수하는 사진과 일행과 함께 찍은 컬러 사진이 서너 장 들어 있었다.

요한 바오로 2세 교황은 폴란드 시골에서 태어나 막일을 하면서 고학으로 대학을 졸업, 공산치하에서 시골 교회의 말단 신부로 출발해 1978년 교황으로 추대된 입지전적인 인물로 27년의 재임 기간 중 공산주의 박멸에도 앞장섰다. 특사 일행과의 만남이 있은 그해 5월, 교황청 앞뜰에서 교인들을 만나고 있던 중 한 터키인의 저격으로 중상을 입었을 때 필자는 너무나 슬퍼서 혼자 눈물지었다. 교황께서는 1984년과 1989년 한국을 두 번 방문했고 2005년 75세로 선종했는데 오는 4월에는 12사도들과 같은 반열의 성인(聖人)으로 추대되는 로마 교황청의 시성(諡聖)식이 예정되어 있다고 한다. 필자는 언젠가는 카톨릭에 귀의하리라 마음먹고 있고, 아내는 몇 년 전 수녀님과 내 세례명까지 지어놓고 있다지만, 아직도 욕망 무제의 아집세계를 벗어나지 못하여 망설이고 있는 자신이 너무나 한심할 따름이다.

지구 반대편의 이웃, 우루과이

최 연 충

람블라 예찬

몬테비데오를 처음 찾는 사람이라면, 특히 그 시기가 여름철이라면, 누구라도 눈길 가는 곳마다 발길 닿는 곳마다 펼쳐지는 아름다움에 감탄사를 연발하지 않을 수 없을 것이다. 우선 도시의 관문인 까라스꼬 국제공항에 내리면서부터 간편한 입국수속과 친절한 서비스에 놀라고, 마치 인천공항을 축소하여 옮겨놓은 듯 깔끔한 공항건물에서도 친숙한 느낌을 받게 된다.

아마 이웃 아르헨티나나 브라질을 경유해온 경우라면 그곳의 엉성한 공항들과 대비되어 그 느낌이 더욱 각별할 것임에 틀림없다. 그뿐인가. 눈이 시리도록 맑은 하늘과 상쾌한 공기, 그리고 바다처럼 아득하게 펼쳐진 라플라타강도 눈길을 사로잡고, 푸르른 녹지 사이사이로 아담하게 자리잡고 있는 도시의 모습도 정겹게 다가온다. 여유있게 마떼를 마시면서 이방인에게 따뜻하게 마음을 열어주는 시민들의 미소 또한 살가워서 좋다.

하지만 몬테비데오를 뚜렷하게 각인시켜주는 명물 한가지만 꼽으라고 한다면 뭐니뭐니 해도 람블라를 떠올리지 않을 수가 없다. 도시의 초입에 해당하는 까라스꼬지역에서부터 구시가지까지 이어지는 장장 30㎞에 이르는 강변도로를 일컫는데, 도시 교통 흐름의 큰 축을 감당하고 있을 뿐 아니라 문화가 있는 휴식공간으로서도 시민의 사랑을 듬뿍 받고 있다. 도로를 따라 인도가 여유있게 조성되어 있어 산책이나 조깅을 즐기기엔 안성맞춤이고, 구비를 돌 때마다 해운대보다 더 넓은 백사장이 은모래를 반짝이며 무수히 눈앞에 펼쳐진다. 여름철이면 시민들이 너도나도 람블라를 찾아 휴식을 즐기고 정담을 나누는 모습이 어우러져 아름다운 파노라마를 이루는데 실로 장관이 아닐 수 없다. 애시당초 도시가 골격을 잡아갈 때 어떤 현자가 있어 이런 멋진 공간을 구상하고 실천에 옮겼는지 고마울 따름이다.

사전에서 람블라(Rambla)를 찾아보면 "산책로, 큰 길"이라고 나오지만, 워낙 몬테비데오의 람블라가 독보적이다 보니 이젠 그 자체로 고유명사나 진배없어 보인다. 그러한 즉, 몬테비데오 관광책자의 첫 페이지를 람블라 전경사진이 차지하고 있는 것은 당연하다 하겠는데, 게다가 그 한가운데에 그리팅맨이 공손하게 인사를 하고 있는 모습이 담겨있어 우리로선 더욱 흐뭇하기만 하다. 그리팅맨과 그를 보듬고 있는 한국광장은 이미 몬테비데오의 새로운 관광명소로 자리잡아가고 있지만, 앞으로 광장을 둘러 정성스레 심어놓은 무궁화가 자라 꽃을 피우게 되면 더 멋들어진 모습을 보여주지 않겠는가. 오늘도 람블라를 지나면서 람블라가 맺어준 한국과 우루과이의 소중한 인연을 되새겨본다.

* 그리팅맨 : 한국의 조각가 유영호가 제작·기증한 6m 높이의 "인사하는 사람"상. 대사관에서는 한국에서 우루과이까지의 해상운송, 시유지 확보, 현지 작품 설치공사 등 일체를 지원하고, 주변을 "한국광장"으로 명명. 이어서 한국으로부터 직접 공수해온 무궁화 묘목을 식수하여 무궁화 동산으로 가꿈으로써 한-우 우호의 상징으로 자리 잡음.

람블라를 향해 인사하는 한국광장의 '그리팅맨'

청정자연, 우루과이

세계 어느 곳을 가든 공항에 내리면 대개 "Welcome to…"라는 환영문구를 대하기 마련이지만, 우루과이에 첫발을 내딛는 사람에게는 그에 더하여 또 하나의 따뜻한 인사가 다가온다. 바로 뜨거운 태양과 푸른 물결이 어우러진 이미지 아래로 "Uruguay Natural"이라 쓰인 홍보 로고가 그것이다. 군더더기 없는 심플한 디자인에 간결한 메시지를 담고 있지만 우루과이를 세계에 각인시키는 국가 브랜드로서의 역할을 톡톡히 해주고 있다.

원래 이 로고는 2001년 Jorge Batlle 정부 시절에 외국관광객에게 우루과이의 매력을 알리기 위한 목적으로 채택했던 것이지만, 2005년 Tabare Vazquez정부가 출범하면서 그 의미가 확대되어 미래 세대를 위해 환경을 보호하고 자연유산을 보전하는데 역점을 두겠다는 정책의지를 표방하게 되었다. 이제 이 로고에 담긴 뜻을 하나씩 풀어보기로 하자. 윗부분의 이미지는 두갈래의 푸른 해변이 이글이글 타는 태양을 감싸안고 있는 형상으로 되어있다. 전체적으로 U자 모습을 이루고 있는 해변은 Uruguay의 U를 뜻하며, 동시에 외국인을 따뜻하게 맞아 포옹하는 모양새를 보여준다. 또 하늘을 향해 두 팔을 벌린 모습이기도 하여 국민적 긍지를 나타내며, 노랑과 파랑의 두 색상은 우루과이 국기와 자연스럽게 오버랩된다. 아랫부분의 메시지 "Uruguay Natural"은 깨끗하고 매력적인 자연을 강조하면서 또한 지속가능한 생산을 추구한다는 뜻을 담고 있다.

최근들어 기후변화로 인한 자연재해가 빈발하여 지구촌이 몸살을 앓고 있는데다가 현재와 미래세대가 공존할 수 있는 지속가능한 성장이 절실한 화두가 되고 있는 터인지라, 우루과이가 자연과 함께 하는 삶을 표방하면서 이를 국가브랜드 차원으로 끌어올려 활용하고 있는 것은 매우 시의적절해 보인다.

아닌 게 아니라 시리도록 맑은 공기와 깨끗한 물, 화창한 하늘, 은모래 해변, 드넓고 푸른 초원 등 그 자체가 미래의 먹거리인 천혜의 자연을 안고 있는 우루과이로서는 굳이 아등바등 개발에 매달릴 이유가 없어 보인다. 첨단문명을 향유하는 댓가가 점점 커지고 혹독한 생존경쟁 속에서 심신이 지쳐갈수록 사람들은 너나 없이 자연으로 돌아가 안식을 취하고 싶어 할 터이니, 이 점에서 보면 우루과이는 진작부터 미래 성장을 담보하는 최상의 인프라를 갖추고 있는 셈이다.

일례를 들어보자. 우루과이 동부 Rocha주에는 까보 뽈로니오(Cabo Polonio)라는 작은 해변마을이 있다. 이곳은 문명과 완전히 단절된 곳으로서, 전기도 수돗물도 자동차도 없다. 당연히 TV도 인터넷도 이용할 수 없고 샤워도 언감생심이다. 그 어떤 왕후장상도 이곳에선 그저 가녀린 촛불 하나에 의지한 채 쏟아지는 별빛과 부서지는 파도소리를 들으며 칠흑 같은 밤을 지샐 뿐이다. 그런데도 이 원시의 마을에서 하룻밤을 보내려고 세계 도처에서 관광객이 부나비처럼 모여든다. 도시로부터, 문명으로부터 탈출하고 숨돌릴 틈 없이 옥죄어오는 인간사에서 잠시나마 벗어나고픈 욕구의 발로에 다름 아니다. 하기사 그렇게 본다면 어디 까보 뽈로니오뿐이랴. 사시사철 바람소리와 풀내음을 동무 삼을 수밖에 없는 대초원도, 곳곳에 호젓하게 자리잡고 있는 송림과 해변도 모두 무릉도원 아니겠는가. 이토록 귀한 우루과이의 청정자연을 맘껏 누릴 수 있게 된 것도 크나큰 인연이고 복이다.

'5월 태양'을 담은 국기(國旗)

올림픽 시상식 무대에서 자국의 국가가 울려 퍼지는 가운데 천천히 국기가 게양되는 모습을 보노라면 누구라도 주체할 수 없는 감동에 휩싸이고 나도 모르게 눈시울이 붉어지게 된다. 고국을 멀리 떠나와 타지에서 외롭고 힘든 시간을 보낼 때 우리의 국기와 국가를 대하게 되면 그 애틋함이 더 절절할 것임은 두말할 나위가 없다. 국기와 국가는 이렇게 강한 국민통합의 힘을 갖고 있는 대표적인 국가상징물이다.

우루과이는 1825년 독립 선언 이후 한 동안은 33인 애국지사들이 독립투쟁기간 중에 사용했던 삼색기를 임시 국기로 사용하다가 1828년 정식으로 독립국가로 탄생하면서 국기법을 공포하고 새 국기를 채택하기에 이른다. 새 국기는 기본적으로 미국의 성조기와 비슷한 컨셉을 차용하여, 좌측 상단에 5월 태양을 배치하고 그 우측과 아래쪽으로 아홉 개의 가로줄을 청색으로 그려 넣었는데, 이는 독립 당시의 9개주를 의미하는 것이었다.

* 5월 태양 : 잉카의 태양신을 상징하는 동시에, 독립의 불꽃이 점화되었던 1810년의 5월혁명을 기리는 의미도 있다.

이 국기는 1830년과 1952년 두 차례에 걸쳐 약간씩 수정되어 오늘날의 형태로 확정되었는데, 5월 태양이 당초에 비해 간결해지고 청색 가로줄도 네 줄로 줄어들었다. 국기의 기본색상은 백, 청, 금색으로서 바탕의 흰색은 빛/영광/순수를 뜻하고 청색 가로줄은 맑은 하늘/우주/무한을 의미한다. 또한 태양의 금색은 부/힘/번영을 상징하고 있다.

세계에서 가장 긴 연주시간의 국가(國歌)

우루과이의 국가는 아마도 세계에서 가장 연주시간이 길지 않을까 싶다. 가사에 담긴 메시지는 간결하지만 전주 부분이 길게 이어지고 후렴이 여러 번 반복되기 때문이다. 가사는 저명한 작가이자 시인인 Francisco Acuna de Figueroa가 제안한 내용을 기초로 하고 있는데, 1833년 초대 Rivera대통령 정부가 정식으로 채택하고 1845년 약간의 자구 수정을 거쳐 오늘에 이르고 있다. 시인의 작품답게 운율을 맞추고 있는 것이 특징이며, 모두 11개 연으로 구성되어 있다. 가사 전체를 관통하고 있는 핵심 키워드는 "자유(Libertad)"이다. 이 가사는 오랫동안 다양한 버전의 곡으로 불려지다가 1848년에 와서야 지금의 곡에 붙여 부르게 되었는데, 이 곡은 당시 몬테비데오에 정착하고 있던 헝가리 음악가 Francisco Jose Debali가 작곡한 것으로 알려져 있다.

어느 나라이든지 국기와 국가는 국민적 일체감과 정체성을 일깨워주는 표상이요 대외적으로는 나라 자체를 상징한다고 해도 과언이 아니다. 따라서 우리 스스로 국기와 국가를 소중히 대해야 하는 것은 물론이고, 다른 나라의 국기나 국가에 대해서도 기본적인 예의를 갖추어주는 것이 도리이다. 아무리 험한 사이라 할지라도 상대국의 국기를 불태우거나 훼손하는 것을 금기시하고 있는 것은 그 때문이다. 그러할진대, 오늘날 우리 사회 일각에서 태극기에 대한 경례를 거부하고 공식 행사에서 애국가를 부르는 것조차 시비를 거는 사람들이 있으니 딱한 노릇이다. 이는 스스로의 존재가치를 부정하고 세상의 웃음거리가 되기를 자청하는 꼴이니, 있을 수 없는 일이다.

100세 건강 Tip

건강에 좋은 차

류영창

- **갈근(칡뿌리)** - 발한, 해열, 숙취 해독, 근육 긴장 완화
- **결명자** - 시력보호, 눈의 피로 회복, 간장 보호
- **계피** - 발한, 해열, 체온조절, 관절염 완화
- **관동화(머위)** - 기침, 기관지, 천식에 효과
- **구기자** - 강장, 보양 및 시력감퇴, 신경쇠약에 효과
- **길경(도라지)** - 기침, 가래, 기관지 천식에 효과
- **당귀** - 어혈을 풀어주고, 저혈압, 협심증, 중풍에 효과
- **두충** - 정력 증강, 혈압 강하, 이뇨 효과
- **맥문동** - 폐결핵, 만성 기관지염, 당뇨병에 효과적
- **사상자** - 발기부전, 습진, 피부 가려움증
- **뽕나무잎** - 혈압, 혈당 강하, 기침, 가래 완화
- **영지** - 만성기관지염, 고혈압, 당뇨병

세상에서 가장 가난한 대통령, 무히까

최 연 충

2015년 우루과이 전 대통령 호세 무히까의 인생역정을 다룬 전기가 국내에 번역·출간되면서 범상치 않은 그의 삶이 화제가 되고 있다. 올해로 만 80세가 되는 우루과이의 제40대 대통령 무히까. 그는 평범한 농부의 아들로 태어났지만 청년시절부터 도시게릴라(투파마로스)운동에 투신하여 1970년대 엄혹한 군부독재에 맞서 싸운다. 이 과정에서 여러 차례 총상을 입고 죽음의 문턱까지 가보기도 했고, 체포·투옥되어 무려 14년간 옥고를 치르는 등 파란만장한 일생을 보낸 풍운아이다.

1995년 민주화가 회복된 이후 그는 제도권 정치인으로 변신하여 하원의원, 상원의원, 농목축부장관을 거쳐 2010년 대통령에까지 오르게 된다. 이같은 이력 자체도 예사롭지 않지만, 대통령이 된 후 보여준 특별한 행보로 인해 그는 세계의 이목을 끌게 된다. 대통령이 된 후에도 공식 대통령관저를 마다하고 허름한 옛 농장에서 기거하며 대통령과 농부의 삶을 병행해왔다. 자신 명의의 재산이라고는 낡아빠진 폭스바겐 비틀 소형자동차와 트랙터 한 대뿐인데도, 대통령 월급의 90%를 자선·복지기금에 기부하면서 소박하고 청빈한 삶을 살아가고 있다. 그는 "세상에서 가장 가난한 대통령"으로 알려져 있으며, BBC를 비롯하여 세계 언론에도 여러 차례 소개된 바 있다.

정책 추진에 있어서도 파격적이다. 우선 중남미 각국이 골머리를 앓고 있는 마약문제에 대처하는 시각을 근본적으로 바꾸어버렸다. 국가가 엄격히 관리는 하되, 마리화나의 재배와 유통 자체는 합법적으로 허용하는 실리적인 대안을 내어놓은 것이다. 또 카톨릭교계의 격렬한 반발에도 불구하고 제한적인 범위에서 낙태를 허용했으며 동성간 결혼도 인정하는 등 인권을 중시하는 정책을 밀어붙이는 소신을 보여주었다. 임기 말에는 쿠바 관타나모 수용소에서 인고의 나날을 보내고 있던 아랍인 수감자 6명을 넘겨받아 그들이 우루과이에서 정착할 수 있도록 배려하고, 시리아 난민 120명을 수용하는 결단을 내림으로써 국제사회의 동참을 촉구하기도 했다. 인류 공영과 화합을 위한 이 같은 노력을 인정받아 그는 2013년과 14년 연속으로 노벨평화상 후보에 이름을 올렸다.

어느 나라든 지도자들은 국민의 환호 속에 취임하지만 임기를 마치면서는 화무십일홍(花無十日紅)을 되뇌이며 쓸쓸히 퇴장하는 것이 다반사인데, 그는 대통령 퇴임 무렵까지 65%의 지지율을 유지하였다. 오히려 취임 당시의 지지율 52%를 훌쩍 뛰어넘었으니 놀라운 일이다. 지난 3월 1일 신임 따바레 바스께스 대통령의 취임식 행사장에서도 물러나는 무히까 대통령이 더 스포트라이트를 받는 이례적인 광경이 벌어졌다. 평소와 다름없이 노타이 차림으로 참석하여 의식을 마친 후 대형 국기를 차곡차곡 접어 전해 받고서 영부인과 함께 낡은 자동차에 올라 직접 운전대를 잡고 사저로 돌아가는 모습은 모두에게 뭉클한 감동을 안겨주었다.

과연 우루과이 국민들은 그의 어떤 모습을 사랑하고 존경하는 것일까. 엄혹한 시절을 헤쳐 오면서도 꿋꿋이 소신을 지켜왔기에, 또 한결같이 청빈한 삶을 이어가고 있기에 그러하겠지만 그것만으로는 충분히 설명이 되지 않는다. 거기에 더하여 늘 국민과 가까이 있으면서, 국민과 눈높이를 맞추고자 애썼다는 점을 빼놓을 수 없다. 그는 주말이면 허름한 작업복차림으로 마을로 나가 동네사람들과 어울리며 세상 돌아가는 얘기를 듣는다. 사람들은 남녀노소 없이 그를 "뻬뻬(Pepe)"라는 애칭으로 부르며 스스럼없이 다가와 손을 잡는다.

한 번은 이런 일도 있었다. 밤새 강풍이 휘몰아쳤던 어느 날 청사로 출근한 그의 얼굴에 칼로 그은 듯한 깊은 상처가 패어있어 사람들이 깜짝 놀랐다. 연유를 알아본 즉, 그날 새벽 강풍에 이웃집 지붕이 날아가게 생겼기에 대통령이 달려가 집주인을 거들어 지붕을 손보고 있었는데 슬레이트 조각 하나가 바람에 날아와 그의 얼굴을 쳤다는 것이었다. 자칫 크게 다칠 뻔한 아찔한 사고였다. 그럼에도 그는 손사래를 치면서 아무 일 없었던 듯 일상으로 돌아가는 것이었다.

그는 그런 사람이다.

우리의 경우는 어떤가. 연초부터 이른바 성○○리스트가 불거지면서 우리 사회의 부끄러운 민낯을 적나라하게 보여주었다. 이로 인해 어렵사리 취임했던 총리가 불명예스럽게 물러나고 현직 시장과 도지사도 줄줄이 연루되어 한바탕 곤욕을 치렀다. 부정부패 척결을 외쳐온 게 어제 오늘의 일이 아님에도 막상 사회 지도층의 치부를 마주한 대다수 국민들로서는 허탈하지 않을 수가 없다. 정부와 국회, 여와 야를 가릴 것 없이 제대로 소통이 되지 않고 삐걱대고 있는 것도 보기 딱하다. 물질적으로 풍요하지 않아도 충만한 삶을 살아가고 있는, 또 국민과 스스럼없이 어깨를 맞대면서 희망도 애환도 함께 나누는 무히까 대통령이 새삼스럽게 돋보이는 이유이다.

PART 8

취미·여행

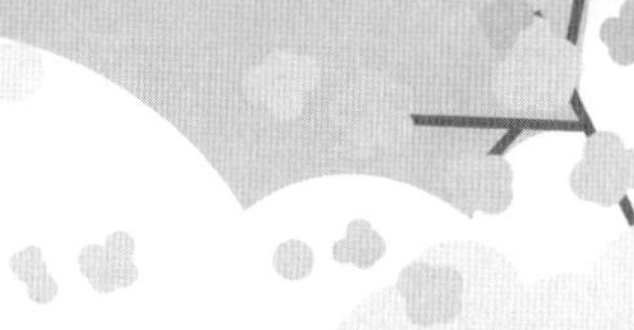

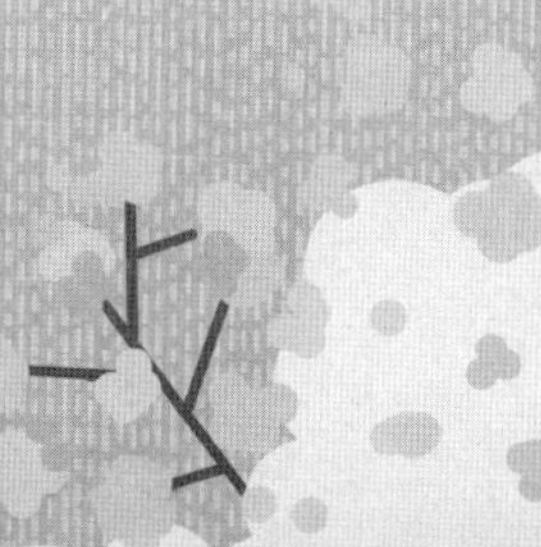

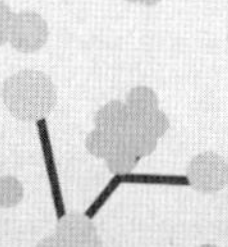

강 필 원

건설부 총무과장
국립공원관리공단 부장
대한건설진흥회 사무총장

조 을 행

건설부 관리국
건설공제조합 과장
유남종합건설㈜ 전무이사

박 웅

건설부 주택도시국
㈜건축사무소 다공 대표이사
생태 사진가

이 진 영

건설부 법무관실, 공원과
㈜나평건설 부회장
화이건설 부회장

채 규 주

건설부 관리국 건설행정과
대한전문건설협회 이사
토공사업협의회 상근부회장

오 병 철

건설교통부 부산지방수로사무소장
해양수산부 부산해양조사사무소장
국립해양조사원 관리과장
한국국제해운협회 전무이사

100세 건강 Tip

뇌졸중 예방 수칙

류영창

- 과체중을 주의
  - 비만인은 2~3배 위험
- 과로와 추위를 피한다
  - 수면과 보온이 중요
- 음식은 싱겁고 담백하게
- 술은 최대 2잔 까지만
- 혈압과 콜레스테롤 수치 변화를 주시하라
- 운동은 규칙적으로
  - 주 3회, 1회 30분의 유산소운동(걷기, 스트레칭, 수영 등)
- 스트레스는 그때그때 풀라
- 고혈압, 당뇨, 고지혈증, 혈관 기형 등 만성질환 우선 치유
- 담배를 끊자
  - 흡연자는 혈전 형성 및 혈관 경화로 2~3배 위험
- 한 번 발병했던 환자는 재발방지가 중요
  - 5년 내에 25% 재발
- 어깨 으쓱, 도리 도리 운동, 코 밑 인중혈 주기적으로 눌러주기

국토순례 길에 설레는 맘 안고 따라 나서다

강 필 원

가을 하늘 산뜻한 공기 가운데 "아니 벌써?"

어릴 적이나 어른 된 지금이나 소풍은 마음 설레고 기다려지는 기분 좋은 날!

새벽에 잠이 깨어 이리 뒤척, 저리 뒤척 하다가 짐을 챙겨 집을 나서니 맑은 가을 하늘에 산뜻한 공기가 살포시 온몸을 감싸주는 가운데 너무 일찍 왔다 생각하며 건설회관에 도착하니 아니 벌써? 김의원 전 회장 내외, 류상열 회장 내외, 박태서, 손광조, 이태열 회원 내외를 비롯하여 김종철 부회장, 그리고 청년(?)층에서 박상도, 천정웅, 정우섭, 박효성, 김태호 회원 등이 웃으며 담소하고 있질 않는가?

2008년 이번 순례길에는 모두 56명이 참가하여 2대의 우등버스에 나누어 타고 정각 8시에 회관을 출발하여 변산반도, 새만금 간척지,

선운사를 돌아보는 1박 2일 코스에 접어 들었다. 시내를 벗어나 고속도로로 진입하자 따끈따끈한 떡과 과자 등 먹을거리를 푸짐하게 안겨주는데 그렇지 않아도 새벽(?)밥을 부실하게 먹었던 터에 이게 웬 떡? 사무처에서 떡집에 특별히 당부하여 조금 전에 만들어 즉시 배달받은 거란다. 류상열 회장의 자상함이 보여지는 단면이다.

서해대교 휴게소에 잠깐 들렀다가 부안읍에 도착한 것이 정각 12시, 한 음식점에서 식사를 하는데, 최찬식 회원 “주인장, 이 근처에 여관이 하나 있었는데 그게 어디쯤인가요?” 음식점 주인 “바로 이 자리입니다!” 최찬식 회원 “아! 그렇습니까, 45년 전에 내가 동진강 간척사업에 종사할 당시 결혼하고 머물던 곳인데...”

옛날에 신혼살림을 차렸던 여관자리에서 밥을 먹고 있으니, 산천(山川)은 유구한데 육신(肉身)이 조금 삭았구료!

새만금 사업 현장을 찾다!

정갈진 전라도 음식을 맛있게 먹고, 말도 많고 사연도 많은 새만금 사업 현장을 찾았다. 2010년 2~3월 방조제 완공 예정으로 활발히 공사 중인데 그 길이가 33㎞에 달하는 세계에서 가장 길고, 넓이는 여의도 면적의 140배나 되는 국토가 늘어난다고 한다. 가히 세계적인 기술로 이루어 놓은 새만금이 완전 매립되어 꽃이 활짝 피는 시기가 30년 후라니 아쉽기는 하지만 뒤로 하고...

내소사와 서해바다 일출

내소사로 가는 600m에 이르는 짙푸른 전나무 숲의 내음이 가득한 길을 지나 백제 무왕때 창건한 내소사에서 보물로 지정된 대웅전 꽃창살과 구리종을 감상하고, 변산의 절경인 낙조를 보기 위해 채석강으로 왔더니 마침 햇님이 하루 일을 마치고 수평선 바다 아래로 몸을 내리려 하는데, 우리 일행은 탄성을 지르며 더 가까이서 붉은 해를 보러 방파제 끝으로 달려가 봤지만, 햇님이 구름으로 살짝 몸을 가리는 바람에 아쉬움을 남긴 채 식당으로 향했다.

싱싱한 바다 생선회로 저녁을 먹고 있는데 멀리서부터 선배들의 방문 소식을 듣고 달려온 익산지방국토관리청 김돈수 청장이 합석하여 건설 역군들의 뜨거운 정을 다시 한 번 느끼게 했다.

숙소는 바다가 바로 발 아래로 내려다 보이는 곳으로 깨끗하고 조용하여 자리에 누우니 '처~얼썩 처~얼썩' 끊일 듯 이어지는 파도 소리가 자장가 되어 스르르 꿈나라로 들어갔다.

"꼬끼오~~~ 꼬르륵..." 수탉의 홰치는 소리에 잠이 깨어 시계를 보니 새벽 3시. 바다도 조용히 잠들었는데 너희들은 왜 그리도 분주히 울어대는지... 뒤척뒤척하며 이일 저일 생각하다가 다시 잠이 들었다.

미지생(未知生)이면 언지사(焉知死)리오
(삶도 아직 모르는데 어찌 죽음에 대하여 알겠는가?)
낙이망우(樂以忘憂)
(즐거움으로 걱정을 잊는다)

- 논어 -

그저 하루하루를 욕심부리지 말고 주어진 대로 편하게 살면 될 것을!

모닝콜 벨소리에 잠이 깨어 창을 열어보니 신선한 공기가 정신을 확 들게 하는데, 일기예보와는 달리 청명한 날씨에 부지런한 회원 부부들이 정답게 팔을 끼고 싱글들은 삼삼오오 짝을 지어 바닷가를 거니는데, 때마침 어제 저녁에 헤어졌던 해가 찬란하게 솟아오르고 있질 않는가? 서해바다 위로 솟아오르는 일출은 또하나의 장관이다.

그 시대 그대로 '불멸의 이순신'

아침 산책을 가볍게 마치고 식사를 백합조개로 쑨 죽을 별식으로 먹고 불멸의 이순신 드라마 야외촬영장이었던 전라좌수영에 도착하니 계단식 지형에 입체적인 세트를 건립하였는데 반듯한 원목과 고풍 그대로의 기와를 올린 병영은 그 시대의 좌수영이 그대로 보전되어 온 듯한 착각을 일으키게 하고도 남는다.

바다에 인접하여 여기서 바라보는 경관이 무척 아름다웠고, 수루에 올라보니 왜군의 진지가 있던 성천마을이 앞에 보이고,

멀리 위도와 하도가 눈에 들어와 꼭 그 당시에 상황을 보는 듯하여 감회가 새로웠다.

다음으로 이동한 곳은 곰소항 젓갈시장으로 그 규모가 어찌나 큰지 점포 수만 400여 곳이라고 한다. 필자는 갈 때만 해도 무엇을 살 생각은 전혀 없었으나, 이것저것 맛을 보다보니 아이들 줄 선물까지 꽤 많이 챙기고, 게다가 진흥회에서 준 새우젓까지 보따리를 한아름 안고, 젓갈 냄새를 뒤로한 채 고창의 선운사로 향했다.

아름다운 산으로 병풍처럼 둘러싸인 고창 선운사

동리 신재효와 미당 서정주, 인촌 김성수의 고장 "고창"은 우리나라 최대의 고인돌 밀집지역이기도 하다. 도솔산 자락에 자리잡은 선운사는 백제 위덕왕 때 창건된 사찰로 사방이 아름다운 산으로 병풍처럼 둘러싸인 아늑한 지형에 넓은 주차장, 단풍나무, 동백나무, 은행나무 사이사이에 나뭇잎이 전부 떨어진 가지마다 주렁주렁 매달린 감을 무거운 기색하나 없이 매달고 있는 감나무가 인간보다 더 존경스러워 보인다.

그 밑을 흐르는 맑은 물, 잘 다듬어진 산책로 등은 가족들이 매번 찾아와도 지루하지 않을, 그리고 도시인들의 찌든 마음과 육신의 먼지를 전부 털어내고 밝은 정신, 건전한 몸으로 다시 태어나게 하는 것 같은 명소이다.

풍천장어의 본고장을 만나다

여기서 2~3분 거리에는 말로만 듣던 풍천장어의 본고장이 바로 앞에 있어 이곳에서 오리지널 장어의 맛을 보게 되었는데, 앞으로 장어에 대하여 국토순례에 참가한 우리 회원들 앞에서 폼잡는 사람은 공자님 앞에서 문자쓰는 형국일 것이다!

뜻깊고 보람있는 국토순례 일정을 아쉽지마는 마치고 서울로 오는 버스 안에서는 김의원 회장의 격높은 강의와 강필원, 정임천 회원의 Y담으로 숙연함과 폭소가 조화를 이루는 가운데 오후 5시경에 한 사람의 낙오자도 없이 무사히 서울에 도착하여 또 하나의 추억과 즐거움으로 회원간의 화목과 가족애를 다지게 되었음은 우리 건설진흥회의 전통이요! 큰 자랑이다!

이번 순례행사에 참석은 못하였지만 복분자 술을 충분히 보내시어 참가회원들의 주량을 키워(?)주신 박동화 회원, 정력의 화신 풍천장어의 진맛을 보여준 이성구 사장, 타월을 선물하신 김장진 사장, 끝까지 뒷바라지를 위해 헌신하신 신경식 총장, 이병호 국장, 안현자 과장, 그리고 세심한 배려를 아끼지 않으신 류상열 회장과 김종철 수석부회장과 관계자 모든 분께 전 참가회원의 이름으로 감사드린다.

원로오찬모임에 참석하면서

조 을 행

2010년 11월 19일 12일 건설진흥회 원로회원 초청을 받고 영동 남포면옥 식당에 참석을 해보니 여러 선배들과 동료들이 많이 (100여분 이상 참석) 나오셨다.

류상열(柳常悅) 회장의 인사말을 통해 여러 회원들의 건강한 모습과 원로회모임 중 가장 많은 회원이 참석해주셔서 감사하다는 인사말과 더불어, 음식은 충분히 준비되어 있으며 반주로는 건강에 참 좋다는 복분자(覆盆子) 술도 많이 준비 하였으니 마음껏 드시고 즐기시라는 말씀과 함께 술잔에는 색깔도 아름다운 꽃 자주색의 복분자(覆盆子) 술이 가득 가득히 채워졌고!

아들 子가 돌림자인 五子는 구기자(俱起子), 복분자(覆盆子), 오미자(五味子), 차전자(車前子), 토사자(兎絲子) 등으로 생존력(生存力)과 번식성(繁植性)이 아주 강한 식물의 열매 또는 씨로 특히 정력에 좋고! 정력(精力), 해열(解熱), 강장, 음위(陰痿), 소변(小便)불검, 폐, 기침, 가래,

갈증, 몽설(夢泄), 유정(遺精), 눈병, 이뇨제(利尿劑) 등에 매우 좋다고들 하는데 지금 이 나이에 별 효과가 있을지는 체질에 따라 차이는 있겠지만 그래도 100세를 산다는 술 백세주(百世酒)만 할까!

최동섭(崔同燮) 전 회장의 늙음에 대한 말씀과 건배사와 함께 건배 제창으로 "위하여"를 크게 외치면서 화기애애한 분위기 속에서 연회(오찬)가 시작 되었다.

인생 칠십 고래희(人生 七十 古來稀)라!

사람은 태어나서 70세가 되기는 예로부터 드물었다는 격언도 있지 않던가! 하지만 우리 모두들, 그리고 필자에게도, 그런 때(70세가 된 때)가 있었던가 생각을 해보니, 꿈만 같아 까마득하게 잊고 살아 온 지가 꽤나 오래되었는데 원로회원 여러분의 건강한 모습을 보니 참 보기도 좋고 아름다웠다.

금년에 처음 원로회원이 되신 동료들께서는 얼마(2010년)남지 않은 희수(喜壽, 77세)잔치라고 의미를 붙여보면 어떠할까? 어느 가정이라도 부모님의 희수잔치까지 챙겨주고 생각하는 자식(子息)들이 얼마나 있을까? 저 살기도 바쁜 세상인데, 이를 대신이라도 하듯이 건설진흥회에서 이 자리를 만들어 주셨으니 감사하고 뜻이 있는 자리라서 더욱 축복되고 즐거운 마음(우연 일치일지는 잘 모르겠으나)으로 사료(思料) 드리는 바이다.

처음 햇병아리 시절(60년대)에 이미 반백(半白)이 되신 선배를 보고 필자는 항상 젊고 패기 있는 삶을 살 거라고 생각하고 다짐을 했지만 세월이 무상(無常)인가, 인생이 허무(虛無)한가, 세월은 쉬지 않고 빠르게 흘러가는 줄도 잘 모르고 살다보니 필자도 벌써 희수(喜壽)가 되었네.

여기에 모인 여러 동료들은 희수이고 선배들은 산수(傘壽, 80세), 반수(半壽, 81세), 미수(米壽, 88세), 졸수(卒壽, 90세)는 물론이고 망백(望百, 91세)이 되신 선배들도 계신데, 백수(白壽, 99세, 1911년생)가 되신 선배는 아직은 이 자리에 안 계시지만 앞으로는 백수(百壽)까지 많이 참석하시기를 바라는 마음뿐이며, 모두들 건강하게 오래 오래 사셔서 백수(百壽, 100세)를 하시라고, 꼭 백수(百壽)를 하실 거라고 믿지만 사실 백수(百壽)래야 얼마 남지 않은 선배는 좀 섭섭하실지는 모르겠으나 어쨌든 백수(百壽)면 족하지 않으리오?

인생은 결코 길지 않다는 것을 새삼 실감하면서 필자 또한 예외일 수는 없으니 세월은 흘러가서 필자도 모르는 사이에 벌써 원로 회원 속에 끼어든 것을 보니 필자도 원하든 원하지 않든 간에 백수(百壽)가 될지도 모르겠다.

건설진흥회에서 준비한 술과 음식으로 시간이 가는 줄도 모르고 반평생을 같이 살아온 우리들의 우정에 또 한 번 더 취한 채, 옛정을 다시 되새겨보면서 더불어 살아온 생을 더욱 감사하게 생각(生覺)을 해 본다.

PART 8 취미 여행

황혼(黃婚)에 접어들어 추(醜)하지 않게 노년을 잘 보내기 위해서는 노욕(老慾)을 다 버리고 가야 한다는 생각뿐이다. 욕심은 건강을 해치기 때문이다.

이 사회(社會)가 많이 가진 자보다는 좀 덜 갖고 부족한 자일지라도 바르게 살았다면 더 존경을 받는 사회가 되었으면 얼마나 좋고 아름다운 사회일까?

비록 지금은 아닐지라도 앞으로는 그런 세상이 꼭 올 것이고 또 필요하지 않을까?

행복은 황금이 귀(貴)한 것이 아니고 편안(便安)하고 즐거운 삶이 값진 것이란 말을 한 번 더 새겨 보면 어떨런지...

세월의 흐름에 굴복(屈伏)하고 회원명부에서 회원 한 분 한 분의 이름 ○○○자가 사라지는 것을 볼 때마다 마음이 참 아프고 또 서글퍼진다.

젊어 한때는 천하를 지배할 것만 같았던 씩씩하고도 당당한 그 기백(氣魄)과 욕망(慾望)이 가득했던 동료들과 선배들이었건만 그때의 젊었던 시절은 이제 다 어디로 숨어 버렸는지 아무리 찾아보아도 찾을 수가 없으며, 지금의 우리들 모습은 꿈만 같아서 옛날 모습은 온데 간데가 없고 흘러가는 세월에는 그 누구도 거역(拒逆)할 수가 없다는 사실만은 인정하는 수밖에 달리 도리가 없으니 더욱 아쉬움만이 마음을 설레이게 만든다.

이제껏 못한 일이 있으면 얼마 남지 않은 생을 잘 마무리하면서 가진 것은 다 내려놓고 부지런히 움직이면서 즐기고 더 베풀고 양보(讓步)하려는 정신과 노력으로 인생의 마지막을 아름답게 정리할 때가 아닌가 생각을 해보면서, 조금이나마 후회(後悔)를 좀 적게 할 수 있는 기회(機會)로 삼기 위해서 남은 인생을 잘 살아야겠다는 마음만을 갖고 또 다짐해 본다.

'오늘도 아주 작고 조그마한 일이라도 좋으니 한 가지만을 찾아보자' 우리 주변에서 찾아보면 좋은 일은 얼마든지 많고 많다.

더 건강하고 아름답게 삶을 즐길 수 있는 비결(祕訣)을 찾고 생각하면서 꼭 좋은 일 한 가지만이라도 좋으니 찾아서 실천에 옮겨 보도록 최선의 노력을 다하자.

선물 보따리는 하나씩 받았는데 무슨 선물인지를 몰라서 꽤나 궁금해 하면서.

졸년(卒年, 2011년)에도 우리의 영원(永遠)한 동지 원로회원들께서는 더욱 건강하고, 더 밝고, 아름다운 모습으로 뵙기를 간절히 바라는 마음뿐이다.

100세 건강 Tip

면역력 강화법

류영창

● **위생 관리**

마스크, 죽염 양치, 수시로 흐르는 물에 30초 이상 비누로 손씻기

● **바른 생활습관**

- 7~9시간 양질의 수면(밤 11시~2시에는 취침 상태)
- 적당한 운동
- 규칙적인 식사 및 수시로 물 섭취

● **식이요법**

- **전체식품** : 싹이 틀 수 있는 식물이나 가공되지 않은 식품 (현미, 뼈째 먹는 생선, 잔 새우, 콩, 깨 등)
- **녹황색 채소** : 섬유질, 비타민, 칼슘과 칼륨 등의 무기질 함유. 원활한 신진대사, 활성산소·유해물질 분해
- **독특한 맛과 향을 지닌 '기피식품'** : 인체에서 배출하는 과정에서 몸을 활성화 (마늘, 식초, 매실장아찌, 생강, 고추 등)
- **발효식품 충분히 먹기** : 영양소와 효소 증대로 면역기능 향상 (김치, 청국장, 된장, 낫토 등)

반포지효(反哺之孝)

박 웅

충주에서 최초로 '참매의 둥지'를 발견하다

'어린 까마귀가 성장해서 노쇠한 어미를 먹여 살린다는 명나라 이시진이 쓴 의학서적 본초강목에 기록되어 있는 내용이 사실일까?' 하는 궁금증이 새 사진을 하면서 점점 커져 가기만 했다. 과연 우리나라 텃새인 까마귀도 그럴까?

건축설계사무소를 운용하면서 업무용으로 사용하게 된 카메라를 들고 휴일이면 산으로 들로 풍경과 야생을 촬영하면서도 까마귀에 관한 "반포지효"를 확인하고 싶은 마음을 늘 염두에 두고 있던 2006년 봄, 한창 조류사진의 묘미에 푹 빠져서 텃새이든 철새이든 가리지 않고 둥지가 있으면 촬영을 하던 어느 날, 철새로만 알고 있던 참매(천연기념물 제 323-1호)의 둥지를 충주의 한 야산에서 최초로 발견을 해서 우리나라에서도 번식을 하는 텃새라는 사실을 처음 세상에 알리게 된 것이 계기가 되어 그 후로 다른 새들의 촬영은 뒤로 미루고 오로지 참매 둥지만을 찾아 나섰다.

참매는 주로 사철나무인 소나무나 낙엽송에 둥지를 만드는 것으로 확인이 되어 소나무와 낙엽송의 군락이 많은 강원도의 부론마을 근처의 야산을 하루 종일 오르고 내리면서 둥지를 찾고 있었다. 그 당시에는 참매의 생태를 알고 있는 사람이 거의 없기 때문에 둥지가 어디에 있는지는 더더구나 알 수 없던 막막하던 시기였다. 무조건 소나무나 낙엽송의 군락이 보이면 산이 험한 것을 가리지 않고 산으로 올랐다.

들에는 농부들이 밭갈이를 마치고 논에는 모내기를 위해서 물을 대고 있었다. 이곳 저곳에서는 번식을 위해서 자신의 영역을 주장하는 새들의 노랫소리가 산골짜기마다 앞다투어 들리고 있었다. 가까이에서는 "구구구"하는 멧비둘기의 구애소리, 먼 곳에서는 뻐꾸기가 그리고 강가에서는 도요새들의 "삑 삐이익!" 소리와 산에서는 호랑지빠귀, 되지빠귀의 아름다운 노랫소리가 쉴 사이 없이 들리고 있었다.

"이제는 날아오른 까마귀를 추적해야 한다"

그때 산 아래 들에는 나물을 캐는 주민들 주변에서 까마귀 한 쌍이 밭에 내려앉았다가 산으로 날아드는 모습이 눈길을 끌고 있었다. '저 까마귀 한 쌍도 이곳 가까운 곳 어딘가에 둥지를 만들었을까?' 하는 생각에 마음을 설레게 했다. 마침 그 옆으로는 작은 동산 같은 야산에 소나무가 울창했기 때문에 '참매 둥지가 있지 않을까' 해서 오르려고 하던 참이었다. 그동안 관심을 가지고 까마귀에 대해서 살펴본 결과로는 우리나라 텃새인 까마귀도 둥지를 주로 소나무에 많이 짓는다는 것을 확인했기 때문에 참매 둥지를 찾으러 다니면서도 혹시 까마귀 둥지가 있는지 신경을 썼던 터였다.

농로에 차를 세우고 까마귀의 행동을 관찰하기 시작했다. 4월 말에 접어든 날씨, 봄이 완연하고 먼 길에는 아지랑이가 가물가물 시야를 방해한다. 까마귀 한 쌍은 밭에서 먹이를 찾는 듯한 행동을 하고 있다. 새를 관찰할 때에는 한 눈을 팔아서는 낭패를 볼 수 있다. 잠깐 딴짓을 하다가는 어디로 날아갔는지 그 새를 놓칠 수 있기 때문이다. 까마귀를 눈에 넣고 산으로 날아들 때 어느 방향인지 가늠을 정확히 해야 둥지를 찾으러 갈 수 있다. 숲이 우거진 곳으로 들어가면 자칫 방향을 잃기가 쉽다. 그 동안 수 많은 시행착오를 했던 기억이 있어서 더욱 집중을 했다.

나물 캐던 동네 주민이 바구니를 챙겨 들고 동네 쪽으로 사라졌다. 그 주민을 계속 쳐다보던 까마귀 한 마리가 날아올랐다. 다른 한 마리는 여전히 밭에서 고개를 까딱까딱 먹이를 찾는 모습이다. 이제는 날아오른 까마귀를 추적해야 한다. 쌍안경 속에 그 까마귀를 조준하고 뒤를 따랐다. 필자 예상으로는 바로 앞에 있는 야산으로 날아들 줄 알았는데 그 녀석 그 야산을 왼쪽으로 휘돌아서 산 뒤로 사라진다.

바로 산 앞으로 오르면 편할 것 같은데 뒤 돌아갔으니 약간 실망을 했다. 그러나 어쩌겠는가? 얼른 시동을 걸어 그 까마귀가 돌아간 쪽으로 차를 몰았다. 그리고 산 뒤 쪽이 보이는 곳에 차를 멈추고 또 기다렸다. 사라진 까마귀가 산허리 어디쯤에서 다시 나타날지 가늠하기 위해서다. 나타나는 곳 근처에 둥지가 있을 확률이 높기 때문이다. 그렇게 참매 둥지를 찾으려고 왔다가 까마귀에 홀려서 벌써 3시간이 지났다. 나른한 햇살에 슬슬 졸리기도 하고 배도 고프다. 차 안에서 준비해 간 김밥 덩어리를 질경질경 씹으면서도 눈이 향한 방향은 언제나 넓은 산허리다. 갑자기 날아 나오는 까마귀를 놓치면 온 산을 헤매야 한다. 무거운 눈두덩을 자꾸만 까뒤집으면서 잠을 쫓아본다. 해가 서산으로 지고 있다.

까마귀 소리는 들리지 않고 나타나는 녀석도 없는 오후 내내 그렇게 헛수고를 했다. 저녁노을이 질 무렵 다시 차를 되돌려서 오전에 보았던 그곳으로 갔다. 밭에 앉아 있던 다른 까마귀 녀석도 보이지 않는다. 하루해를 아무것도 건지지 못하고 철수를 했다. 야생의 습성을 파악하는 것이 늘 생각대로 되지 않음을 실감하며 '내일 다시 도전하리라' 붉은 노을을 바라보며 의욕을 불태운다.

까마귀의 둥지를 찾겠다고 하루해를 허송세월하고 돌아온 그날 밤, 무엇이 잘못 되었는지 곰곰이 생각을 하다가 영국의 퀸메리대학의 인지생물학 부교수인 나단 에머리 박사가 쓴 책의 내용이 생각이 났다. 이 책에서 '뉴칼레도니아 까마귀에게 짧은 부리와 발톱으로는 닿을 수 없는 곳에 놓여진 먹이를 어떻게 꺼내 먹을까' 하는 실험을 하기 위해서 그 옆에 먹이에 도달할 수 있는 긴 막대기와 돌멩이를 놓아두었다.

그 실험 까마귀는 잠시 망설이다가 돌멩이는 쳐다보지 않고 긴 막대기를 부리로 물어서 그 먹이를 꺼내 먹었다고 한다. 유인원이 도구를 이용하여 먹이를 취한다는 사실은 널리 알려져 있지만 까마귀도 사람이나 유인원처럼 자기에게 적당한 도구를 이용한다는 사실을 알고 신선한 충격을 받았던 기억이 있었다. 그처럼 영리한 까마귀가 자기의 은밀한 둥지를 쉽게 노출시킬리 만무하다는 생각에 미치자 내일은 더욱 신중하게 접근을 해 볼 궁리를 이것저것 하느라고 밤잠을 설쳤다.

다음 날 새벽, 아직 날이 밝기도 전에 어제 까마귀를 보았던 곳으로 갔다. 그리고 앞산과 그 산과 맞닿아 있는 들판이 잘 보이는 먼 곳에 차를 세웠다. 어제는 그 까마귀가 놀던 곳과 너무 가까이 있었던 것이 생각이 났기 때문이다.

영국의 나단 에머리 박사의 실험에 의하면 까마귀는 자기 둥지 근처에 나타난 사람을 3년 동안 기억을 한다고 했다. 그래서 앞으로 둥지를 찾으면 촬영도 하고 기록을 위해서 접근을 해야 하는데 내 얼굴과 내 차를 각인시켜서는 안 될 것 같은 느낌이다. 차를 세운 곳이 까마귀가 날아드는 앞산과 그 들판을 끼고 흐르는 하천 건너편이다. 설마 아무리 영리한 까마귀라고 해도 물이 흐르는 하천 둑 너머에 있는 자동차를 경계하지는 않을 것으로 판단을 했다.

5시 30분이 지나면서 서서히 날이 밝아지고 있다. 주변은 고요하고 멀리서 개 짖는 소리만 새벽 공기를 가른다. 까마귀는 보이지 않고 멧비둘기 한 쌍이 소리 없이 내차 위로 날아간다. 쌍안경으로 계속 들판과 앞산을 조준해서 좌우로 훑으며 집중을 했다. 그렇게 또 야생의 까마귀와 보이지 않는 신경전에 세포가 곤두서고 침이 마른다. 해가 정면의 산 위로 높다랗게 떠오르자 눈이 부시다. 하천 건너 들녘에는 아직 농부들의 그림자도 보이지 않는다. 물론 까마귀도 없다. 이렇게 아무것도 보이지 않는 곳에서 무엇인가를 기다리는 시간이 정말 힘들다. 목표물이 없는 빈 공간을 멍청히 쳐다 보고 있다고 상상해 보라. 언제 나타날지 기약이 없고 먹이를 찾으러 꼭 이곳으로만 오리라는 보장도 없는 상태에서 '어제 본 것만으로 추측만 가지고 기다리는 것이 과연 옳은 판단일까?' 하는 의구심으로 점점 자신이 없어질 즈음 동네 어귀에서 주민이 커다란 바구니를 메고 들판으로 접근하는 모습이 보인다. 그리고는 밭에 그 바구니를 내려놓고 앉아서 땅을 고르고 있다.

밀짚모자를 쓴 그 농부가 본격적으로 일을 시작하고 있을 때다. 농부를 쳐다본다고 잠시 방심한 사이에 어디선가 까마귀 한 마리가 나타나서 농부와 멀리 떨어진 밭에 내려앉는 것이 아닌가! 아! 또 어디에서 날아왔는지 보지를 못했다. 하여튼 까마귀가 또 나타난 것이 심상치 않은 상황임에 틀림이 없다. 이 녀석 분명한 것은 농부가 나타나자 그도 모습을 보였다는 것이 중요하다. 곰곰이 생각을 정리해 보면 이 녀석 분명 이 농부를 감시하러 온 것이리라. 그렇다면 저 녀석의 둥지는 분명 이 근처 어딘가에 있다는 결론이다.

어디일까? 앞산의 소나무 숲일까? 아니면 이 밭에 먹잇감이 많이 있다는 것일까? 농부가 무슨 작업을 하나하고 쓸데없는 궁금증 때문에 날아 나온 까마귀의 동선을 확인하지 못한 실수에 후회가 막급이다. 까마귀는 다른 맹금류처럼 자신의 둥지로 곧장 날아 들어가지를 않고 철저히 다른 방향으로 빙 돌아서 들어간다는 사실은 알고 있었기에 들고 나는 방향을 잘 포착을 해야 했는데 또 어제처럼 실수를 하고 말았다. 이제부터는 목표물이 보이는 곳에 있으니 놓치지 않으리라. 비록 아차 실수는 했지만 추적의 실마리는 잡은 것이다. 그렇게 밭에서 혼자 열심히 일을 하던 농부가 밀짚 모자를 벗어 땀을 닦으며 자리에서 일어났다. 지고 온 바구니가 무거워졌는지 등에 짊어지는데 한참 힘을 쓴다. 농부가 일어서서 동네 쪽으로 발길을 돌렸다.

그 농부가 동네 어귀로 멀리 모습을 보이지 않자 까마귀가 홀연히 날아올라 산기슭을 돌아 사라졌다. 이제 됐다. 분명히 앞 산 어디 인가에 둥지가 있는 것이 확실해졌다. 더 망설일 것 없다. 서둘러 시동을 걸고 앞산 왼쪽 임도로 차를 몰았다. 임도 한 켠에 주차를 하고 산으로 올랐다. 까마귀가 이 산 뒤로 돌았으니 먼저 뒤쪽의 완만한 경사가 있는 곳으로 오르기 시작을 했다. 역시 길이 없는 산으로 오르는 것이 결코 만만치가 않다. 가시 넝쿨이 무릎을 할퀴고 잔가지에 엉켜있는 거미줄이 얼굴을 휘감는다. 높다란 소나무 가지에 휘도는 바람소리만 귓가에 맴돌고 산속은 정적이 감돈다.

겨우 산마루에 올라서서 땀을 닦으며 능선으로 접어드니 산 밑으로 밭고랑이 훤히 보인다. 그렇게 능선에서 아래쪽 소나무 가지에 혹시나 까마귀 둥지가 있는지 살피면서 앞으로 나아갔다. 거의 산꼭대기까지 왔을까? 까마귀 한 마리가 급히 소리를 지르며 내 머리 위에서 빙빙 돌고 있다. 이 녀석 급하긴 급한 모양이다. 이 근처 어딘가에 이 녀석의 둥지가 있을 것이 틀림없다는 직감이 들자 가슴이 두근대기 시작을 한다. 발소리가 나지 않도록 까치발로 살금살금 앞으로 나아가면서 적의 동태를 살피는 군인처럼 주변과 아래쪽을 돌아보면서 까마귀 둥지를 찾았다. 머리 위의 까마귀가 계속 나를 따라오며 거친 소리로 경계를 한다.

잠시 후 언뜻 산 아래쪽 소나무 가지에 까마귀 둥지 같은 것이 눈에 들어왔다. 산 아래 밭에서 볼 때는 전혀 둥지 모습이 보이지 않던 것이 산 위에서는 훤히 내려다보인다. 틀림없다. 올해 새로 만든 깨끗한 둥지다. 이 녀석 그동안 밭에서 곧장 날아들면 쉽게 둥지로 들어갈 것을 사람이 있으면 산을 빙 돌아서 보이지 않는 곳에서 둥지로 들어갔던 것이다. 역시 까마귀다운 행동이다. 둥지에는 알도 없고 까마귀도 없다. 그러나 직감으로 까마귀 둥지임을 확신했다. 둥지를 발견하자마자 무슨 보물을 찾은 듯 온 몸에 소름이 돋는다. 드디어 찾았다. 그것도 산 위에서 아래쪽으로 둥지 속이 훤히 보이는 곳이다.

촬영하기에는 최적의 둥지 모습이다. 지금 막 둥지를 완성하고 알을 낳을 자리(산좌(産座))에 부드러운 새 깃털도 깔아놓은 것으로 미루어 이제 암컷이 알을 낳기 위해서 둥지에 앉아 있다가 필자가 접근을 하자 날아오른 것 같다. 됐다. 쾌재를 부르며 둥지가 훤히 보이는 높은 산마루 언저리에 위장용 텐트를 칠 장소를 물색했다. 적당한 자리를 찾아 확인을 하고 산을 서둘러 내려왔다. 까마귀가 더 이상 위험을 느끼지 않도록 하기 위해서다.

까마귀가 필자를 따라오며 경계를 하지 않을까 부랴부랴 산을 내려와서 차에 올랐다. 다행히 둥지와 멀어지자 까마귀가 어디로 갔는지 조용하다. 휴! 한숨이 절로 나온다. 한편으로는 그 까마귀가 필자 행동 때문에 둥지가 들켰다고 생각을 해서 혹시 둥지를 포기하지는 않을까 자꾸만 걱정이 된다. 오늘은 더 이상 까마귀를 자극하지 않고 철수를 했다. 다음 날 아침, 위장용 텐트를 준비해서 다시 그 산으로 올랐다. 정말 소리가 나지 않도록 살금살금 둥지 근처로 접근을 했다. 다행히 오늘은 까마귀가 조용하다.

어제 확인해 둔 자리에 위장용 텐트를 쳤다. 그리고 나뭇가지로 텐트 주변을 덮어 더 철저히 위장을 했다. 둥지는 어제처럼 알이 없다. 그리고 암컷도 보이지 않는다. 텐트를 친다고 경사진 바닥을 깎아내며 삽질 소리에 까마귀가 또 필자 주변으로 날아와서 경계 소리를 시끄럽게 내지 않을까 노심초사했다. 다행히 텐트를 다 완성할 때까지 까마귀는 둥지로 날아오지 않았다. 위장용 텐트로부터 둥지까지는 대략 40여 미터는 족히 넘는다. 일부러 좀 멀다 싶은 곳에 자리를 잡았다. 만약 가까이 접근을 했다가 까마귀가 둥지를 포기한다면 그건 큰 낭패다. 그럴 수는 없다. 좀 아쉽지만 안전하게 먼 곳에 자리를 잡는 것이 최선이다. 그동안 둥지 앞에 욕심을 내서 가까이 위장용 텐트를 쳤다가 실패한 경험이 한 두 번이 아니었기 때문이다.

위장텐트 속에서 땀을 닦고 있는데 소리 없이 까마귀가 훌쩍 둥지 위로 날아들었다. 그리고 힐끔 필자의 위장텐트 쪽을 쳐다본다. 이크! 녀석이 쳐다보는 순간 온 몸이 굳으며 얼음땡이 되었다. 한참을 그렇게 쳐다보던 녀석이 고개를 돌리며 슬며시 산좌를 내려다보면서 슬금슬금 둥지에 주저앉는다. 알을 낳을 자세다.

휴! 정말 다행이다. 텐트를 심하게 경계하지 않는 것 같다.

꼼짝 않고 쳐다보면서 앞으로 있을 까마귀의 생태가 눈앞에 청사진처럼 펼쳐진다. 기대감에 미소가 절로 나온다. 지난 3년 동안 까마귀 둥지를 찾는다고 산을 헤매며 고생하던 기억이 즐거운 추억이 되었다.

새를 관찰하는 의미

박 웅

호기심이 도전으로

"팔색조 둥지를 찾았는데 촬영하러 얼른 오시지요?"

예쁘고 희귀한 새가 있다는 정보만 있으면 어디든 한달음에 달려가서 촬영을 하던 2005년 6월에 제주도의 한 지인으로부터 연락이 왔다.

아름답고 여러 가지 매력이 있는 여자를 두고 팔색조 미인이라고 인용하는 그 팔색조를 난생처음 촬영할 수 있다는 설렘에 다음 날 만사 제쳐놓고 공항으로 달려 제주도로 날아갔던 기억이 새롭다.

새 사진을 시작한 것도 아름다운 새들의 날개 짓과 둥지에서 자라나는 새끼 새의 앙증맞은 몸짓을 보면 저절로 흥분이 되곤 했다. 특히 새끼 새들의 몸짓에서는 아가들의 천진난만함과 어쩌면 그렇게 똑같은지 모른다. 그 행동을 보고 있노라면 하루 해가 저무는 것도 모를 지경으로 몰입을 했다.

그렇게 어디에 무슨 새가 있다는 정보를 얻어서 아름다운 새들의 모습을 촬영하는 것에만 심취해 있다가 몇 년이 흐른 어느 날인가부터 그 새들의 정보를 직접 찾아 나서기 시작을 했다.

특별한 이유는 없었다. 언뜻 생각나는 이유는 호기심이었다.

팔색조는 동남아시아의 남쪽에서 봄이 되면 우리나라를 찾아와서 번식을 하고 가을이면 다시 인도네시아, 보르네오 등으로 이동을 해서 겨울을 나고 이듬해 봄이 되면 또 우리나라를 찾아오는 여름 철새인데 유달리 아름다운 모습 때문에 새 사진을 촬영하는 아마추어 사진가들에게 인기가 많은 새이다.

그런데 제주도와 최남단인 거제도 등에서만 보이던 그 팔색조가 10여 년이 흐른 지금에는 강원도 화천 지방까지 올라와서 번식을 하고 있다. 제주도가 아닌 내륙에서 과연 팔색조는 어디에 둥지를 만들까? 그런 호기심이 봄이 되면 필자를 숲으로 불렀다.

그리고 제주도에서 촬영했던 팔색조 둥지의 위치를 생각하면서 그와 비슷한 여건의 숲속을 찾아 헤매기 시작을 했다. 한 번 둥지를 촬영한 경험만 믿고 무작정 찾아 나섰던 첫 해는 한 달 동안 하루도 거르지 않고 팔색조가 있을 만한 산속을 오르고 내렸지만 기대와는 다르게 실패를 했다.

실망이 컸다. 무엇이 잘못 되었을까? 팔색조 둥지를 찾아보겠다고 헤맨 곳은 충남 천수만 주위에 있는 산들이었는데 이곳에서 겨우내 겨울 철새와 맹금류의 사냥 모습을 촬영하던 곳이라서 지형에 익숙해 있던 곳이었다. 마침 서산과 당진 사이의 야산 숲속에서 팔색조의 소리를 듣게 된 것이 호기심이 이룬 둥지 찾기의 시작이었다.

그 팔색조의 소리를 따라서 오르고 내리면서 두서없이 둥지를 찾는다고 숲속을 다녔는데 곰곰이 생각을 해보니 그것은 둥지를 찾기 위한 관찰이 아니라 그저 보이는 대로 느끼는 숲속에서의 단순 여행이었다는 사실을 깨닫게 되었다. 더 신중하고 치밀한 관찰이 필요했다.

관찰과 집중

다음 해 봄, 2012년 5월이다. 지난해에 실패를 했던 그 야산으로 갔다. 역시 팔색조의 우렁찬 소리가 계곡을 타고 임도로 메아리친다. 호기심에서 이제는 기대를 한 마음 담고 소리가 나는 계곡으로 들어갔다. 숲속은 인적이 드물고 바람소리와 지빠귀류, 동고비, 솔새류, 큰유리새, 직박구리, 어치, 뻐꾸기, 멧비둘기들의 노랫소리가 숲속의 오케스트라를 연상하듯 시끌시끌하다.

임도에 차를 세우고 위장용 텐트를 들고 계곡으로 들어가서 적당한 위치에 위장용 텐트를 치고 그 속에 들어갔다. 아래쪽으로는 작은 계곡물이 졸졸 흐르고 위쪽으로는 울창한 나무들이 하늘을 가리고 있는 곳이다.

이제부터는 숲속의 이방인이 아니라 숲속의 한 가족으로서 조용히 나 자신을 드러내지 않고 귀를 기울이며 새들의 행동을 관찰하기 시작을 했다. 모든 산새들이 나름의 위치에 둥지를 만들고 새끼를 기르는 것은 포식자에게 들키지 않고 무사히 새끼들을 키워내야 하는 은밀함이며 최대의 조심성이 절실한 본능인 것이다. 그래서 둥지를 찾기에 앞서서 그런 새들의 행동을 방해하지 않기 위한 배려를 하는 차원에서도 위장을 하는 것은 관찰하는 입장에서 필수 조건임을 늘 잊지 않고 있다. 그러다 보면 덤으로 새들의 자연스런 행동을 관찰 할 수가 있게 된다.

팔색조가 아침부터 저녁까지 한 두 번, 때로는 세 네 번 우는 소리를 귀 기울이며 그 아름다운 모습을 볼 수 있기를 기다린 지 일주일이 되는 날 오전, 계곡 물에 박새가 목욕을 하는 모습을 무심히 바라보고 있었다.

이 녀석도 어디에선가 둥지를 만들고 새끼들을 보살피느라 힘이 드는지 몰골이 말이 아니다. 그 옆에는 되지빠귀 한 마리가 박새가 떠나가기를 기다리고 있다. 멀리서 검은등뻐꾸기가 쉬지 않고 열심히 울어댄다. 이 녀석은 제 새끼를 스스로 키우지 않고 남에게 위탁을 한다. 어느 솔새 둥지에 탁란을 했는지 한 곳에서 떠날 줄을 모른다.

한 낮의 더운 공기가 나뭇가지에 매달려 위장 텐트로 날아든다.

높은 나뭇가지에 해가 가려서 그늘을 만들고 있지만 여름으로 치닫는 더위를 비켜가지는 못하고 있다. 땀을 닦는다. 위장용 텐트 속에서 지낸 지 3시간여가 흘렀지만 팔색조 소리만 들었을 뿐 그 모습은 한 번도 보지를 못했다. 호기심과 기대가 점점 지쳐가는 몸과 마음을 달래지를 못하고 기다림의 지루함에 그만 밖으로 나가서 점심이나 먹을까 망설여지기 시작을 한다. 졸음도 살살 밀려오는 그때였다. 잠을 털어내려고 머리를 도리도리 흔들면서 위장용 텐트 옆으로 나 있는 관찰 창문을 슬쩍 쳐다보는데 근처의 낮은 나뭇가지에 팔색조가 소리 없이 앉아 있는 것이 아닌가!

설핏 잠들었던 기억 때문에 이게 꿈인가? 눈을 비벼본다. 꿈이 아니다. 이 녀석 위장용 텐트를 한 번 쳐다보고 산 쪽을 쳐다보고를 반복하고 있다. 주변을 경계하는 몸짓이다. 위장용 텐트 앞 쪽만 쳐다보고 있었는데 언제부터 옆쪽의 나뭇가지에 있었는지 또 집중을 하지 못한 사실에 자책하며 머리를 툭 쳐본다. 숨소리도 들릴까? 크게 쉬지를 못하고 혹시 바스락 소리가 들릴까? 온 몸을 움츠린다. 얼음땡 놀이처럼 동작 그만이다. 긴장의 연속이다. 홀연히 나타난 팔색조의 다음 행동이 혹시나 둥지로 날아 내릴까? 잔뜩 기대와 흥분으로 가슴이 콩닥콩닥 뛴다. 필자의 기대와 설렘을 아는지 모르는지 이 녀석 계곡 아래쪽으로 훌쩍 날아서 나무들 사이로 사라졌다.

제주도에서 본 그 팔색조가 틀림없다. 내륙에서 처음 만난 팔색조의 현란한 모습이 환상처럼 눈앞에 어른거린다. 이제 모습을 보았으니 절반의 성공이 아니겠는가? 호기심으로 시작을 해서 기대를 충족하고 미지의 세계 속으로 필자를 인도하는 집중력을 총동원한다면 이제 최종 목적인 둥지 위치를 찾는 것은 절반 남은 셈이 된다.

예전에는 둥지에 있는 새끼 새들의 앙증맞은 모습을 촬영하는데 집중을 했었는데 이제는 관찰하고 몰입하는 대상이 둥지 속의 새끼 새가 아니라 그 둥지가 어디에 있는지 그 과정을 찾아가는 것으로 바뀌었다. 그 과정 속에서 느끼는 기대와 흥분과 성취감은 곧 관찰의 진정한 몰입의 힘이 뒷받침일 것이다.

위장 텐트를 걷고 팔색조가 날아 간 계곡 아래쪽으로 자리를 옮겼다. 그리고 또 다시 위장용 텐트를 치고 조용히 들어가서 기다리기 시작을 했다. 역시 계곡물이 보이고 계곡에서 산 정상으로 이어지는 작은 경사면의 풀밭과 그 위로 나무들이 늘어선 조용하고 그늘 진 곳이다.

제주도에서 본 그 팔색조의 둥지 위치와 흡사한 조건이라는 생각에 점점 기대가 커지면서 긴장과 흥분을 감출 수가 없다. 텐트 앞에 있는 관찰용 창문으로 계곡과 경사면 그리고 숲속의 좌우를 쉼 없이 훑어보면서 한시도 옆 창문도 소홀히 하지 않고 관찰했다.

배는 고프지만 조금 참기로 했다. 준비해 간 김밥으로 점심을 먹는다고 부스럭거리면 자연스럽게 오고가는 그 팔색조를 방해해서 다른 곳으로 피할 것 같은 조바심이 더 컸다. 자리를 옮긴 지 1시간 30분이 지났다. 계곡의 상류 쪽에서 팔색조의 독특한 노랫소리가 한 차례 숲속을 흔든다. 그러자 잠시 후 위장텐트 앞 쪽의 계곡 경사면에서 팔색조 한 마리가 훌쩍 날아서 소리가 들렸던 그 계곡 상류로 날아가는 것이 아닌가!

정녕 내륙에서의 팔색조 둥지를 찾게 되는 걸까? 날아 나간 곳을 뚫어져라 살폈다. 그러나 '저거다' 하고 확신을 가질만한 둥지 모습은 찾을 수가 없다. 위장텐트에서 불과 30여 미터 정도의 거리에서 날아나갔는데 그냥 무릎 높이 정도의 잡초만 무성하게 보일 뿐이다. 먹이를 사냥하러 나온 녀석을 본 걸까? 궁금증만 더해 간다. 이제 더 이상 조심하며 위장 텐트에서 쌍안경으로만 확인하기에는 마음이 조급해졌다. 급히 위장텐트 밖으로 나가서 팔색조가 날아나가던 곳으로 살금살금 접근을 했다. 자작자작 흐르는 계곡물을 건너서 경사진 면으로 갔다. 어린아이 손바닥만한 크기의 잎이 무성한 이름 모를 풀 더미 속을 이리저리 둘러보다가 언뜻 입을 크게 벌린 모양을 한 동그란 구멍에 나도 모르게 눈길이 멈추었다. 육감적으로 새둥지의 입구라는 것을 알아차린 순간,

'팔색조 둥지다!' 나도 모르게 소리칠 뻔 했다.

둥지 속을 바짝 가까이 들여다보니 팔색조 알이 5개 들어 있다. 제주도에서 본 팔색조 알이라는 것을 확인하는 순간 드디어 해냈다는 감격과 놀라움에, 온 몸에 소름이 돋는 희열에, 한동안 움직일 수가 없었다. 포란 중이다. 그러니까 필자 눈 앞에서 날아나간 녀석은 암컷이고 먼 곳에서 울던 녀석은 수컷이었다. 호기심으로 시작한 관찰의 결과로 뜻대로 이루게 된 순간, 지난해에 한 달 동안 온 산을 헤매고 다니며 고생하던 순간이 제일 먼저 떠올랐을까? 아마도 관찰을 시작한지 일주일이라는 빠른 시간에 뜻을 이룬 결과 때문이리라.

몰입의 힘은 도전이다

결국 포기하지 않고 원하는 목적을 위해서 자신을 믿고 끊임없이 집중하고 몰입하는 것만이 성공의 열쇠가 될 수 있음을 실감하는 순간이었다.

겨우 야생의 새 둥지 하나를 찾아놓고 40년 전 직장을 다니면서 밤잠을 자지 않고 일년 동안 건축사 시험을 준비하던 힘들었던 기억이 함께 떠올랐는데 그것은 아마도 그때나 지금이나 집중과 몰입하는 과정이 서로 닮아 있기 때문이리라.

그렇게 관찰의 과정을 매일 일기를 쓰면서 그 날, 그 날 잘못된 부분과 실수한 부분들을 마음 속으로 정리하는 버릇이 있던 것이 어떤 일이든 도전하게 하고 몰입하게 만드는 원천이 된 것 같아서 지금도 가끔 지나간 날들의 일기를 들여다보곤 한다. 결국 내 마음의 거울이 된 셈인데 그 거울 속에 언제나 앞으로 이루고 싶은 호기심을 숨기지 않는 마음의 표현을 정리하는 습관에 스스로 대견하고 자랑스럽다.

그 결과물로 2004년과 2013년에 이어 세 번째로 지난해인 2017년에 "백두산 새 관찰기"라는 제목으로 백두산을 오가며 자연생태를 기록한 책을 출간했는데 앞으로 또 필자에게는 한 가지 호기심을 풀어야 할 과제가 기다리고 있어서 과연 어떤 관찰기가 될지 스스로 기대에 부풀어 설렘으로 또 한 편의 야생의 관찰에 몰입 할 준비를 하고 있다.

100세 건강 Tip

미세먼지에 좋은 식품

류영창

- **고등어**

아연이 중금속 축적 방지, 오메가-3 지방산이 기도의 염증 완화

- **미나리**

인체에 흡수된 중금속을 배출하고 혈액을 정화

- **미역 등 해조류**

각종 독소 배출, 특히, 미역의 알긴산의 중금속 배출 효과 높음

- **마늘**

매운 맛을 내는 알리신이 기관지 염증 개선

- **녹차**

탄닌 성분이 중금속 배출 도움. 단, 탄닌은 철분의 흡수력을 낮추기 때문에 식사 30분~1시간 후 섭취가 좋음.

- **귤**
- **배**
- **물**

기관지 점막을 촉촉하게 만들어 호흡기를 보호하는 필터 역할을 하므로, 미세먼지를 배출하는 가장 중요한 방법은 충분한 수분(물)을 섭취하여 체내의 노폐물 배출을 유도하는 것임.

팔순을 앞두고
복싱과 인연을 맺은 사연

이 진 영

손선규 회장을 비롯한 여러 회원들에게 인사드린다.

주지하다시피 대한건설진흥회에서 매월 발행되는 회보는 어려운 편집과정을 거쳐 발간된 것으로 회원 누군들 본 회보를 받아 볼 때마다 고맙고 소원(疏遠)했던 회원 상호간의 소속감과 간격을 좁혀 주는 역할을 할 것으로 생각한다. 이는 물론이고 젊은 시절 나라(국가) 밖에 모를 정도로 공무에 충실히 중앙정부에서 근무하였다는 자부심을 떠오르게 하여 비록 퇴직 이후지만 남다른 사회성과 의무성이 강한 삶을 살아오지 않았을까 짐작된다.

2017년 12월 올 한해도 끝자락에 다가오고 있다. 100세 시대를 맞아 다들 아시는 청춘이란 인생의 어떤 시기가 아니라 어떤 마음가짐을 뜻한다고 읊은 사무엘 울만의 시구(詩句)와 노년을 멋지게 늙고 싶다(Let me grow old Lovely)는 소회(所懷)를 담은 "팔순을 앞두고 복싱과 인연을 맺은 사연" 제하(題下)의 글을 적는다.

팔순을 앞두고 복싱과 인연을 맺은 사연

광주광역시 남구 진월동 우리 동네에는 복싱클럽이 있다. 나이 80을 앞둔 필자가 다시 글러브를 끼게 된 것은 하늘이 맺어준 운명이 아니었을까 생각해 본다. 젊은 시절 복싱의 매력에 이끌려 잠시 취미생활로 권투를 즐겨 했다. 지금도 집 앞 전일복싱클럽에서 청소년 회원들과 땀을 흘리며 함께 시간 가는 줄 모르고 운동을 하고 있다.

권투하면 생각나는 것은 반세기 전인 지난 1966년 6월 25일 장충체육관에서 열렸던 WBA주니어미들급 경기이다. 김기수 선수가 한국 역사상 첫 세계챔피언으로 등극한 경기였다. 당시 첫 세계 챔피언 탄생으로 이 나라 젊은이들은 누구나 할 것 없이 권투를 사랑했고, 특히 의협심이 강한 청소년들은 복싱에 빠져들었다. 하지만 산업화를 거치면서 복싱은 시대적 거리감이 있는 듯한 운동으로 여겨져 뒷전으로 밀려나고 말았다. 복싱은 거칠기도 하거니와 문제아들이 하는 운동이라는 잘못된 이해가 불러온 결과라고 생각한다.

필자는 이 나이에 건강하게 살기 위해서 복싱을 즐기고 있다. 스스로 젊다고 생각한 나머지 움직이는 샌드백을 두드리고 스파링을

주4회 가량 하고 있다. 그렇다 보니 자연스럽게 정신이 맑아지고 체력도 유지할 수 있어 복싱이야말로 건강 장수를 위한 준비에 제격인 듯하다. 인생을 완성해 가는 시점에서 좀 더 많은 세상을 살면서 경험하고 체험했던 사실들을 토대로 세상과 소통해 보는 것도 좋을 성싶어 복싱을 권해 보는 것이다.

민족 대명절인 올해 추석은 유난히 긴 휴가기간에다 1년 중 가장 아름다운 절기임에도 젊은 세대들은 쉬지도 못하고 학업과 취직준비에 여념이 없었다. 흔히 젊은 사람들 직장 구하기가 하늘의 별 따기 만큼 어렵다고들 한다. 우선 각급 학교에 다니는 학생들은 종일토록 책상에 앉아서 공부에 열중한 나머지 생활에 지치기도 할 것이다. 젊은이들은 직장 채용 시험 준비를 위해 도서관으로, 학원으로 때로는 인터넷 강의 등을 듣다 보면 스트레스도 쌓이게 마련이다. 탈출구 없는 이들이 잠시 짬을 내 어느 도장이든지 찾아가 샌드백을 두들기면서 스트레스를 풀었으면 한다.

복싱은 양손을 사용해 주먹으로 샌드백을 치지만 몸에 무리는 주지 않기 때문에 노화나 치매를 걱정하는 사람들에게 예방의 효과가 있다고 한다. 뇌신경의 발달은 물론 정신적으로도, 그리고 신체의 여러 부위를 강화하고 근육의 이완과 수축, 균형 감각, 스피드와 유연성이 길러지기 때문이다.

한국뇌학회 회장인 서유헌 서울대 의대교수는 "뇌에서 가장 넓은 면적을 차지하는 것은 손을 관할하는 부위"라고 말한다. 따라서 손을 많이 사용하는 것은 어린이뿐만 아니라 어른들의 뇌를 발달시키는데 아주 유용한 방법이라는 것이다. 남녀노소 누구에게나 도움이 되는 게 복싱이다. 복싱은 공격 목적이 아니라 자신을 방어하는 운동이며 운동을 하면 할수록 "주먹"을 잘 이해하게 되고 겸손하게 된다. 여유와 자신감도 생긴다.

팔순을 앞두고 복싱을 즐기는 필자의 이야기가 장수 시대에 분명 세상은 살아볼 만하다고 느끼게 해 줄 조그만 계기가 되었으면 좋겠다.

가슴속에 울렁이는 무엇인가가 느껴지게 말이다.

5월에 다녀온 문화유산 답사

채 규 주

'과거로의 시간여행' 무량수전과 소수서원

2013년 5월 22일 떠난 문화유산답사는 현존하는 최고의 목조건물 무량수전이 있는 영주 부석사와 함께 우리나라 최초의 사립대학이라 할 수 있는 소수서원 그리고 조상의 삶의 지혜를 엿볼 수 있는 선비촌 등을 돌아보는 것이었다.

필자는 답사회 총무로서의 참석이기 이전에, 이번에 다녀올 답사지는 과거로의 시간여행을 하기에 더 없이 좋은 곳이고 멋진 추억으로 남게 되리라는 설렘과 기대감으로 부풀어 있었다.

필자는 5월을 무척이나 좋아한다. 눈이 시리도록 일렁이는 녹색향연이 있어 그렇고 살포시 내려 앉은 농익은 햇살의 포근한 세례가 있어 그렇다.

이와 같은 기대와 설렘으로 참 좋은 계절 5월을 맞아 떠나는 이번 문화유산답사는 집을 나서는 필자의 발걸음을 무척이나 가볍게 해주었다. 이번에 같이 다녀오기로 한 25인(부부동반 포함) 모두다 단 한사람도 빠지지 않고 약속시간인 8시가 채 되기도 전에 모두들 다 나왔다. 아마 필자와 같은 즐거운 마음으로 나왔으리라.

우리 모임이 시작된 4년 전부터 지금까지 다녀왔던 문화유산답사는 서울권역을 중심으로 하여 이루어졌으나 그래도 매년 한번은 서울권역을 벗어난 설악산 신흥사, 고성의 이승만대통령 별장, 동해의 숨겨진 비경 휴휴암, 양양 낙산사, 강릉의 오죽헌과 선교장, 문경새재와 과거길, 서해 석모도 보문사 등을 다녀왔지만, 이번 답사에 거는 기대는 다른 때와는 다른 모습이었다. 약속장소인 청량리역에 모이자 서로들 손을 붙잡고 악수를 하며 기뻐하는 모습은 참으로 보기 좋았다. 이는 한 컷의 연출 장면을 보는 듯한 착각을 불러일으키기에 충분했다.

우리 일행은 당일 빠듯한 스케줄을 소화하기 위하여 청량리역 출발에 앞서 하루동안의 시간대별 동선을 유인물로 살펴보며 서로간의 의견도 들어보았다. 지금 생각하면 너무 타이트한 스케줄임에도 빈틈없이 진행되어 다행이었구나 싶지만 시간에 너무 매달리지 않았나하는 아쉬움도 남는다.

드디어 기차는 8시 25분 청량리역을 출발하여 서울을 뒤로한 채 힘차게 달리기 시작했고 팔당을 지나면서 주먹밥으로 아침식사를 대신했는데, 집에서 아침을 들지 못하고 나온 탓도 있겠지만 옛날 어려웠던 시절 소금만 첨가된 주먹밥과는 다른 맛 때문인지 마파람에 게눈 감추듯 삽시간에 한 덩어리씩 해치웠다. 입맛에 맞지 않으면 어쩌나 하는 걱정도 했는데 다들 맛있게 드는 것을 보고 안도의 한숨과 함께 필자의 주먹밥 선택이 적중했구나 싶기도 하여 찰라 기쁘기도 하였다.

하지만 한구석 마음의 아픔(?)도 있었다. 전과는 달리 시간이 흐를수록 술은 찾지도 않고 술을 권해도 사양하기가 일쑤다. 불과 몇 년 전까지 만해도 술과 안주는 필히 지참해야 할 준비물이었는데 이제는 술과 안주를 담아갈 총무의 빽백이 필요 없어지게 되는 것이 아닌가하여 세월의 무상함이 우리를 이토록 만드는구나 싶어 씁쓸한 생각에 잠시 잠겨보기도 했다.

남한강변의 굽이굽이 흐르는 빼어난 풍광따라 미끄러지듯 달리던 기차는 어느덧 제천을 지나 죽령터널로 향하며 숨가쁘게 달리고 있는데, 차창 밖으로 펼쳐지는 석회석 광산의 잘려나간 산허리의 벌거벗은 모습은 산업화가 가져다준 불가피한 유산이겠거니 하고 더 이상의 생각은 접어 두기로 하였다. 생각은 자유라지만 '나주제에 뭐라고 토를 달 수 있겠는가' 하는 생각에서였다.

죽령터널을 빠져 나간 열차는 10시 56분 풍기역에 정시 도착했고 11시 35분 부석사로 가는 버스를 기다리는 40여분 동안 풍기인삼

시장을 구경하는 것으로 사실상 답사는 시작되었다. 풍기가 인삼의 고장이라는 것을 실감케 해주는데 충분했으며, 풍기인삼은 유기질이 풍부한 소백산 자락에서 자라기 때문에 향이 강하고 사포닌 함량이 높으며 신라시대부터 소백산 자락에서 산삼이 자생하였다는 그 역사 또한 매우 깊다고 한다.

인삼시장 구경이 끝나고 우리 일행은 11시 45분에 풍기역에 도착한 부석사행 버스에 몸을 실었고 순흥면 부석면을 지나는 길목마다 촘촘히 들어선 사과밭하며 영주사과 중에서도 명품사과라는 부석사과 그리고 순흥 일원에서 나는 복숭아 등 이곳은 천혜의 축복받은 삶의 터가 아니겠는가 싶었다.

어느덧 버스는 12시 10분 부석사 입구 주차장에 도착했다. 사전 예약된 부석식당에서 산채정식으로 약간의 허기진 배를 채우며 서둘러 식사를 마친 후 은행나무 가로수길을 따라 오르다 108계단을 통과하니 해발 819m의 봉황산 중턱에 자리 잡은 부석사에 도착할 수 있었다.

이번에 다녀온 문화유산답사의 하이라이트는 단연 부석사였다. 우리나라 10대 사찰로 꼽히는 부석사는 신라 문무왕 16년(서기 676년) 해동화엄종의 종조인 의상대사가 왕명으로 창건하였으며 문창살 하나 문지방 하나에도 천년세월이 살아 숨 쉬는 유서 깊은 사찰로 현존하는 최고의 목조건물인 무량수전이 있는 곳이기도 하다. 무량수전 또한 건축미의 극치를 보여주는 소중한 문화유산으로 공민왕이 흥건적의 난을 피하여 안동에 머무는 동안 썼다는 무량수전 현판은 고단한 세월이 켜켜이 쌓이고 세월의 덧없음이 그 작은 현판 속에 묻어나는 것만 같았다. 경내에 있는 5개의 국보와 7개의 보물을 보면서 필자에게 문화재를 보는 식견이 조금이나마 있다면 얼마나 좋을까 싶었고 "아는 것만큼 보이고 보이는 것만큼 느낀다."는 말이 불현듯 떠오르기도 했다.

오후 2시 20분 왔던 길로 되돌아 버스로 20여분 달리니 소수서원이 나왔다. 소수서원의 역사는 중종 36년(서기 1543년) 풍기군수 주세붕이 이 고장 출신 회헌 안향 선생의 사당을 지으며 시작되었고 당시의 이름은 백운동서원이었다 한다. 이후 풍기군수로 부임한 퇴계선생이 명종 임금에게 합법적인 교육기관으로 인정하여 줄 것을 청하여 1550년 명종 임금께서 친히 소수서원이란 편액을 하사한데서 비롯되었다 한다. 소수서원은 나라에서 책, 토지, 노비 등을 하사받고 면세면역의 특권이 주어지는 우리나라 최초의 사액서원이다. 스승의 그림자도 밟지 않는다더니 스승이 머물던 곳과 제자가 머물던 곳이 높낮이를 달리하여 3m이상 떨어져 있는 건물 배치를 보고 사제 간의 정의와 예의가 진정 무엇인가를 일깨워주는 오늘날의 우리들에게 시사해주는 바가 크다 하겠다.

다음으로 소수박물관도 둘러보고 마지막 코스인 선비촌을 답사하게 되는데 시간에 쫓겨 문화해설사의 안내로 고택 2군데만을 보았다. 이곳 선비촌은 고택과 정자, 성황당, 저자거리 등으로 조성되어 성현들의 학문탐구와 전통생활 모습을 살펴볼 수 있는 곳으로 특히 보존가치가 있는 이 지역 선비들의 고택을 한곳에 모아놓은 곳이다. 고택은 그곳에 살던 선비들의 행적에 따라 스스로 갈고 닦은 후 다른 사람들을 이끈 지도자의 집은 '수신제가(修身齊家)', 중앙정계에 진출한 선비의 집에는 '입신양명(立身揚名)' 일신의 안위를 고려하지 않고 잘못된 것은 서슴없이 비판했던 선비의 집에는 '거무구안(居無求安)'으로 구분되어 진다고 한다.

선비촌 답사를 끝으로 오후 4시 20분경 음식점에서 제공한 대형 버스를 타고 인견전시장도 잠시 구경하고 영주의 특산물인 한우고기 전문점 '횡재먹거리'에서 안심구이와 주인장왈 자칭 특별이라는 청국장과 정갈한 차림의 부식으로 미각을 돋우며 화기애애한 분위기 속에서 그날의 답사 스케줄이 종지부를 찍었고 오후 6시 10분에는 서울행 기차에 몸을 실었다. 오후 8시 46분 청량리역에 도착하여 서로들 헤어지기 아쉬운 석별의 정을 나누었다.

워낙 글솜씨가 없어 당시의 답사내용을 제대로 옮기지도 표현하지도 못했지만 그럼에도 불구하고 좋은 시절 5월에 다녀온 문화유산답사는 정말 멋있고, 정말 유익하고, 정말 즐거움으로 가득 채워진 좋은 추억으로 남을 답사였다고 말하고 싶다.

서울 교육박물관 관람 소고

오 병 철

가을비가 촉촉이 내리는 쌀쌀한 날씨에도 불구하고 2018년 10월 26일 우리 건진문화답사회는 열성적인 회원 13명이 모여서 서울 교육박물관을 관람하게 되었다. 누구나 인생을 살아오면서 교육과 사회 생활로 이어져 온 우리들의 삶을 자연스럽게 영위하고 있었으나 특별히 교육박물관이라는 것에 대하여는 생소한 느낌을 가지고 있었다.

서울교육박물관은 종로구 북촌로 정독도서관 안에 있으며 우리나라 교육의 변천사를 시대별로 전시되어 있고, 교육 제도와 과정, 내용, 활동 등에 관한 유물과 각종 재미있는 자료들을 전시해 우리나라 교육사를 한눈에 살펴볼 수 있게 구성되어 있다. 학창 시절의 소중한 꿈, 아름다운 모습이 생생하게 간직되어 시간이 멈춘 듯 향수 가득한 교정 풍경을 다시금 생생한 추억으로 돌아갈 수 있는 곳이다.

전시장 입구는 옛날 학교 정문을 재미있게 재현해놓았고, 1906년부터 1980년대까지 사용된 교과서 100여 권이 전시되어 있으며 우리 세대에게도 낯선 일제시대의 과거 교과서에서부터 국어, 사회, 미술 등의 낯익은 교과서까지 하나하나 살펴보는 재미도 쏠쏠해 우리나라 교육의 근본을 만날 수 있다.

상설전시실에 들어서면 삼국시대부터 현재에 이르기까지 시대순으로 변화해온 교육의 역사를 살펴볼 수 있고, 고려와 조선의 교육, 묵향 가득한 서책들, 선비의 손길에 닳은 문방구들, 이를 밝혔던 등잔 등에서 우리 교육의 뿌리를 느낄 수 있다. 또한, 근대 교육의 시작이었던 개화기에는 민족교육에 힘썼던 사학과 종교계 학교들을 살펴볼 수 있고, 개화기 선교사들이 들여와 교회 및 학교에서 사용된 풍금도 볼 수 있다. 일제강점기의 교육으로 일본어를 국어로 배우던 시절에도 우리의 교육은 빛났다. 해방 후 수업 모습과 전쟁 중 천막교실을 통해 어떠한 상황에서도 배움과 가르침의 열정을 잃지 않았던 순간을 확인해 볼 수 있으며, 또한 추억을 생각 할 수가 있다.

꼭 아들, 딸, 손주들과 함께하여, 우리들이 겪어온 과거를 실증설명 할 수가 있는 추억의 장소를 생생한 현장감으로 옛이야기에 시간 가는 줄 모르고 그 시절 학교 모습에 흠뻑 빠져보길 바란다.

검은 교복에 하얀 옷깃을 다시 한번 살펴야 했던 교문 앞, 얼룩무늬 교련복을 입은 고등학생들이 군사훈련을 받고 있는 옛날

학교 풍경 옆으로는 컴퓨터 앞에서 공부하는 요즘 학생들 모습이 대비를 이루며 잘 전시되어 있다. 콩나물교실 난로에 밴또(도시락)를 올려 놓고 물주전자로 물을 끓이는 풍경은 정말로 시간과 공간의 개념을 혼동 시키는 생생한 현장감 있는 추억의 재미있는 광경들이다.

특히 기획전시실에는 우리 건진회 회원의 부친으로 한평생 교육가로써 삶을 자랑스럽게 살아오신 분의 유품이 특별전시 되어 있었다. 충청북도 최연소 초등학교교장 발령장부터 상장·표창장 등등 다양한 자료들이 찬란하게 전시되어 있어 우리 모든 회원들이 존경스럽게 맞이하며 귀감이 되었다.

이렇게 훌륭한 전시품들을 전국적으로 네트워크하여 인터넷으로도 많은 사람들이 관람 할 수 있는 제도적 발전을 학예관에게 건의하면서 하루의 즐거운 추억을 마치게 되었다.

앞으로 꼭 아들, 딸, 손주, 가족친지들과 함께하여 우리 모두가 아름다운 추억의 시간을 향수 하기를 기대해 보면서, 항상 건진회 문화 답사를 기획발전 시키고 다양한 문화 자료를 수집하는 건진 문화답사회 임원진과 총무에게 특별히 감사드리며, 우리나라 교육을 선도하고 새로운 교육의 위상을 정립하며 21세기의 주역이 될 후손들에게 우리 교육의 밝은 미래를 제시 할 수 있는 좋은 계기가 되었음을 관람기로 소고(小考)한다.

PART 9

생활·건강

1. 아무도 말해 주지 않는다 | 신현만
2. 암 예방 및 치유 | 류영창
3. 치매 예방 및 치유 | 류영창
4. 어느 공직자 이야기 | 류영창
5. 자리끼, 돌연사를 막는 조상의 지혜 | 류영창

신 현 만

건설교통부 건축기획관
한국시설안전공단 부이사장
우경건설㈜ 회장

류 영 창

국토교통부 공보관
대한전문건설협회 상임부회장
대한건설진흥회 사무총장

100세 건강 Tip

전립선과 생활

류영창

- **조기 치료**

전립선 비대증을 조기에 치료하지 않고 방치하면 방광의 기능이 나빠지고, 신장 질환이 생길 수도 있으므로 조기 치료해야

- **식이 요법**

전립선 비대증 환자는 탄수화물, 섬유질, 야채, 과일, 생선 등의 섭취를 늘리고, 자극성이 강한 음식을 피하고, 육류 섭취량 줄여야

토마토(특히, 방울토마토), 콩으로 만든 음식(된장, 두부, 청국장 등), 호박, 마늘, 산수유, 꽃송이 버섯 등을 섭취하면 전립선 비대증 예방에 좋다.

- **생활습관**

전립선 비대증 환자는 평소에 체중을 조절하고, 내장 지방의 양을 줄이려고 노력해야 한다.

좌욕을 자주하고, 저녁 식사 후에는 가급적 수분 섭취 줄여야 피로, 과음, 오래 앉아 있는 습관, 소변을 참는 습관은 전립성비대증을 악화시키므로 피해야 한다.

아무도 말해 주지 않는다

신 현 만

2005년 1월 전립선암 2기 판정을 받고 개복(開腹)수술을 했다.

필자가 수술대에 오르기 전에 의사는 "수술 중에 발기에 필요한 신경혈관 다발이 끊어지면 밤 일이 안 된다.", "남자가 50세가 넘으면 건강 검진 시, 동네 비뇨기과에 가서라도 1년에 한 번씩은 PSA(전립선 특이항원)검사를 해야 한다."고 한다. 전립선이 어떤 장기이기에 수술 및 방사선 치료를 하고 나서, 10년 넘는 긴 세월 피오줌을 누며 고생을 했는가?

미국 존스홉킨스 대학병원 Walsh박사의 「전립선암으로부터 살아남는 법」, 서울대학교 병원 이상은 교수의 「전립선의 이해와 치료」, 이종구의 「전립선을 한번에」 등에서 요점을 간추려서 기록하고자 한다.

전립선암은 첫째 원인이 스트레스, 둘째가 무분별한 식습관이다. 동물성 지방과 가공식품, 패스트푸드를 많이 먹고, 신선한 야채와 과일을 많이 먹지 않는 식습관에서 생긴다. 가족력에 의한 발병 확률은 16%다. 가까운 친척 2명 이상이 55세보다 더 젊은 나이에 질환이 생겼다거나 할아버지, 아버지, 형제 3대에 걸쳐 전립선암이 생긴 경우에는 40세부터 생검과 PSA검사를 받아야 한다.

유방암 발병률이 높은 나라에서는 전립선암 발병률도 높다. 소나 말 같은 초식동물은 전립선암이나 유방암으로 죽지 않는다. 또한 식성 외에는 인간과 공통점을 가장 많은 피그미침펜지는 전립선암에 걸리지 않으며, 전립선암의 발병률을 보이는 유일한 동물은 사람처럼 정착하고 살면서 사람과 비슷한 음식을 먹고 사는 개(犬) 뿐이다. 사람도 초식을 많이 해야 하는 이유다. 전립선암과 유방암은 동전의 양면 같아서 모든 여성의 20~40%는 남성의 전립선암처럼 극미량의 잠재적 유방암을 가지고 있다는 것이 발견되고 있지만 폐경기 이후 여성호르몬의 감소를 알아채지 못할 정도이다. 그렇지만 남성은 80~90세까지 상당량의 남성호르몬을 만들어 내고 있어 전립선 비대증 등의 형태로 나타나고 있다.

전립선은 남성이 성생활이 시작되면 정액을 조제하고 방사하는 일을 하는데 전립선액의 임무는 정자를 신속하고 안전하게 자궁까지 운반하는 역할을 하고 성교 중에 정액을 강력 신속하게 뿜어주는 역할을 한다.(정액의 구성비율 → 정낭액 70%, 전립선액 30%) 때문에 전립선이 피곤하거나 노화했거나 질병 등으로 건강하지 않으면 사정 조절능력에 문제가 발생한다. 즉, 타이밍을 잘 조절하지 못해서 조기에 발사하는 조루(早漏), 제대로 발사하지 못해서 스르르 흘러 버리는 유정(遺精), 너무 늦거나, 아예 발사가 안 되는 지루(遲漏)가 생길 수 있다.

이렇듯 전립선은 힘들고 궂은 일을 묵묵히 치러내며 성생활에서 중요한 일을 담당하고 있는 장기인 만큼 건강하게 잘 관리해야 한다. 전립선에서 생길 수 있는 질환은 '전립선염, 전립선비대증, 전립선암'이 대표적이며 이것들은 배뇨와 성생활에 커다란 영향을 미치고 있는 질환이다. 우리나라에서도 전립선과 관련된 질환은 그 발병률이 높아 50대는 50%, 60대는 60%, 70대는 70%가 걸려있다고 말 할 정도이니 남성이라면 누구도 안심할 수 없는 질환이다. 미리미리 예방에 힘써야 한다.

PSA 검사시 주의 사항

1) 검사 2일 전부터 사정을 하지 말라.
2) 직장수지검사보다 PSA검사를 먼저 해라.
3) 전립선 비대증 약물(Proscar)이나 탈모방지제 복용을 중단해라.
4) PSA가 증가하면 반드시 생검을 해라.

전립선암의 증상은 사람에 따라 다를 수 있으나, 일반적인 증상은

1) 소변이나 사정된 정액에 혈액이 있다.
2) 소변이 잦으며 참기가 어렵다. (급박뇨)
3) 소변이 도중에 약해지거나 방울져 떨어진다.
4) 등, 골반, 허벅지에 심한 통증이 온다.
5) 발기가 잘 되지 않으며, 성기능이 떨어진다.
6) 정액의 양이 줄어든다.

마지막으로 필자의 투병기다.

필자가 한국시설안전공단(이하 '공단') 부이사장으로 근무할 때, 우리 공단은 1년에 한 번씩 하는 직장 건강검진을 서울강남병원(현, 서울의료원)에서 받았다. 2002년 검진 성과표에 PSA가 17ng/ml이 기록되어 있는데도, 위험을 알려주지 않았고 필자 또한 그 수치가 무엇을 뜻하는지도 모르고 세월이 흘렀다. 우연히 동 병원 내과 의사의 충고로 조직검사를 했으나 암이 아니라는 판결이 나왔다. 오판(誤判)이었다.

2005년 1월 서울대학병원에 입원 검사 결과 전립선암 2기라고 하면서 "이 정도면 10년 이상 암이 커왔다. 바로 수술을 해야 한다."고 1월 18일 즉시 개복 수술을 했다. 수술 후 1년이 지나고 다시 PSA가 올라가 7개월 간 Andrecur(항암제)을 복용하고 2개월

간 방사선 치료를 했다. 36회의 방사선이 건강했던 방광을 피폭하여 "방사선 방광염"이 되어 하루에도 몇 번씩 혈뇨(血尿)를 보고 그러다가 요폐가 되면 응급실에 가서 식염수가 들어가는 관과 혈뇨가 나오는 관이 내장되어 있는 길이 30㎝의 대롱(유도관)을 요도를 통하여 방광까지 밀어 넣고 밤새도록 피오줌을 받아내야 했다.

어느 날 여느 때와 같이 오줌이 가득 찬 아랫배를 움켜쥐고 응급실로 갔다. 인턴인 듯한 젊은 여의사가 고추를 잡고 유도관을 요도로 밀어 넣고는 노란 링거병과 식염수 팩을 거치대에 걸어 놓은 후 주사를 놓고 나갔다. 그런데 평소에 15분에 한 번씩 받아내던 혈뇨가 통 나오지를 않고 시간이 지나면서 한기(寒氣)가 나고 이가 덜덜 떨렸다. 아내는 필자가 죽으려고 하는 게 아닌가 안절부절하고, 필자가 천천히 팔의 혈관 주사 줄을 따라가 보았더니 링거병이 아닌 방광으로 들어가야 할 식염수 팩에 꽂혀 있는 게 아닌가, 혈관으로 차가운 수액이 콸콸 들어갔으니 한기가 날 수밖에 없었던 것이다. 담당 간호사가 잘못되었음을 확인하고 의사를 불렀으나 10분, 20분이 지나도 오지 않아 필자는 새벽 2시 잠잘 시간이지만 비뇨기과 과장에게 전화를 하고 고함을 쳤다. 그때서야 두 명, 세 명씩 의사가 달려와서 조영제를 넣고 폐 CT 촬영을 하는 등 법석을 떨더니 일반병실로 입원시키라고 지시를 한다.

나중에 안 일이지만 혈관으로 물이 들어가 폐에 물이 차면 사망에 이른다고 한다. 누구든지 입원하여 수액을 주사할 때는 정상적으로 들어가는지 반드시 확인할 필요가 있다. 혈뇨를 동반하는 방사선 방광염은 약이 없다. 물 많이 마시고 안정을 취하라는 것 뿐이다. 의사 지시에 따라 두문 불출하고 생과 사의 두려움 속에서 마음의 안정을 찾고자 과거 지칠 줄 모르고 일하던 추억 속으로 들어가 그리운 사람들, 즐거웠던 일, 괴롭고 힘들었던 순간들을 생각하며 글을 쓰면서 두려움을 이겨 낼 수 있었다.

그렇게 쓴 글이 「건설에서 안전까지」라는 책이 되어 나왔다. 영남대학교 동문회에서 출판기념 축하연을 베풀어 줄 때, 축사를 해주신 분 曰, "선배님이 그때 죽었으면 지금 백골이 진토되어 형편 없을 낀데"하며 경상도 사투리로 잘 살아남았다고 위로를 해 줄 때 고맙다고 같이 웃었지만 섬뜩한 생각이 들었다. 그 당시 같은 병원에서 같이 수술을 받았던 "故 김현○" 선배가 일찍 세상을 떠났기 때문이다. 술을 먹어서다. 술은 의사가 한 두 잔 먹어도 된다고 해도 먹어서는 안 된다.

필자는 선조의 삶과 치적을 찾아 글을 쓰고 책을 만드는 등 고통을 잊으려고 많은 노력을 했다. 때로는 "내가 왜 암에 걸렸을까?", "수술을 꼭 해야 했는가?", "왜 방사선 치료를 하고 피 오줌을 누는가?" 등등 온갖 생각에 잠 못 이루는 날이 많았다.

그러나 어찌하랴! 어느 날 갑자기 찾아온 병마(病魔), 육체적으로 정신적으로 치열하게 싸우면서 '내 몸에 도움이 되는 것이라면 목숨을 건다'는 필자의 신념에 밤 새워 피오줌을 받아내고 아침마다 신선한 5색 무지개 야채 큰 한 접시, 오후에는 올리브유에 끓인 토마토 스프(죽)를 10년간 끓여 먹여준 아내의 정성으로 암을 이겨 낼 수 있었다. 이탈리아 남자들은 리코펜(Lycopene)이 많이 들어있는 토마토를 올리브유에 끓여 먹는 식습관으로 전립선암에 걸리지 않는다고 한다.

내 몸을 치료하는 의사보다 더 많이 알아야

암 중에서도 전립선암과 갑상선암은 착한 암이라 하지만, 세상에 착한 암은 존재하지 않는다. 관리를 잘 못하면 죽는다. 죽지 않고 살아남으려면 '내 몸을 치료하는 의사보다 더 많이 알아야 한다'는 신념과 정신의 끈을 놓지 말아야 한다.

존스홉킨스 대학의 Patrick Walsh 교수는 "전립선은 매우 복잡한 질병이다. 사람마다 달라서 이웃의 치료법이 나에겐 적절하지 못할 수도 있다. 손재주가 좋다고 소문난 명의를 골라서 가라"고 말한다.

전립선암은 사람에 따라 경미할 수도 있으나, 수년 또는 수십 년 간 소리 없이 우리 몸에 침투하여 결국 전신을 침범하고 뼈를 녹이고 참을 수 없을 만큼 통증을 일으키며, 빠른 속도로 생명을 단축시키는 아주 나쁜 결과를 보인다. 이렇게 사망한 미국인 남성이 1995년에 4만 400명이나 되었는데 의술의 발달로 2001년에는 3만 1500명으로 점차 줄어드는 추세다.

전립선염(Prostati-tis)

전립선염은 세균 바이러스, 곰팡이균 등의 감염을 통해서 걸리기도 하지만 장시간 의자에 앉아 사무를 보거나 운전 등으로 회음부를 압박하는 생활환경이 요인이 되기도 하고, 긴장, 스트레스로 인한 전립선 주변 근육의 위축, 요도의 압박이 원인이 되기도 한다.

만성 전립선염의 약 10%가 세균이 원인인데 이는 성병의 원인균인 트리코마나스 등 균에 의한 경우가 많다. 이 균들은 여성에게 전염시킬 수 있기 때문에 성병 균을 확인하는 것은 매우 중요하다. 조루(早漏), 배뇨곤란, 성기능 장애, 사정통, 만성피로의 고통을 겪는 만성 전립선 환자는 수면과 휴식을 취해도 해소가 되지 않기 때문에 환자의 약 60%가 우울 증세를 보인다.

특히 조루는 뇌신경 전달 물질인 세로토닌의 기능저하로 인한 뇌질환이다. 아시아·태평양 성의학회(APSSM)에 의하면 성인 남성의 30%는 조루인 것으로 조사되었으며 발기부전(5%)의 6배 정도다. 조루는 나이와 상관이 없다. 그래서 조루 남성의 이혼율은 정상인 남성의 2배에 달한다. 조루를 방지하는 방법은 스퀴징, 스탑 앤 고 등 행동치료가 있고, 세로토닌 기능저하를 방지하여 일시적으로 사정을 지연시키는 '프릴리지'라는 약물치료 방법이 있다. 의사와 상의해서 처방받아 성관계 1~3시간 전에 복용하면 효과가 있다.

전립선 비대증(Prostatism)

전립선 비대증은 남성호르몬이 남달리 많이 분비되는 사람에서 많이 발견되는데, 60대는 70%, 70대는 80% 이상이다. 20~30세 때의 전립선은 밤톨 크기(20g)인 것이 50대가 되면 남성호르몬의 작용으로 세포의 증식에 의해 2배 이상 커지는 노화과정으로써 본인이 증세를 느낄 때에는 이미 많이 진행된 경우가 대부분이다.

전립선 비대증 치료는 첫째는 증상을 좋게 하는 것이고 둘째는 합병증을 예방하는 것인데 비대증 약은 감기약과 같이 먹으면 하반신 마비가 올 수 있다. 과거에는 중증이면 수술부터 했지만 최근에는 70%는 약으로 치료한다. 수술의 경우 수술 중에 많은 양의 출혈이 있어 심장 기능과 신장(콩팥) 기능이 정상이어야 한다.

전립선암(Prostate-Cance)

전립선암은 수년 간 진행될 때까지 임상증세가 뚜렷하지 않기 때문에 암으로 판명될 때는 이미 암세포가 너무 커져 있거나 다른 조직으로 전이되어, 치료가 힘들 경우가 많으므로 잘 관찰해야 한다. 직장 검사 시에 돌같이 딱딱한 정도로 충분히 자란 암은 적어도 10년 전부터 진행된 것으로 암세포가 계속 성장하여 요도, 방광, 림프절로 전이가 될 수 있다.

암이 방광으로 옮겨가면 배뇨곤란, 요폐(尿閉)현상이 발생하고 림프절로 전이되면 종창, 동통, 신부전이 오고, 뼈로 전이되면 요통, 늑골, 어깨 통증이 나타나고 피로감, 전신 쇠약감, 하반신 마비 등이 동반되기도 한다.

전립선암 말기에 나타나는 가장 특징적인 것은 한 곳 또는 여러 곳에 나타나는 지속적인 통증이다. 이러한 통증은 척추에서 가장 흔하게 나타나지만 골반부, 허리 아랫부분 또는 대퇴부에서도 발생한다. 전립선암은 아무 증상 없이 시작되어 조용히 전이되기에 더 무섭다. 50대 이상의 남성은 매년 정기검진을 받고 PSA 수치를 확인해야 한다.

1) PSA(Prostate Specific Antigen-전립선 특이항원)이란 전립선에서 분비되는 단백질 검사 방법에 따라 약간의 차이가 있지만 4ng/ml 이하이면 정상이고 4~10ng/ml은 중간 단계, 10ng/ml 이상이면 전립선암의 위험성이 높다고 판단한다.

2) 나이별 전립선암 조기진단과 수지검사
40-49세 남성이 PSA가 2.5ng/㎖보다 클 때
50-59세 남성이 PSA가 3.5ng/㎖보다 클 때
60-69세 남성이 PSA가 4.0ng/㎖보다 클 때

직장 수지검사를 한다. 왜냐하면, 본인도 모르는 가족력이 있거나 인종에 따라 젊은 나이에 조기 발병할 수도 있기 때문이다. 이런 경우 PSA 수치가 위의 수치보다 낮을 경우라도 지난 2년에 비하며 1.5 이상 상승했을 때는 수지검사를 해야 한다.

수지검사는 전립선이 방광 아래 직장 옆에 있어, 직장을 통해서 큰 딸기만한 크기의 전립선에 딸기 씨앗처럼 박혀 있는 암 덩어리를 찾아내는 것만큼 어렵다. 1990년 초만 해도 잘못 찾아내는 경우가 많았지만 지금은 '직장초음파'로 인해서 더욱 정확해졌다. 그만큼 환자도 물 섭취, 혈전용해제 복용 중지 등 검사 수칙을 잘 지켜야 한다.

3) 암으로 판명된 후의 검사

조직검사 후 암으로 판명되면 전산화 단층촬영(CT), 자기공명 영상촬영(MRI), 흉부 X-선 촬영 및 방사선 동위원소, 골 주사 촬영(Bone scan) 등으로 확인하는데, 주로 CT검사, MRI검사를 먼저 한다.

전립선암의 진행단계

전립선 암으로 진단되면 암이 어디까지 퍼져 있는가를 조사하는 것이 병기(病期)의 진단이다. 암의 전이가 가장 많은 부위는 뼈다. 뼈 전이 조사는 방사성 물질을 뼈 전이 위치에 주사하여 전신의 뼈를 조사하는 것인데 암이 뼈로 전이되면 뼈가 파괴되어 혈액중의 알칼리성 인산화 효소가 높아진다.

림프절 전이나 폐, 간으로의 원격전이는 CT검사나 MRI검사를 통해 조사한다. 또 전립선이 요도를 둘러싸고 있기 때문에 요도 조영, 신우조영 등의 검사를 실시하여 방광의 상태, 신장, 요관의 상태를 조사한다.

- 1기: 전립선 비대증 수술로 우연히 발견되거나 PSA수치가 높아 수지검사로 암 발견
- 2기: 수지검사로 종양이 만져지거나 전립선 밖으로 암이 퍼지지 않은 경우
- 3기: 암이 전립선 피막을 넘어 전립선 주위 조직으로 퍼진 상태로 정낭이나 방광 등에 전이된 전립선암으로 수술 시기를 상실한 상태
- 4기: 전립선 암세포가 골반 림프 절이나 뼈, 폐 등 신체의 다른 장기로 원격 전이된 상태

전립선암은 그 진행이 늦기 때문에 5년 생존율이

- 암이 전립선 내에 국한되어 있을 경우에는 70~90%,
- 전립선 주위에 퍼져 있는 경우 50~70%,
- 림프절에 전이되었을 경우 30~50%,
- 뼈나 폐 등으로 원격 전이된 경우 20~30%이다.

그러나 전립선암은 호르몬 요법이 효과적이기 때문에 다른 암에 비해서 비교적 예후가 좋은 암이다. (서울대 의과대학병원 이상은 박사)

어떤 치료를 어떻게 하면 좋은가

환자에게 맞는 가장 좋은 치료방법을 고르는 것은 그 치료의 효과와 부작용을 염두에 두는 것이 중요하다. 방사선에 의한 치료,

근치적 절제술, 로봇 수술 등등 어떤 방법이든지 치료방법은 의사가 결정한다. 그러나 어떤 좋은 방법이라도 일단 암이 전립선을 벗어나 다른 곳으로 전이 되었다면 완치가 불가능하다. 그래서 조기 발견이 중요하다. 그리고 당뇨와 심장에 문제가 있는 81세 노인의 경우 공격적인 치료는 부작용이 심하고 회복도 더디어 오히려 남은 황금 같은 시간을 고통스럽게 마칠 수 있다.

전립선암의 치료와 치유율

전립선암의 치료는 암의 병기에 따라 결정된다.

- 1~2기 전립선암의 경우에는 65~70세 이전에 발견될 때는 근치적 절제술이나 방사선 치료를 적용하는데 근치적 절제술은 80~90%가 치유되고, 방사선치료나 동결수술은 치유율이 65~70%다.

- 3기 전립선암의 경우에는 방사선 치료가 가장 선호되며, 치유율은 40~50%로 크게 떨어진다.

- 4기 전립선암의 경우 암세포를 키우는 남성호르몬을 차단하는 내분비 요법을 주로 쓴다. 뼈에 가까이 전이된 경우는 평균 2~3년 이상 생존이 어려운 경우가 많다. 우선 호르몬 치료를 하고 재발하면 항암제를 사용한다.

100세 건강 Tip

암 유발 인자(因子)

류영창

- **노화**

65세 이상 된 사람에게서 많이 발생

- **흡연, 알코올, 바이러스나 특정 세균**

담배는 확실한 암 발생 요인(1,2차)
폐, 인후, 인두, 구강, 식도, 방광, 신장, 위, 췌장 및 자궁경부암

- **이온화 방사선**

방사선 낙진은 백혈병, 갑상선암, 유방암, 폐암 및 위암 유발

- **의료시설에서 나오는 방사능**

병원에서 많이 쓰이는 X-선 검사는 약한 방사선이나,
아주 안전한 것도 아니다.

- **화학물질**

- **특정 호르몬**

갱년기 증상 완화에 사용하는 에스트로겐이나 프로게스테론이
유방암 발생과 연관

- **가족력**

- **운동부족, 건강하지 않은 식생활, 과체중**

암 예방 및 치유

류 영 창

암은 우리나라에서 사망원인 1위인 병이다. 암은 두려운 병인 것은 틀림없지만, 암 진단받았다고 당황하여 잘못된 판단을 하면 나머지 생이 불행해진다. 암에 대해서는 획기적인 예방과 치유 방법이 없지만, 「암의 스위치를 꺼라」는 책을 읽고, 부족한 부분이 보완되고 퍼즐(puzzle)을 풀 수 있었으므로, 모두의 건강을 위하여 나름 정리하여 기술한다.

암에 대해 다른 시각을 가져야

독일의 오토 바르부르크(Otto Warburg)는 "세포 속 산소 호흡 결핍이 당(糖) 발효로 대체되어 암의 원인이 된다."는 것을 증명하였고, 이 업적으로 노벨 생리의학상을 2회 수상하였다. 즉, 정상세포는 연료와 산소를 결합해 에너지 생산하는데 반하여, 암세포는 산소가 결핍된 환경에서 당 발효를 이용해 에너지 생산을 한다는 것이다. 그러면서, "암의 원인은 더 이상 미스터리가 아니다. 어떤 세포라도 필요한 산소의 60%가 차단되면 암이 생긴다."고 계속 주장을 했다.

오토 바르부르크의 이론은 이후 반증(反證)을 못했음에도 불구하고, 의료계에서 그의 업적이 묵살되었고, 옳다는 것이 지속적으로 확인되었는데도, 임상진료를 실시하지 않았다. 이는 너무 간단해서 암 산업계 전체의 생존을 위협하고 돈이 안 되었기 때문이라고 많은 학자가 주장한다.

서양의학의 암에 대한 3대 표준요법은 수술, 항암요법, 방사선요법인데, 오토 바르부르크가 주장하는 관점에서 보면 항암요법과 방사선요법은 문제가 있다. 왜냐하면, 세포에 너무 많은 독(毒)을 가하여 위기에 처한 호흡 효소의 활동을 방해함으로써 혈중 산소 농도를 급격하게 떨어뜨려 상황을 더욱 악화시키기 때문이다. 그 결과, 더욱 암의 원인이 되는 환경을 조성함으로써 이른 바 전이 가능성을 높일 수 있으므로, 의사의 권고에 무조건 따르는 것은 문제가 있다. 오토 바르부르크가 주장하는 이론에 입각하여, 암이 발병하는데 필요한 각종 요소를 역(逆)으로 이용하면, 암을 예방·치유할 수 있다는 유추가 가능하다.

암의 스위치 켜기(ON)

어떤 요인이 세포에서 산소 부족을 야기하는지 살펴보면 원인을 규명할 수 있고, 이를 예방할 수 있을 것이다.

1) (가공된) 기름

인체 세포막은 기름으로 생성되어 있는데, 가공된 불량 기름을 많이 섭취하면 세포막을 통한 산소 유입이 방해받음으로써, 암 발생의 원인이 된다. 특히, 식물성기름을 경화하여 만든 트랜스 지방은 팝콘, 튀김, 슈크림, 과자 등 제조 시에 많이 넣어야 입에서 '살살 녹는 식감(食疳)'을 가질 수 있는데, 이것은 작은 양도 몸에 독성(毒性)으로 작용한다.

오메가-3 지방산이 몸에 좋다는 것은 많은 사람들이 알고 있지만 오메가-6 지방산에 대해서는 모르는 사람이 많다. 오메가-6 지방산에 의해서 염증성 프로스타 그란딘이 생성됨으로써 면역계를 압박해 염증, 심장질환, 암을 증가시키는 것은 알려져 있는 사실인데 대부분의 가공식품은 오메가-3와 6이 균형 있게 존재하지 않기 때문에 가공식품을 많이 섭취하면 혈류를 늦추고, 적혈구 응집을 유발하여 세포로의 산소전달을 방해하는 결과를 초래한다.

2) 산성(酸性) 체액(體液) 문제

체액이 산성화되는 가장 큰 원인은 식품 섭취 종류의 변화와 관련이 크다. 과거에는 채소, 과일 등 알칼리성 식품을 많이 섭취했으나, 현대에는 설탕, 곡물 및 동물성 단백질, 인산을 함유한 탄산음료 등 산성 식품을 많이 섭취하게 되어 체액이 산성화되고 있는데, 산성 체액은 알칼리성 체액에 비하여 산소전달 효과가 매우 낮음으로 인하여 암의 원인이 될 수 있다.

3) 암의 식량 역할을 하는 설탕

일반 세포와 달리, 암세포는 에너지를 만들고 생존하기 위해 설탕을 발효하여 성장한다. 설탕을 대사하기 위해서는 비타민B, 칼륨,

마그네슘, 크롬, 아연 등 영양소를 소비하게 되어, 영양소 결핍이 발생하고, 그 결과 몸속에서 산성 물질이 만들어져, 세포와 조직은 심하게 산성화된다. 설탕이 체액 속에 많으면 인슐린과 에스트로겐이 과다 생성되어 호르몬 불균형을 초래하고, 과도한 에스트로겐은 전립선비대증, 대장암, 자궁암, 난소암, 유방암 등을 유발하는 것이다.

4) 흰 밀가루

밀가루에 포함된 글루텐 및 렉틴이라는 물질은 알레르기나 장(腸)누수(漏水)증후군을 발생시키는 경향이 크고, 이로 인해 면역체계에 손상이 발생하면 염증성 화학물질이 홍수처럼 만들어짐으로 인하여 미네랄 등 영양소 고갈 현상이 생기고, 그로 인하여 체액이 산성화되어 암이 발생될 여건이 만들어진다.

5) 유(乳)제품

유제품은 암을 유발하는 단백질인 카세인을 함유하고 있으며, 성장호르몬인 인슐린 유사 성장 인자(IGF-1)의 혈중 농도를 증가시킴으로써, 성인에게는 암을 발생시킬 수 있는 바, 유방암 · 대장암 · 전립선암의 급속한 성장과 증식은 유제품 섭취 증가와 관련이 있는 것으로 연구되었다.

6) 과량의 동물성 단백질 섭취

과량(過量)의 동물성 단백질 섭취로 인하여 체액이 산성화되면 효소생성을 억제하고, 비타민D 생성을 방해함으로써 세포에 미네랄 등 영양 결핍이 발생되고 이것이 암 발생으로 연결될 수 있다.

특히, 붉은 색 고기에는 철분이 많이 함유되어 있는데, 이 철분을 분해하기 위해 산소 소모가 커서 암 생성, 전이가 가속화 될 수 있다. 붉은 고기를 먹는 사람은 폐암 발생률이 300% 높은 것으로 나타나 있다.

7) 조리방법

굽는 요리법은 '헤테로사이클릭 아민' 이라는 발암물질을 생성한다. 또한 설탕과 아미노산과 반응하여 갈변(褐變)할 때 생기는 최종당화산물(AGEs)은 DNA 및 DNA를 복구하는데 필요한 효소까지 파괴하는 것으로 알려져 있다. 손상된 효소는 산소 호흡과 에너지 생성 등 중요 기능을 차단함으로써 세포에 산소 부족을 초래한다.

8) 스트레스

스트레스를 심하게 받으면 맞은 것처럼 몸에 통증이 생기는데 이것은 스트레스로 인하여 염증물질이 만들어져서 인체에 축적되어 있는 것을 의미하며 이 염증물질이 세포의 산소전달을 방해한다. 또한 스트레스를 받으면 인체에 암의 스위치를 켜는 성장 촉진 호르몬이 분비되고, 스트레스를 받는 동안 생성되는 노르에피네프린은 암을 유발할 수 있다.

9) 에스트로겐, 항암제를 비롯한 치료약

5년간 여성 호르몬제를 사용한 여성은 유방암 위험이 40% 증가되는 것으로 연구되었다. 또한 암 환자에게 많이 사용하는 항암제는 위·장(胃·腸)관을 감싸는 세포 파괴로 영양소 흡수 불량과 장(腸) 누수(漏水)를 야기하는 등 인체 내에서 암이 발생하기 좋은 여건을 조성한다고 알려져 있다. 독성 화학물질을 생산, 혼합하는 의료계 종사자들의 암 발병률이 높은 것도 이러한 현상과 관련이 있다.

※ 일본에서 의사 271명에게 "당신이 암에 걸리면, 항암치료를 받겠는가?"라는 질문에 270명이 "받지 않겠다."고 대답하였고, 미국 UCLA에서 암 전문의에게 한 유사 설문조사에서도 80%가 "항암치료를 받지 않겠다."고 한 설문조사 결과가 있다.

또한 "종양학"지(誌) 연구결과에 의하면, 1개월 이내 사망한 환자에게 항암치료를 한 비율이 우리나라는 30.9%로써, 미국 9%의 3배가 넘고, 호스피스 병동이 없는 병원은 병동이 있는 병동의 2배라는 연구결과가 시사(示唆)하는 의미가 크다.

암치유법 - 암의 스위치 끄기(OFF)

암의 스위치를 켜지 않도록 하는 것이 암 예방을 위해 중요하며 그런 환경에 노출되지 않도록 하는 것도 암치유법과 일맥상통하는 면도 있다.

1) 식품에 의한 독소의 해독

브로콜리, 콜리플라워, 파, 케일, 미니 양배추 같은 십자화과(十字花科) 채소가 해독을 돕는 작용을 한다. 그러므로 음식으로 섭취하거나 채소즙을 마시거나, 고품질 영양 보충제 섭취로 간의 발암물질 분해를 도우면, 암 예방과 치유가 가능할 것이다.

2) 기타 독소 해독법

피부는 신체의 가장 큰 기관이며, 신체 해독시스템의 중요한 부분이므로, 사우나 등 온열(溫熱) 요법은 살충제, 폴리염화비페닐 같은 지용성(脂溶性) 독소 수치를 낮추고, 수용성 독소는 땀에 실려 나가고 납, 수은과 같은 중금속이 배출되도록 돕는 작용을 한다.

3) 기도 및 명상

래리 도시 박사에 따르면, 기도는 강력하고 정당한 암 치유방법이라 한다. 또한 정기적인 명상(瞑想)은 스트레스를 낮추고, 염증을 줄이며, 혈당 조절을 돕고 면역 기능을 강화함으로써, 암을 예방하고 치유하는데 필수적이라고 한다.

4) 운동

운동은 조직에 더 많은 산소를 공급해서 산소결핍을 막아 준다. 또한 영양 공급을 돕고 해독을 촉진하는 것 외에도 호르몬 균형을 조절하고 염증을 줄이며, 면역 기능을 높여 암 발생을 억제하는 작용을 한다. 아울러, 운동은 인슐린과 혈당 수치를 낮춤으로써 암세포를 굶주리게 만들고, 암 성장에 기여하는 인슐린 유사 성장 인자(IGF)도 감소시킨다.

암 예방과 치유를 위해서 최소 30분간의 활발한 신체활동을 주 5일 이상 실시함을 권장한다. 그러나 과도한 운동은 활성산소(一名, 毒性酸素)를 발생시켜 오히려 해가 된다.

5) 호흡

현대인은 스트레스 때문에 너무 빨리, 그리고 너무 얕은 숨을 쉬게 되기 때문에, 이산화탄소 배출이 과도해져서, 혈액의 pH가 알칼리성화 됨으로 인하여 칼슘과 마그네슘 배출이 많아져 체액이 산성화되고, 이로 인해 산소 전달 능력이 약화되어 세포에 산소 결핍이 발생하여 암이 발생하기 좋은 환경이 된다. 매일 심호흡을 하면 마음이 차분해지고, 산소 공급이 원활해져 암 예방·치유에 큰 도움이 된다. 필자의 경우에는 108배가 그 역할을 계속해 줄 것으로 믿는다.

6) 햇빛

비타민D의 90%는 햇빛을 통해 생성되고, 면역 강화를 위해 중요하다. 왜냐하면, 햇빛은 백혈구를 증가시키고, 감염과 싸우는 감마 글로불린을 증가시켜 면역체계를 강화시키고, 적혈구 생성을 자극해 혈액 산소 함량을 높인다. 또한 비타민D는 호르몬처럼 작용하며 유전자와 상호 작용해 암 예방에 중요한 역할을 하는 것으로 최근에 밝혀졌다.

7) 수면

수면부족은 스트레스 호르몬 생성을 증가시켜 암 유발·촉진에 기여한다. 잠이 저절로 오게 하는 호르몬인 멜라토닌이 부족해지면 에스트로겐 수치가 상승하게 되고 이로 인해 유방암, 전립선암 발생 가능성이 커진다. 따라서 밤 11시~새벽 1시 사이에는 잠자고 있어야 하며, 불빛 방해 없는 양질의 7~9시간의 수면이 암 예방·

치유를 위해서 매우 중요하다. 최근의 연구 결과 멜라토닌 호르몬이 '인체의 정비공장' 역할을 하는 것이 밝혀졌다.

key Point 요약

암 예방·치유를 위한 생활 요법

✓ 4대 유해 식품 추방
  - 설탕, 밀가루, 가공된 기름, 유제품과 과량의 동물성 단백질

✓ 유기농으로 재배된, 신선한 채소와 과일 또는 채소즙 섭취

✓ 암의 원인이 되는 글루탐산염(MSG 필수 원료), 농약, 처방약을 포함한 독소의 섭취 피하기

✓ 알칼리성 식품 섭취해 세포의 pH 수치 정상화

✓ 고품질의 아마인유, 올리브유, 생선 기름, 코코넛 오일 섭취

✓ 규칙적인 운동

✓ 규칙적인 숙면(전자파, 수맥 영향×)

✓ 정제된 곡물들, 흰 감자, 흰쌀, 단 음식, 탄산음료 등 인슐린을 증가시키는 음식 회피

✓ 비타민D와 요오드 수치 최적화

✓ 몸 속의 염증을 제거하기 위해서 항산화제 섭취

✓ 정기적으로 사우나(더운 물 목욕)를 하라

✓ 최대한 전자기장에 노출되는 것을 피하고, 엑스레이 촬영을 삼가라.

✓ '병이 이미 다 나았다.'와 같은 긍정적인 생각을 하고, 현재에 감사하라. 병을 보지 말고 가치 있는 삶의 목표를 향해 도전적으로 나아가라.

100세 건강 Tip

치매 멀리하기

류영창

- 치아가 손상되면 바로 고쳐라.
- 식탁에 멸치 그릇을 놓고 수시로 먹어라.
- 짜증은 체질을 산성으로 만들어, 몸을 종합병원으로 만든다.
- 음식을 꼭꼭 씹어 먹어라.
- 머리는 차게, 발은 따뜻하게 하면 의사가 필요 없다.
- 억지로 참다 보면, 뇌세포에 손상이 온다.
- 정수리를 10분 씩 두드려라.
- 책이나 글을 (소리내어) 많이 읽고, 써라.
- 이름, 전화번호, 지명을 열심히 외워라.
- 적극적으로 취미생활을 하라.
- 만병의 원인 스트레스를 빨리 풀어라.
- 108배의 효능이 두뇌에 까지 영향을 끼친다.
- 대화 상대를 만들어라. (외로움은 가장 큰 형벌)
- 노래와 춤, 악기 연주는 치매예방에 최고다.
- 퍼즐 게임, 끝말 잇기 등을 즐겨라.

치매 예방 및 치유

류 영 창

현재까지 치매는 정확한 원인을 모르며, 치료약이 없기 때문에 불치병으로 불린다. 치매가 발생한 환자의 뇌에 아밀로이드 베타의 축적이 많다는 사실만 알려져 있다. 이러한 상황에서 치매의 원인을 추정하고, 치매를 예방·완화시킬 수 있다고 주장하는 의사가 있어, 그 책의 내용을 요약하여 소개코자 한다. (「병든 당신의 뇌를 깨워라」 황성혁·이영훈 지음, 북앤에듀 간)

치매 환자 현황 및 종류

전 세계 치매 환자 수는 4680만 명에 이르며, 2015년 신규 발생 환자가 무려 990만 명에 이른다. 우리나라 치매 유병률은 약 10% 정도로써, 65세 이상 노인 인구 중 65만 명이 치매 환자이며 2041년에는 200만 명이 넘을 것으로 추정된다. 85세 이상에서는 2명 중 1명이 치매환자이다. 알츠하이머 치매, 뇌졸중 후유증으로 오는 혈관성 치매, 술을 많이 마시는 사람에게 생기는 알코올성 치매 등으로 구분할 수 있다.

치매의 원인 추정

1) 생활습관

전형적인 생활습관병인 당뇨, 고혈압이 치매의 원인으로 추정되고 있다. 당뇨 환자의 치매 발생빈도는 정상인의 약 2~4배 이른다는 연구가 있고, 고혈압은 치매의 위험도를 약 2배 높인다고 알려져 있다.

2) 치매유전자

진료실에서 치매 검사를 할 때, 주로 ApoE4 유전자 검사를 하는데 ApoE4는 알츠하이머 치매를 유발하는 '아밀로이드 베타 단백'의 제거를 방해하는 것으로 알려져 있다. 따라서 이 유전자가 있으면 뇌에 아밀로이드 베타 단백이 훨씬 많이 축적되게 되고, 결국 치매의 발생 위험도 높아지게 된다.

3) 혈당(血糖)

한국인의 당뇨유병률이 3%(1980년 말)에서 13.7%(2016년)로 가파르게 증가하고 있다. 이것은 지난 100년 동안 탄수화물 섭취가 너무 가파르게 증가한 것과 관련이 있다는 것이 의학계의 견해다. 치매 환자는 뇌의 용적이 심하게 위축된 것을 MRI 측정으로 알 수 있다. 이런 현상은 아래와 같이 설명할 수 있다. 고(高)탄수화물 식사를 하면, 혈당이 상승하고, 과도한 당대사를 하는 과정에서 비타민B 군(群)이 소진되고, 이로 인해 호모시스테인이 상승함으로 인하여 뇌세포 손상이 발생하고, 뇌 위축이 발생한다.

평균혈당과 뇌 위축의 상관관계를 밝힌 연구 자료에 의하면, 당화혈색소가 정상(4.4~5.2%, 평균혈당 : 70~80)에는 뇌 위축의 진행이 최소화되었고, 당화혈색소가 5.9%(평균혈당 약 123정도) 이상부터는 급격하게 뇌 위축이 진행되었다.

4) 몸의 엔진 기능 저하

우리 몸에는 엔진과 같은 기능을 하는 갑상선과 부신(副腎)이 있는데, 이들은 서로를 견제하며 균형 있게 대사 반응(섭취한 음식을 에너지로 전환시키는 작용 등)을 조절한다. 이 장기들은 대사, 면역, 스트레스 반응 등 다양한 일을 처리하기 위해 혈중으로 여러가지 호르몬을 분비한다. 뇌와 함께 오케스트라의 지휘자 같은 중요한 역할을 수행한다.

① **갑상선 기능 저하증** : 문제는 현재의 의사들은 환자의 증상이나 신체 징후에 집중하지 않고, 혈액검사 결과에 따라서만 모든 것을 판단하므로, 정확히 치매 진단을 하지 못하는 경우가 있어 신체 징후를 면밀히 관찰하여야 한다.

신체 징후

- 눈썹 바깥 1/3 부위의 털의 감소나 소실
- 눈 아래의 부종이 현저
- 피부가 건조해 지고, 땀의 분비가 감소
- 혀가 커져서, 혀 바깥쪽으로 이빨 자국이 나타남

• 모발이 가늘어지고, 윤기가 없어짐
• 손발톱이 약하고 잘 부서지며, 손톱 바닥의 색깔이 노랗게 뜬 색으로 나타남

② **부신** : 부신은 스트레스 등 여러 자극에 반응하여 코티솔, 아드레날린, 테스토스테론 등의 다양한 스테로이드 호르몬을 분비하는 기관인데, 현대 사회에서는 지속적인 정신적·육체적 스트레스 등으로 인해 끊임없이 켜진 상태로 방치되었기 때문에 스트레스 상태가 계속되면, 핸드폰 배터리 방전과 같은 현상이 발생할 수 있다.

그런데 스트레스보다도 부신을 더 빨리 KO시키는 것이 과도한 탄수화물의 섭취이다. 즉, 과도한 탄수화물 섭취로 인해 혈당이 높아지고, 이를 낮추기 위해 췌장에서 인슐린 호르몬을 분비하면 과도하게 혈당이 떨어져 저혈당이라는 생명의 위협을 느껴 즉각적으로 부신 호르몬을 방출하는 바, 현대인의 식습관 패턴(pattern) 때문에 하루에 3번 이상씩 발생하므로 부신은 지치게 된다. 이것은 뇌에 직격탄을 날린다.

③ **미토콘드리아의 기능 이상** : 미토콘드리아는 세포 내에 존재하는 '에너지 발전소'이다. 우리가 매일 먹는 음식을 ATP라고 하는 에너지로 만들어 주는 역할을 담당한다. 전체 에너지의 90% 정도가 미토콘드리아에서 만들어진다. 그리고 뇌에도 엄청나게

많은 수의 미토콘드리아가 존재한다. 그런데 당뇨, 갑상선 및 부신의 기능저하는 별개의 질환이 아니며, 서로가 강력한 끈으로 묶인 공동체 성격을 가지는 바, 문제가 생기면 전부 '미토콘드리아의 기능 이상'으로 통한다.

5) 장(腸)의 이상

장은 '제2의 뇌'라고 불리는 특수한 장기(臟器)이다. 스트레스를 계속 받으면 장 기능이 떨어지고, 장에 유익한 균 등을 유지시키지 못해 유해균들이 번식하며, 이 유해균들이 장세포를 파괴시키고 손상시킨다. 그야말로 악순환의 고리에 빠지게 된다. 행복호르몬이라 불리는 '세로토닌'의 95%를 생산하는 장(腸)에 이상이 생기면, 뇌에도 영향을 미치고, 뇌가 나빠지면, 장도 나빠지는 '운명공동체'이다. 즉, 장세포가 손상되면, 소화가 덜 된 음식, 독소, 세균 등의 혈중 유입이 증가되고, 이로 인한 과도한 면역 반응이 발생되면서 뇌세포가 손상되고, 뇌 인지기능 저하가 따라온다.

밀가루 등의 곡물에 포함된 '글루텐'은 장에 염증을 잘 일으키는 것으로 알려져 있다. 그리고 여러 가지 이상 면역 반응에 의해 뇌에도 염증을 일으켜 뇌세포를 손상시킬 수 있다. 게다가 밀가루 음식은 혈당을 급격하게 빠른 속도로 올리고 이 과정에서 AGE(최종당화산물)가 많이 생겨나고, 뇌세포, 뇌혈관 등의 당화 손상이 더 쉽게 일어날 수 있다.

6) 콜레스테롤

뇌는 수분을 빼면 60~80%가 지방으로서, 다른 장기에 비해 지방 비율이 압도적으로 높다. 뇌 무게는 체중의 약 2%에 불과하지만 체내 총콜레스테롤의 25% 이상이 뇌에 존재한다. 콜레스테롤은 뇌 세포막과 미엘린 수초(신경세포를 둘러싸 보호하고, 전기신호를 빠르게 전달해 주는 구조물)를 구성하는 필수 성분이므로 뇌는 엄청난 양의 콜레스테롤이 필요하다.

그런데 충분치 못한 지방 섭취, 장 기능저하에 의한 흡수 장애, 몸 안에서 발생된 활성산소에 의한 산화스트레스를 복구하는 과정에서 소모되는 막대한 콜레스테롤 때문에 저콜레스테롤혈증이 나타나면 뇌의 용적 감소, 즉 뇌위축도 발생된다.

7) 아밀로이드베타 단백

당화 손상, 스트레스, 호모시스테인의 증가 등 원인에 의해서 '뇌혈관장벽'에 틈이 생기면, 뇌세포로 직접 여러 가지 독성물질, 세균, 바이러스 등의 침입이 가능해지므로, 뇌 내에서는 이런 침입자를 막기 위하여 아밀로이드베타 단백을 만들어 놓는데, 문제는 끈적끈적한 이 물질이 정상 뇌세포를 손상시키기 시작한다는 것이다. 그런데 수많은 연구소와 제약사는 아밀로이드베타 단백을 제거하는 데만 힘을 기울여 왔다. 결과적으로 이 물질 제거에는 성공해도 치매 치료제를 만들어 낼 수 없었다.

8) 약물

① **스타틴(statin)계열의 고지혈증약** : 고지혈증약 때문에 콜레스테롤이 너무 지나치게 떨어지게 되면 여러 가지 심각한 문제를 일으킨다. 뇌를 만드는 재료(콜레스테롤) 자체가 부족해지므로 결국 뇌가 쪼그라들 수밖에 없다.

'스타틴'은 콜레스테롤 합성만 억제시키는 것이 아니라, 세포내의 에너지 발전소인 미토콘드리아의 필수 성분인 코엔자임Q_{10}의 합성도 같이 억제시킨다. 코엔자임Q_{10}이 부족해지면 미토콘드리아의 에너지 생산이 마비된다. 뇌에서 에너지 생산이 저하되면, 뇌의 기능도 같이 저하되는 것은 당연하다.

② **위산 분비 억제제** : 위산 분비를 억제하는 약을 장기간 복용하면, 세균, 바이러스, 곰팡이균 등의 침입을 막지 못하게 되고 이들이 장세포를 통해 혈류로 유입되고, 이것이 손상된 뇌혈관장벽으로 침입하게 되면 국소 염증 반응을 일으키게 됨으로 인하여 뇌 속에 아밀로이드베타 단백이 증가함으로써, 뇌세포의 손상을 가져 온다.

한편으로는, 위산분비가 저하되면, 단백질, 비타민B군, 미네랄 흡수가 저하되고, 이로 인해 결핍현상이 생기면서, 뇌세포의 신경 전달물질 합성이 저하됨으로써 뇌기능 저하를 야기한다.

치매 예방 및 치유법

1) 미토콘드리아 리셋(reset)

① **방위 시스템 구축(항산화)** : 우리 몸의 세포 속에서 '에너지 발전소' 역할을 하는 미토콘드리아가 에너지를 만들 때, 다량의 활성산소가 나오며, 활성산소가 미토콘드리아를 직접 공격할 수 있으므로, 생활습관을 교정하여 활성산소 발생을 줄이거나 제거한다. 예를 들어, 인스턴트 음식, 가공식품, 고탄수화물 섭취, 과식, 과도한 운동, 자외선 과다 노출, 술과 담배, 스트레스를 줄이는 생활을 하여 활성산소 발생을 줄이는 노력을 한다.

② **기능 업그레이드(upgrade)** : 유산소운동은 글리코겐, 지방을 사용하여 에너지를 생성하므로 미토콘드리아를 단련시키기에 좋으며 오전 10시~오후 2시의 약 30분~1시간 정도의 걷기운동이 바람직하다. 수영이나 물 속에서 걷는 것도 척추나 관절에 문제가 있는 고령자에게 좋다. 운동하면서 혈당강하 및 인슐린 수치저하를 촉진할 수 있는 '녹차추출물' 및 코엔자임 Q_{10}을 복용한다. 코엔자임 Q_{10}은 미토콘드리아 자체를 구성하는 물질 중 하나이며, 하루 300~600㎎ 복용한다. 또한 건강보조식품으로 시판중인 카르니틴(L-carnitine)도 권장한다.

2) 혈관력(血管力)을 높인다

뇌에는 뇌혈관장벽(blood brain barrier, BBB)이라는 특수한 장치가 있는 바, 독성물질 등 유해인자로부터 격리시키고 필수영양분을 공급받을 수 있도록 기능하는데, 이 보호 장벽이 손상된다면 두부처럼 연약한 뇌는 독성물질이나 세균, 바이러스 등 각종 유해인자의 공격에 직접 노출되기 때문에 뇌는 손상을 최소화하기 위한 방어체계 중의 하나인 '아밀로이드베타 단백'을 생성한다. 따라서 혈관력을 회복시키는 것은 뇌 건강을 위해 필수적이다.

① **호모시스테인 최저화** : 혈관을 직접 공격하여 손상시키는 독성 단백질이 '호모시스테인'이다. 호모시스테인 수치는 5~7μmol/L 정도를 유지해야 하며, 7을 넘어가면 혈관 손상이 일어난다. 호모시스테인을 높이는 원인은 비타민 B6, 9, 12 결핍, 갑상선 기능 저하, 음주, 흡연, 고탄수화물 식사 등이므로 이를 개선토록 노력하여야 한다.

② **혈관벽의 당화(糖化) 손상 막아야** : 탄수화물의 과도한 섭취로 체내에 당이 많이 들어오면, 당은 혈관 벽의 단백질에 끈끈하게 붙으려 하는데, 이러한 물질을 AGE(최종당화산물)라고 하는데 AGE와 인슐린 자체가 혈관 벽을 두껍게 만들어 동맥경화를 일으킬 수 있다. 그러므로 '저탄수화물 식이(케톤식)'가 치매 예방과 치료의 시작이 되어야 한다.

③ **혈압 정상화** : 갑상선기능저하증이 생기면, 동맥경화증이 발생하고, 신장 동맥이 좁아지고, 레닌 안지오텐신계(renin angiotensin system, RAS)가 활성화 되어 혈압이 상승하는 현상이 보편적으로

일어난다. 이러한 현상 때문에 RAS를 차단하거나 억제해 줌으로써 혈압을 낮추는 혈압약이 전 세계에서 가장 많이 처방되고 있다. 또한 혈관 내부에 지방, 칼슘 등이 붙어 침착되는 석회화를 막을 수 있는 비타민 K도 동맥경화 예방을 위해 큰 역할을 한다.

3) 수면력(睡眠力)을 높여라

수면은 몸의 해독, 정화, 복구의 시간이다. 그날 축적된 뇌의 쓰레기를 청소하는 귀중한 시간이다. 잠을 제대로 자지 못하면, 그 다음날 기억력과 집중력이 많이 떨어진다. 뇌가 활발하게 움직이지 못한다는 뜻이다. 연구 논문에도 '장기 불면증 환자 집단'에서는 정상 집단에 비해 치매 발생 위험도가 2배 높고, 치매 환자들은 대부분이 수면장애를 가지고 있다는 사실이 수면의 중요성을 잘 설명해 준다.

① **수면의 질을 높이는 방법** : 수면의 최적시간은 밤 10시에 이불속으로 들어가는 것이다. 늦어도 11시까지는 잠이 들도록 노력해야 한다. 밤 10시에 수면을 시작하는 사람은 밤 12시~새벽 2시 사이에 수면을 시작한 사람보다 성장호르몬의 분비가 5배나 높았다. 성장호르몬은 청소년기에는 키 성장 등을 유도하지만 성인에게는 노화방지, 세포 수복 등의 중요한 역할을 담당한다. 수면 시간은 최소 6~7시간 이상을 유지하는 것이 바람직하다. 수면의 질을 높이기 위해서 가벼운 운동과 목욕은 좋지만, 수면 2시간 전에 끝내야 한다. 그리고 간식을 먹고 자면 나쁘다.

② **수면을 도와주는 물질** : 잠이 오지 않을 때는 수면제보다는 수면 호르몬인 '멜라토닌'을 섭취하는 것이 낫다. 멜라토닌 다음으로는 마그네슘을 많이 권한다. 마그네슘은 비흡수성과 흡수성으로 나누는데, 비흡수성(체내로 흡수되지 않고 장에서만 작용)은 변비의 치료 목적으로 사용하고, 흡수성은 수면장애, 불안, 신경과민, 떨림 등의 보조요법으로 사용된다. 기타 5-HTP, 락티움 등이 있다.

4) '제2의 뇌'인 '장(腸)'을 치료하라

장은 영양분의 소화·흡수 기능뿐만 아니라 외부 음식에 대한 면역 반응, 호르몬 분비 등 다양한 기능이 있으며, 뇌 다음으로 신경세포가 많이 존재한다. 육체적, 정신적 스트레스를 받으면 소화가 잘 안 되고 속이 부글거리기도 한다. 스트레스는 '교감신경'을 자극하기 때문에 그렇다. 장이 효율적으로 기능하기 위해서는 '부교감신경'이 작용해야 하며, 부교감신경이 활성화되면 장운동도 활발해져 음식의 소화, 흡수도 최적화된다. 따라서 스트레스를 조절하고 관리하는 것은 장과 뇌의 기능 회복에 아주 중요하다.

① **TV, 컴퓨터, 스마트폰의 사용을 줄이자** : 대중의 인기를 위하여 최대한 선정적이고, 자극적인 내용을 내어놓기 때문에 우리 몸에는 스트레스로 작용한다. 퇴근 후 산책, 명상 등이 스트레스 해소에 좋다.

② **TV, 컴퓨터 대신에 종이책과 만화책을 읽자.**

③ **술과 담배, 자극적인 음식**(맵거나 달거나 짠 음식) **등으로 스트레스를 풀지 말자.**

④ **'위장관 통과시간'을 길게 만드는 변비 치료** : 위장관 통과시간은 음식을 먹고 나서 변으로 배출될 때까지의 시간인데, 이 시간이 길면, '변비'라고 한다. 변비를 방치하면, 치매의 예방과 치유는 불가능하다. 장내에 음식물이 오래 머물다 보니 독소가 오히려 몸 안으로 흡수되어 들어온다. 이 독소는 장세포를 손상시키고 뇌를 자극하여 뇌세포도 손상시킨다.

위장관 통과시간을 지연시키는 원인인자 = 변비유발인자
• 스트레스, 수면 부족, 탈수, 술, 담배 • 마약성 진통제, 항우울제 • 고혈당(인슐린 저항성) • 갑상선기능저하증 • 우울증, 파킨슨병, 다발 경화증

⑤ **식이섬유 섭취** : 식이섬유는 장내 유익균의 먹이가 된다. 곤약, 우엉, 미역, 다시마, 버섯, 양파, 녹색잎 채소(배추, 시금치, 근대, 치커리, 상추, 셀러리, 파슬리, 브로콜리, 케일, 물냉이 등) 등은 식이섬유가 풍부하다.

⑥ **당분금지** : 쌀, 빵, 떡, 꿀, 설탕, 면, 아이스크림, 피자, 파스타, 팬케이크, 과자 등 당분 위주의 식품을 섭취하면 장이 아주 나빠질 수 있다.

5) '뇌 리셋(reset) 케톤식'으로 잠든 뇌를 깨운다

① **먼저 저(低)탄수화물 식이부터** : 단식(斷食)을 하거나 탄수화물 섭취를 제한하면 당을 에너지원으로 사용할 수 없어 간의 미토콘드리아에서 지방산을 산화시키게 되는데, 그 과정에서 생산되는 것이 '케톤체'다. 예를 들어, 삼풍백화점 붕괴사고 때, 11일 만에 구조된 청년이 있었는데, 이것은 인간이 기아, 추위 등 시련을 극복하기 위해 '케톤체'를 생산할 수 있는 놀라운 시스템을 가지고 있어, 에너지를 공급할 수 있었기 때문이다.

고령의 치매 환자는 대부분 단백질, 지방을 잘 소화시킬 수 없는 상태이다. 철저하게 탄수화물 위주의 음식만으로 몸이 오랫동안 적응되어 있어서 갑자기 극단적인 탄수화물 제한을 하면 몸에 문제가 생기므로, 단계적인 접근방법을 사용하는 것이 좋다.

단계적 접근방법

- 제1단계 : 밀가루 음식(빵, 면, 튀김)을 끊자
- 제2단계 : 설탕물(믹스커피, 음료수, 꿀)을 끊자
- 제3단계 : 과일을 끊고, 채소와 야채를 듬뿍 먹자
  - 과일은 하루 1종류만
  - 베리류(딸기, 블루베리, 아로니아베리)나 아보카도, 자몽을 조금만 먹자
  - 양배추, 마늘, 연근, 양파 등 좋음
- 제4단계 : 밥(쌀, 보리, 현미 등) 섭취를 줄이자

② **지방과 단백질 섭취 방법** : 치매 환자들은 단백질, 지방 둘 다 소화를 잘 못하고 흡수력도 많이 떨어져 있다. 하지만, 단백질보다는 그나마 지방이 더 낫다. 그리고 기름기 많은 음식을 거의 못 먹는 사람에게는 처음에는 사골 국물 등 지방이 녹아 있는 음식을 먼저 섭취하게 한다.

③ **인지기능을 극적으로 개선시키는 MCT 오일** : MCT(medium chain triglyceride, 중쇄지방산)오일은 장에서 쉽게 흡수되는 장점이 있다. 흡수속도는 '장쇄지방산'보다 약 4~5배 이상 빠르며, 체내에 흡수된 '중쇄지방산'은 바로 간에 도달해서 뇌, 심장, 골격근 등의 에너지 원료가 되는 '케톤체'로 빠르게 대사된다.

MCT 오일은 코코넛이나 팜과일에서 추출하여 만드는데, 활성산소를 중화시키고 뇌세포를 보호해 주는 케톤체의 역할을 최대한 이끌어 낼 수 있을 뿐만 아니라, 장내 유해균을 줄여주는 작용도 있어 '장' 치료에도 활용 가능하다.

뇌세포에 인슐린 저항성이 발생하면 혈당이 충분하더라도 당분을 뇌세포내로 밀어 넣지 못하게 되어 에너지 생산이 약화된다. 당을 잘 사용하지 못하는 뇌세포라도 케톤체는 잘 받아들일 수 있고, 케톤체를 다량으로 만들어 낼 수 있는 것이 'MCT오일'이기 때문에 치매 환자에게 극적인 효과를 나타낼 수 있다. MCT 오일은 보통 하루 30~60g 정도 섭취하면 된다.(성인 체중 60kg 기준)

④ **오메가-3** : 오메가-3는 보통의 체온에서 유동성을 띄며, 세포막을 부드럽게 해 준다. 대표적으로 EPA(eicosapentaenoic acid)와 DHA (docosahexaenoic acid)가 있는데, 이를 고용량 섭취하면 뇌 세포막에 유동성이 생기며 점점 부드러워진다. 부드러워진 뇌 세포막을 통해 케톤체가 자유롭게 드나들며 에너지를 생성하고 케톤체의 항산화효과를 통해 손상된 뇌세포를 복구하기 시작한다. EPA와 DHA의 양은 하루 최소 2~4g 정도 필요하며, 들기름, 고등어 등 음식으로 섭취할 수 있는 양은 한계가 있어 보충제를 같이 복용하여 1일 요구량을 맞춘다.

key Point 요약

치매에 효과적인 방법

- ✓ 녹차추출물, 코큐텐(CoQ_{10}), 야채 등 항산화 식품 섭취
- ✓ 걷기 운동 등 적절한 운동
- ✓ 질 좋은 수면
- ✓ 저탄수화물 식사, 장 건강에 좋은 식이섬유 섭취
- ✓ 코코넛 오일 등 MCT 오일, 들기름, 고등어 등

100세 건강 Tip

눈에 좋은 식품

류영창

- **결명자**

비타민A, C, 카로틴, 캠페롤 함유하여 오래 복용하면, 시력감퇴 막아주고, 눈이 어둡고 침침한 증상 없애줌. 혈압이 낮은 사람은 자제 필요

- **당근**

비타민A 풍부, 안구 표면의 점막을 건강하게 유지시키고, 야맹증 예방

- **블루/아로니아 베리**

비타민A, 항산화물질, 아미노산 풍부하여, 65세 이상 노인에게 나타나는 망막 쇠퇴병을 억제하고, 눈의 피로를 완화, 안구건조증, 야맹증 예방

- **연어**

오메가-3 지방산 풍부, 눈 질병을 예방하고 병의 진행속도 늦춤.

어느 공직자 이야기

류 영 창

A씨가 건설부 수자원개발과장으로 근무할 당시에 업무상 어려움이 많았다. 환경단체의 다목적댐 건설 반대에 대한 대응, 감사, 예산 확보, 갈수·홍수 대책, 각종 행사, 국회 대응 등 할 일은 많고 어디서 무슨 일이 터질지 몰라 늘 스트레스를 안고 살았다.

함께 근무하는 B사무관이 어지럼증이 있다는 얘기를 들었고 몇 달 근무하면서 A씨 본인도 어지러움을 느끼고, 일이 터지면 뜨거운 기운이 얼굴로 올라감으로 인하여 얼굴이 벌겋게 상기되며 직원이나 산하기관 직원들에게 신경질을 퍼붓는 등 매우 예민해진 것을 느끼고, 퇴근시에 후회하곤 했으나 이미 엎질러진 물이었다.

공적으로 만찬 자리도 많았고, 사적으로도 스트레스를 풀기 위해 술도 꽤 많이 마셨다. 어지럼증이 계속 진행되던 어느 날, 아침에 일어나 화장실에 가면서, 걸음을 옮길 때마다 땅이 꺼지는 것과 같은 현상이 생겨 한·양방 병원에서 진료를 받았으나, 아무 병도 없다는 진찰 결과만 나왔다. 병명도 모르지만 달리 방법이 없어 한방병원에 매달려 낫는다는 보장도 없이 1년간의 통원치료 끝에 어지럼증이 꽤 완화되어서 생활에 지장이 없을 정도는 되었다. '물과 건강의 관계'에 대해서 공부를 하면서 그는 병의 메커니즘을 알게 되었으며 그 증상이 오래 계속되면 뇌졸중으로 발전하여 40대에 죽을 수도 있다는 것을 알고 가슴을 쓸어 내렸다.

A씨에게 일어났던 증상이 발생된 메커니즘은 아래와 같다. 스트레스를 받으면 뇌는 물을 많이 소모하게 된다. 이때, 가장 필요한 것이 물인데, 커피나 녹차를 마셨고, 저녁에는 술을 많이 마심으로 인하여 물 부족이 가속화되는 결과가 된 것이다. 커피나 녹차 등 카페인과 술과 같은 알코올을 분해하기 위해서 물이 많이 소모되었기 때문이다.

우리 몸은 수냉식(水冷式) 엔진을 탑재한 자동차와 같은데, 물부족이 심화되면 음식물의 완전 분해가 곤란해지고, 냉각수가 고갈된 것과 같은 상태가 되어 과열되면서 기체상태의 유해물질이 발생하게 된다. 물부족이 심각하지 않으면, 우리 몸의 일종의 차단장치가 유해물질이 머리로 올라가는 것을 막지만, 고갈이 오래 지속되면서 차단장치가 제 기능을 하지 못하여 뇌를 공격하게 되어 얼굴이 벌겋게 상기되고 짜증도 나면서 어지럼증이 발생한 것이다. 어지럼증의 원인은 다양하지만, A씨의 경우는 전술한 원인이 주된 이유이기 때문에 의사도 모르는 무서운 병을 예방하기 위하여, A씨는 만나는 사람마다 붙잡고 물 섭취의 중요성을 설득한다.

자리끼, 돌연사를 막는 조상의 지혜

류 영 창

술 많이 드시는 어른이 주무시는 방안에는 머리맡에 물그릇을 두는데, 잠자다가 목마르면 손쉽게 물을 마실 수 있도록 하기 위한 것으로써, 이를 '자리끼'라고 한다. 술을 마시면 술의 알코올을 분해하기 위하여 물을 많이 소모하게 된다. 양주나 소주 등을 마시고 나면 입이 마르게 되고, 입가심한다고 맥주 1잔을 더 하고 싶어지는 것은 이러한 이유 때문이다. 몸 속의 물이 5% 이상 부족하게 되면 혼수상태에 이르게 된다. 또한 물뜨러 추운 마당에 나갔다가 혈압이 올라 쓰러질 위험도 있기 때문에 방안에서 손쉽게 물을 섭취할 수 있도록 한 것은 훌륭한 지혜이다. 유아(幼兒)의 돌연사도 유사하게 물부족 때문에 발생된다. 모유에 비하여 훨씬 농도가 진한 조제우유만을 아기에게 먹이면서 물을 먹이지 않으면 젖먹이의 대사시스템은 농축된 우유를 소화하느라 부담을 받게 된다. 우유는 생후 1시간 후면 일어서서 이리저리 움직이고 뛰기 시작하는 송아지에 맞도록 만들어져서 농도가 진하다. 게다가 뜨거운 방바닥, 스스로 더위를 쫓을 수 없는 상태 등이 심각한 물부족을 발생시키고, 이로 인해 히스타민의 분비가 증가하여 기관지가 비정상적으로 수축되어 수면중의 조용한 죽음을 야기할 수 있는 것이다.

PART 10

저술활동

13. Final 토목시공기술사 1차 개정판 | 박효성

14. 토지수용과 보상의 주요문제 | 류하백

15. 길 위에서 길 너머를 생각하다 | 최연충

16. 인생의 두 번째 계획 | 이상화

17. 가시나무새 | 전재욱

18. 방재인(防災人) 정흥수 | 정흥수

19. 제진역 | 채남희

20. 국토우먼 박금해 길이 되다 | 박금해

21. 이석수의 포항 땅 이야기 | 이석수

22. 런던 앤틱 & 빈티지 마켓 여행 | 박윤호

23. 건설안전관리 사례 분석 | 박효성

24. 하천과 우리의 삶 | 이상태

25. 부동산가격공시 및 감정평가법규 | 육정균

26. 아름다운 귀향 | 육정균

* 최근게재일 순

故 신동렬 회원, 하서만음(荷曙漫吟) 발간

故 신동렬 漢詩集, 세종출판사 발간

국립건설연구소장을 역임한 故 신동렬 회원의 작품집이다. 공직생활을 마치고 김동한(前 대한토목학회장) 선생에게 사사받고 지은 한시를 2대에 걸친 건진회원인 신정용(現 안동과학대학교 이사장) 등 후손들이 작품을 모아 한시집을 편찬하였다. 300여 개 작품 중 하나인, 제목 "대전진주고속도로"를 대표로 소개한다.

何如沙汰到山頭 / 德裕雄峯麗日留
饒野黃禾秋一色 / 晉陽水庫感懷幽

(해설) 어찌하여 사태가 산꼭대기까지 이르렀는고
덕유 웅봉에는 결 고운 햇살이 머무는구나
기름진 들판에는 누런 벼의 가을일색
진양저수지에 대한 감회가 남다르구나

채남희 회원, 다릿발 발간

채남희 저, 2022년 철도연구협동조합 발간

황해도 연백 출신의 저자는 9급 공무원 시험에 합격하여 근화초교 서무로 근무하다 7급 때는 경제기획원에서 근무하고 청와대, 교통부, 건설교통부에서 근무하였다. 영국에서 교통학 박사도 받았으며 일반직 공무원 최고봉인 1급으로 승진하였다. 승진, 퇴직, 방황과 철도기술연구원장으로 선임되기까지의 단상(斷想)과 고난의 과정을 기록하였다. 처음에는 소설 형식으로 구상하다가 최종적으로는 '시(詩)를 품은 에세이' 형식으로 책을 펴냈다는 후문. 「행복한 공무원」 에세이와 「제진역」, 「철따라 길따라」, 「행복 이어달리기」 등 수필집 1권과 시집 3권을 발간한 실력을 모두 모아 쓴 작품이다.

심재홍 회원, 항공여행객을 위한 안전한 하늘길 발간

심재홍 저, 2021년 토일렛프레스 발간

저자인 심재홍 회원은 국토교통부에서 30여 년 간 항공, 물류, 지역계획 업무를 수행한 행정가였다.
항공산업 분야에서 10여 년 간 근무하면서 담당한 업무 경험을 엮어 일반 국민들이 쉽게 이해할 수 있는 책을 썼다는데 큰 의미를 가진다.
공항에 도착하여 탑승을 하는 과정에서 행해지는 보안 검색, 수하물 이송, 조종사 및 스튜어디스의 역할, 공항의 각종 안전시설에 대해 기술하여 안심하고 항공 여행을 즐길 수 있게 해 준다. 덤으로 항공인이 되는 길도 소개하고 있다.

최광규 회원, 내 젊음의 길을 만들고 다리를 놓고 발간

최광규 저, 2021년 리버스미디어 발간

「내 젊음의 길을 만들고 다리를 놓고」는 도로와 함께한 건설 인생을 뒤돌아보며 팔순기념으로 쓴 최광규 회원의 자전 에세이다. 장편 자전소설 「길 위의 남자」로 출판되기도 하였다.
우리나라 고속도로 건설의 첫 시작인 경부고속도로 건설부터 지방국토관리청 국도과와 건설부에서 근무하면서 길을 만들고, 다리를 놓고, 공사 감리제도를 만들며 건설 영역의 길에서 보낸 '길 위의 공무원' 최광규 회원의 '인생 길 만들기'가 담겨있다.
어린 시절의 길, 공무원의 길, 가족의 길, 친구의 길, 은퇴의 길 이야기와 함께 그 길 위에서 만난 사람들 이야기를 진솔하면서도 담담하게 담은 것이 특징.

이상화 회원, 어떻게 사느냐? 가 중요하다 발간

이상화 네 번째 수필집, 창조문학사 발간

이상화 회원이 4번째 수필집을 발간했다.

수필가로 활동하는 저자는 "시대와 장소를 초월하여 보다 나은 세계를 추구하는 것이 문인들의 사명이라고 생각한다."고 주장한다.

"'코로나 고위험군'이라고 해서 본의 아니게 금족령을 받아 원고를 수정·추가할 시간적 여유가 생겨서 계획보다 출간을 앞당기게 되었다."는 작가의 서문에서 재앙을 극복하는 남다른 지혜의 단면을 볼 수 있다. '가족사랑', '건강관리', '음악과 함께', '농촌의 흙 내음', '나라가 걱정된다' 등으로 분류된 수필집 내용에서 작가의 따뜻한 사랑정신이 느껴진다.

채남희 회원, 철따라 길따라 발간

채남희 저, 2021년 리즈시절 발간

채남희 회원이 연이은 시집을 발간했다.

"시를 쓰면서, 시간에 예민해지고, 때론 안달도 한다.… 더 늦기 전에 시집(詩集)을 내자. 컴퓨터에서 잠자고 있는 글들을 깨운다. … 열차를 놓치면 안 된다. 마지막 열차일지도 모른다. 일단 타고 보자."

「제진역」이라는 제1시집에 이어 펴낸 채남희 회원의 제2시집은 이런 마음의 결정체로 보인다.

9급 공무원으로 시작하여 차관보급까지 오른 저자는 2004년에 「행복한 공무원」이라는 성공 스토리(자서전)도 발간한 바 있다.

고병우 회원, 새마을운동 이렇게 시작됐다 발간

고병우 저, 2020년 기파랑 발간

1967~1979년까지 박정희 대통령을 보좌해 함께 일한 고병우 전 장관은 "새마을운동은 박정희 대통령의 독창적 창안"임을 생생한 육성 증언으로 밝혀 주었다.

이번 발간 도서는 세계가 부러워하는 새마을운동 태동의 역사를 기록한 귀중한 자료가 될 것으로 기대된다.

제1부 새마을운동 전사(前史), 제2부 새마을운동으로 달라진 나라, 제3부 새마을운동의 확산으로 구성되어 있다.

이승재 회원, 길 위의 여인 발간

이승재 저, 2020년 밥북 발간

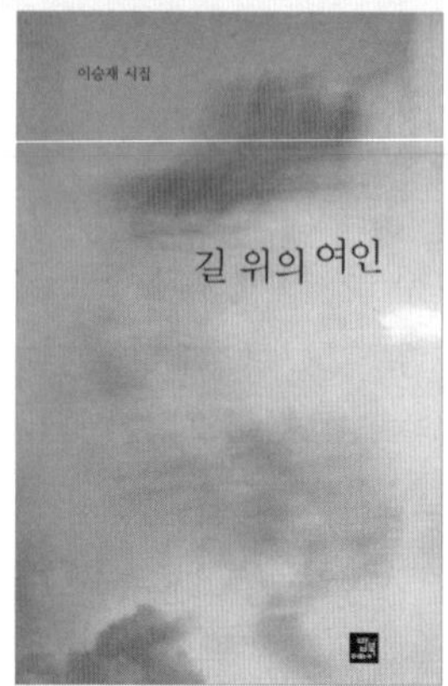

「길 위의 여인」은 이승재 회원이 평소 떠오른 시상(詩想)을 수 년에 걸쳐 정리한 시를 담은 결정체다.

1부 사랑과 이별, 2부 삶이 있는 곳, 3부 봄날의 연가, 4부 우정의 골짜기로 구성되어 있다.

2011년 「차라리 돌이 될 것을」 시집에 이은 두 번째 시집 발간이다.

박영우 회원, 오헌잡기(梧軒雜記) 발간

박영우 자서전, 지식과감성 발간

해방과 6·25 동란을 겪었던 어린 시절부터 고교, 해군 사관학교, 대학 및 공직생활 등 다양한 경험과 생각을 진솔하게 기록한 책.

특히, 도로분야에서 항만 분야로 전문 분야를 바꾼 배경과 국토부, 항만청, BH 사회간접자본기획단(SOC) 시절의 기록을 담은 이 자서전은 역사의 기록으로 큰 의미를 갖고 있다. 후학들에게 인생의 지침서 역할을 해 줄 것으로 기대된다. 아울러, 각 직위에 근무하면서 잘 정리해 두었던 업무 기록과 아쉬움 그리고 제2의 인생을 개척한 기록은 관련 업무 발전 및 노후생활 코치에도 큰 도움이 될 것이다. 신기술 및 특허를 7개나 보유할 정도의 연구 정신이 빛을 발한다.

서창원 회원, 포에트리 파라다이스 발간

서창원 저, 2020년 도서출판샘문 발간

샘터문예대학 총장인 시인 서창원 회원이 「포에트리 파라다이스」를 발간하였다.

이 책은 '한국 현대 시문학의 산파'로 불리는 저자가 수 십 년간 시인으로 활동하면서 후진 양성에 힘쓰다가 평생의 활동을 정리한 역작이다.

"사랑의 눈이 없이는 만물과 소통할 수 없고, 나를 올바로 볼 수 없다. 사랑은 눈, 심장이요, 포용이며, 아름다움이다. 나는 그러한 우리의 사랑을 이곳으로 데려왔다." 라는 발간사를 통해 저자의 뜻을 짐작해 본다.

조한억 회원, 일 들 발간

조한억 저, 2020년 퍼플 발간

조한억 회원은 퇴직 후 20여 년간 평범한 일상의 일들을 겪으며 보고 느낀 점들을 꾸준히 에세이 형식으로 써오다 느닷없이 내습한 코로나19로 본의 아니게 가택연금(?)되면서 그간 써 온 글들을 정리·보완하여 「일 들」이란 제목으로 결실을 보게 되었다.

그 내용은 첫째 일상의 일들을 겪으며 느꼈던 성경과 불경 이야기들, 둘째 즐겨 듣는 고전음악과 관련하여 보고 느꼈던 이야기들, 셋째 국토와 수도권 또 외국 도시들을 둘러보고 느낀 이야기들, 그리고 마지막으로 손녀를 비롯한 가족들과의 그리운 이야기들로 되어 있으며, "죽을 때까지 배워라. 늙음이 결코 지혜를 거저 가져다주지 않는다"라는 말로 끝맺음 한다.

오진모 회원, 松湖 吳鎭模 回顧錄 발간

오진모 저, 2020년 건설교통저널 발간

책 표지에 "오늘이 내 인생의 마지막 날인 것처럼 살아라"는 부제가 말해 주듯이 하루하루를 열심히 생활하면서 인생의 기록을 정리하여 만든 저서는 후배들에게는 교훈이 되고, 선배·동료 회원들께는 개발연대의 고생스러웠던 시절을 회고할 좋은 기회를 만들어 줄 것으로 기대된다.

저자는 경제과학심의회의, 국토건설종합계획심의회 전문위원, 국토개발연구원 및 강원개발연구원장 등 많은 직에서 활동하면서 업무관련서 또는 기본서 성격의 「부동산공법」, 「부동산컨설팅」, 「21세기 국토개발과 부동산정책」 등 9권의 저서를 저술하였다.

박효성 회원, Final 토목시공기술사 1차 개정판 발간

박효성 저, 2020년 예문사 발간

「Final 토목시공기술사」는 박효성 회원이 강의하면서 축적한 자료를 정리하여 11번째 발간한 기술전문 서적이다. NAVER 박효성 블로그 '기술사 자료 내려받기'를 검색하면 이 서적에 수록된 기술사 관련 상세한 내용을 볼 수 있다.

이번 도서 발간으로 기술사 준비 중인 후배 엔지니어들에게 도움이 될 것으로 기대된다.

기술사 자료 내려받기
https://blog.naver.com/park48hs

류하백 회원, 토지수용과 보상의 주요문제 발간

류하백 저, 2019년 부연사 발간

류하백 회원이 토지수용과 보상의 주요문제에 대하여 제도개선 차원에서 기본권과 사유재산권의 본질적 침해문제의 중대한 심각성에 대하여 지적하는 책을 발간하였다. 저자는 그 동안의 연구 논문과 현행 토지수용 보상제도의 주요 내용에서의 헌법상 보장된 기본권과 사유재산권에 대한 본질적 침해문제의 심각성을 인식하고, 더 이상 방관해서는 안된다는 생각에 이를 일반에게 널리 알리고자 단행본으로 묶어 발간하였다고 밝혔다.

최연충 회원, 길 위에서 길 너머를 생각하다 발간

최연충 저, 2019년 이지출판 발간

「길 위에서 길 너머를 생각하다」는 최연충 회원이 두 번째로 발간한 책이다.

이번 저서 내용을 살펴보면 1부에서 부산국토관리청장 시절의 하천, 도로 등 SOC 업무 관련 글이, 2부에서는 국토교통부 출신으로는 드물게 근무한 우루과이 대사 시절의 우루과이를 소개한 글이, 3부에서는 울산도시공사 사장 시절 경상일보에 기고했던 글들이 수록되어 있다.

이상화 회원, 인생의 두 번째 계획 발간

이상화 세 번째 수필집, 2019년 창조문학사 발간

2019년 2월 창조문학사 주최 행사에서 "수필 부문대상"을 수상한 이상화 회원이 세 번째 수필집을 발간하였다.

은퇴 후 한국교회음악원 대표이사를 역임한 저자는 종교, 문학, 음악 등 다양한 분야에서 활동하면서 쓴 주옥같은 글을 모아 이번 작품을 발간하였다.

전재욱 회원, 가시나무새 발간

전재욱 저, 2018년 황금알 발간

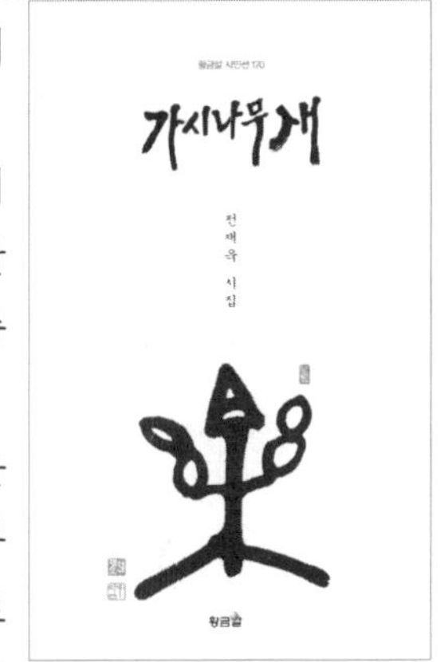

시집 「민들레 촛불」으로 문단활동을 시작한 전재욱 회원이 시집 「가시나무새」를 발간하였다.
이번에 출간된 시집에서는 '낭주골 연가', '갈매기는 슬피 울지 않는다', '길손은 정을 담고' 등 생활에서 만난 시적 체험을 진솔하게 보여주고 있다. 4부에 걸쳐 총 60편의 시로 구성되어 있다.
전재욱 회원은 부안에서 태어나 전남대학교 행정대학원을 수료하고, 국토교통부와 익산지방국토관리청에서 근무하였으며 공무원 문예대전에 입상한 뒤 '한맥문학'으로 등단하고 온글문학회, 전북문인협회, 전북시인협회, 미당문학회, 석정문학회 회원으로 활동하고 있다.

정흥수 회원, 방재인(防災人) 정흥수 발간

정흥수 저, 바이오그래픽스 발간

저자는 자발적으로 또는 정부 행정조직개편에 따라 전남도, 건설부, 행정안전부 3개 부처에 근무하면서 주로 방재 업무를 담당하였다.
이번에 발간된 저서는 유소년기부터 공직생활기, 방재협회장으로 근무할 때까지의 기고와 생각을 솔직 담백하게 기록한 자서전이다. 방재업무 뿐만 아니라 후학들에게 인생의 지침서가 될 수 있을 것으로 기대된다.
특히, 각 직위에 근무하면서 잘 정리해 두었던 업무기록과 반성(아쉬움)의 기록은 관련 업무 발전에도 큰 도움이 될 것으로 기대된다.

채남희 회원, 제진역 발간

채남희 저, 2018년 문학의식 발간

「제진역」은 채남희 회원이 평소 떠오른 시상(詩想)을 수년에 걸쳐 정리한 시를 담은 결정체이다.

1부에서는 한 바퀴 돌아보면, 2부에서는 울고 웃던, 3부에서는 그리운 사람아, 4부에서는 참 아름다워라, 5부에서는 꿈을 새로이 하는 등이 수록되어 있다.

박금해 회원, 국토우먼 박금해 길이 되다 발간

박금해 저, 2018년 그린북아시아 발간

박금해 회원이 발간한 「국토우먼 박금해 길이 되다」는 거칠기로 소문난 국토교통부에서 9급으로 시작하여 여성 최초기관장까지 오른 지난 41년간의 경험과 58년생 여성으로서의 삶과 은퇴 후 새로운 꿈을 당당하게 제시하고 있다.

제1장 씩씩한 그녀, 길이 되다, 제2장 국토교통부의 맥을 잇다, 제3장 가정과 일, 두 마리의 토끼를 잡다, 제4장 58년생 여성공무원으로 살기, 제5장 몸과 마음을 닦고 돌아보다, 제6장 인생 2막! 새로운 시작으로 구성되어 있다.

이석수 회원, 이석수의 포항 땅 이야기 발간

이석수 저, 2018년 유앤디애드컴 발간

전 원주지방국토관리청장과 초대 경북 정무부지사를 역임한 이석수 회원이 「이석수의 포항 땅 이야기」를 출간하였다. 이 책은 1970년대부터 우리나라 산업화의 한 축이 된 포항지방의 역사와 문화를 지명을 통하여 새롭게 조명한 역작이다.

총 800여 페이지에 3000여 개의 지명 해설과 300여 컷의 현지 사진이 수록되었다. 또한 포항의 역사, 각 고을의 연혁, 과메기의 내력, 연오랑과 세오녀의 신화학적 조명, 고구려와 신라의 국경 투쟁, 호랑이꼬리(호미곶)의 의미 등 여러 「삼국유사」 현장과 역사의 편린들을 지명을 통해 만나볼 수 있게 하였다. 30여 년에 걸친 저자의 집념과 지극한 향토사랑을 느낄 수 있다.

박윤호 회원, 런던 앤틱 & 빈티지 마켓 여행 발간

박윤호 저, 2018년 렛츠북 발간

「런던 앤틱 & 빈티지 마켓 여행」은 유노특허법률사무소 대표 변리사 박윤호 회원이 해외 특허 출장 중에 틈틈이 즐긴 영국 런던에서의 취미생활 경험을 바탕으로 가이드 없이 나 홀로 즐기는 7일간의 보물찾기 내용으로 저술한 서적이다.

날짜별로 오전에는 앤틱 마켓, 오후에는 문화예술 여행 등을 하는 프로그램과 앤틱 마켓에서 구입한 한국 역사 문화자료 등 다양한 사례를 자세하고 재미있게 소개하고 있다.

박효성 회원, 건설안전관리 사례 분석 발간

박효성 저, 예문사 발간

「건설안전관리 사례 분석」은 박효성 회원이 강의하면서 축적한 자료를 정리하여 10번째 발간한 기술전문서적이다.

이상태 회원, 하천과 우리의 삶 발간

이상태 저, 2011년 청문각 발간

이상태 회원은 건설부와 건설교통부의 수자원 분야에서 30년 이상 근무하면서 하천에 대한 경험과 지식을 토대로 「하천과 우리의 삶」을 발간하였다.

'지구상에 존재하는 모든 생명은 그 원천을 물에 두고 있다. 특히, 인간은 하천을 문명 발전의 터전으로 이용해왔다. 지금 우리는 이러한 하천과, 하천을 포함한 환경과 어떻게 함께 살아가고 있을까?' 이러한 물음에 대한 해답을 제시한 책.

하천에 대해 공학 쪽에 치우치지도, 환경 쪽에 치우치지도 않은 보편적인 시각을 통해 우리가 쉽게 가질 수 있는 물음과 그에 대한 지식을 친절하게 설명하고 있다.

육정균 회원, 부동산가격공시 및 감정평가법규 발간

육정균 저, 2005년 부동산114 발간

육정균 회원은 「부동산가격공시 및 감정평가법규」 해설서를 발간하였다.

1990년 초 정부의 토지공개념 정책에 따라 「지가공시 및 감정평가에 관한 법률」이 제정되어 표준지 공시지가와 개별공시지가 제도가 시행되면서 국토정책, 조세정책, 복지정책 등의 근간으로 많은 공헌을 한 바 있으며, 참여정부에서 주택가격 공시의 필요성에 따라 「부동산가격공시 및 감정평가에 관한 법률」로 개정된 바 있다.

2005년 당시 단국대학교 대학원 도시계획 및 부동산학 박사과정이던 육정균 회원은 제도담당 사무관으로 주도적으로 참여하여 해설서를 발간하며 새로운 정부정책이 올바르게 정착되는데 기여한 바 있다.

육정균 회원, 아름다운 귀향 발간

육정균 저, 2004년 현대시문학사 발간

육정균 회원은 2002년 수송정책실 화물운송과에서 근무하던 중 국내 권위있는 계간 종합문예지인 현대시문학 신인상으로 등단하고, 2004년 첫 시집 「아름다운 귀향」을 발간하였다.

당시 시인협회장이었던 이근배 시인은 육정균의 시를 "뿌리로부터 올라오는 아주 튼튼한 사유의 수맥이 있다. 그가 지향하는 '귀향'은 과거로 돌아가는 것이 아니라 우리가 밟지 못한 미지의 길, 곧 먼 미래를 향한 출발을 말한다." 라고 말했다.

이번 시집은 봄, 여름, 가을, 겨울 4개의 테마로 구성되어 있으며 고향으로의 회귀, 모성에 대한 향수, 자아성찰 등이 묻어나는 80여 편의 시가 수록되어 있다.

PART 11

연혁 및 행사사진

1. 국토교통부 주요 연표(年表)

2. 대한건설진흥회 연혁 및 행사사진

국토교통부 주요 연표(年表)

국토교통부
2013년 ~ 현재

KTX 개통
2004년 4월 1일

국토해양부
2008년 ~ 2013년

인천국제공항 개항
2001년 3월 29일

건설교통부
1994년 ~ 2008년

신도시 건설
분당, 일산, 판교, 동탄 등

건설부
1962년 ~ 1994년

경부고속도로 개통
1970년 7월 7일

대한건설진흥회 연혁

연도	주요내용
1977. 10. 19.	**사단법인 대한건우회 창립 총회** **초대 최종성 회장** 선출·취임
1977. 11. 4.	사단법인 "대한건우회" 설립허가 (건설부 장관) • 사무실 : 서울시 중구 신당동 372-3
1977. 12. 26.	회보 창간호 발간
1979. 12. 22.	자회사 "한국주택관리㈜" 법인 설립
1980. 2. 9.	**주원 회장** 선출·취임
1980. 4. 25.	1980. 2. 9. 정기총회에서 심의 의결된 정관 개정 ('80.4.25. 건설부장관 승인) • 본회의 명칭을 "대한건설진흥회"로 변경 • 특별회원(재직회원)은 준회원으로 개칭 • 특별회원은 건설에 경험이 있는 자(법인포함)로 함
1980. 6. 3.	사무실 이전 (서울시 마포구 염리동 159-10, 8층)
1982. 11. 3.	사무실 이전 (서울시 중구 충무로3가 60-1, 극동빌딩 2403호)
1983. 11. 30.	자회사 "㈜건설진흥공단" 법인 설립
1984. 8. 1.	국토와 건설지 창간
1984. 10. 20.~21.	제1회 「국내산업시찰」 실시
1986. 3. 22.	**조성근 회장** 선출·취임
1986. 7. 5.	사무실 이전 (서울시 강남구 논현동 71-2, 건설회관 4층)

연도	주요내용
1987. 5. 10.	제1회 회원의 날 행사 개최
1988. 10. 17.~24.	제1회 해외산업시찰 실시(일본) * 1995년까지 매년 실시(8회)
1990. 3. 31.	**김주남 회장** 선출·취임
1994. 3. 18.	**장예준 회장** 선출·취임
1995. 11. 21.	원로회원초청간담회 개최
1996. 3. 14.	**이규효 회장** 선출·취임
1999. 6. 22.	자회사 "㈜건설교통저널" 법인 설립
1999. 10. 14.~15.	「국내산업시찰」을 「국토순례행사」로 변경 실시
2000. 3. 10.	**최동섭 회장** 선출·취임
2004. 3. 12.	**김의원 회장** 선출·취임
2008. 3. 19.	**류상열 회장** 선출·취임
2008. 8. 1.	회보 개편 발간 (흑백/접지 → 전면 칼라판)
2008. 9. 9.	홈페이지 오픈
2012. 3. 23.	**추병직 회장** 선출·취임
2016. 3. 28.	**손선규 회장** 선출·취임
2020. 4. 21.	**김건호 회장** 선출·취임

대한건설진흥회 주요행사

신년교례회

매년 1월 첫째 주 또는 둘째 주에 우리 회원들과 국토교통부 장·차관, 실장 및 국·과장 등 현직들이 같이 모여 새해 인사와 친교를 가지는 행사로 건설회관 2층에서 개최하며 250여 명이 참가.

※ 2021년과 2022년은 코로나19로 인한 집단감염 우려로 행사를 개최하지 못함.

회원의 날 행사

1987년 5월 10일 제1회 회원의 날 행사를 시작으로 매년 5월 주말에 우리 회원 및 회원 가족들과 국토교통부 장 · 차관, 실장 및 국 · 과장 등 현직들이 참가하는 행사로 명랑운동회 · 축구 · 테니스 및 피구경기, 주막운영 및 경품추첨 등 다채로운 행사 내용으로 즐겁게 회원 간의 친목을 돈독히 다질 수 있는 행사이며, 제1회부터 제27회까지는 한국도로공사 운동장에서, 제28회부터는 미사리 경정공원 잔디축구장에서 개최하였으며, 600여 명이 참가.

※ 한국도로공사의 잔디구장이 한국도로공사의 지방이전(김천)으로 사용할 수 없게 되어, 미사리 경정공원 잔디구장으로 변경.

※ 1990년은 사정에 의해, 2014년은 세월호 참사로, 2020년과 2021년은 코로나19로 인해 행사를 개최하지 못함.

제32회 회원의날 체육대회
제31회 회원의날 체육대회
제32회 회원의날 체육대회

제31회 회원의날 체육대회

국토순례 행사

1984년 10월 20일 제1회 국내산업시찰을 시작으로 매년 10월에 국내 산업현장 또는 관광지를 선정, 회원 및 회원 가족들이 참가하여 국토를 순례하며 회원 간의 친목을 돈독히 다질 수 있는 행사이고, 100여 명이 참가.

- 새만금 방조제, 세종시, 이포보, 현대제철소, 평화의 댐, 안동하회 마을, 법주사, 계룡산, 강화도, 오대산 등.

※ 2020년과 2021년은 코로나19로 인한 집단감염 우려로 행사를 개최하지 못함.

강화제적봉평화전망대

원로회원 초청 오찬모임

1995년 11월 21일 개최 "원로회원 초청 간담회"를 시작으로 매년 11월에 원로회원을 대상으로 오찬 모임을 실시하고 있음.
회원들이 소원(疏遠)했던 서로의 소식도 주고받으면서 옛 정을 되새길 수 있는 행사로, 회원 130여 명이 참가.

※ 2020년과 2021년은 코로나19로 인한 집단감염 우려로 행사를 개최하지 못함.

대한건설진흥회 창립 45주년 기념문집

국토교통인의 향기

발 행 일 | 2022년 10월 17일
발 행 인 | 김건호
발 행 처 | 대한건설진흥회
기획제작 | 대한건설진흥회 45주년 기념문집 편찬위원회
위 원 장 | 류영창
간 사 | 백병호, 이병호
편찬위원 | 손종철, 박상운, 육정균
교정교열 | 김정현
편집인쇄 | 건설교통저널
연 락 처 | 02-3473-2842
홈페이지 | www.ltm.or.kr

정 가 30,000원
ISBN 978-89-85149-90-7